나는 늘 잘해야 한다고 생각한다

나는 늘 잘해야 한다고 생각한다

초판 1쇄 발행 2016년 2월 12일
초판 2쇄 발행 2016년 3월 7일

지은이 김현철

펴낸이 박세현
펴낸곳 팬덤북스

기획위원 김정대·김종선·김옥림
기획편집 윤수진
편집 김종훈·이선희
디자인 강진영
영업 전창열

주소 (우)03966 서울시 마포구 성산로 144 교홍빌딩 305호
전화 070-8821-4312 | **팩스** 02-6008-4318
이메일 fandombooks@naver.com
블로그 http://blog.naver.com/fandombooks

등록번호 제25100-2010-154호

ISBN 979-11-86404-41-6 13180

이 책은 《우리가 매일 끌어안고 사는 강박》의 개정증보판입니다.

망설이다가 주저앉는 사람들을 위한 강박 심리학

정신건강의학과 전문의 김현철 지음

나는 늘 잘해야 한다고 생각한다

팬덤북스

강박 장애와 강박 성향은 다른 것입니다. 강박 성향은 우리가 만 2~3세경 성장하면서 누구나 경험해본 지극히 정상적인 심리 현상입니다. 그러나 이 단계에서 인격의 성장이 멈춰 성격의 일부로 고착되었거나 심한 스트레스를 겪다보면 우린 누구나 일시적으로 강박 심리의 원칙이 지배하는 세상에 휩싸이게 됩니다. 이 책은 정신의학적인 개입이 반드시 필요한 '강박 장애'보다 현대를 살고 있는 우리 누구에게나 있을 법한 보편적인 '강박 성향'에 대해 주로 다룰 것입니다.

"강박은 갈등 그 자체다."

-로저 매키넌 박사 Dr. Roger A. MacKinnon-

◀ 차례 ▶

프롤로그 우리 사회를 휘감고 있는 강박의 불편한 진실   08

PART 1   나는 늘 잘해야 한다고 생각한다

완벽함 | 모든 것을 빈틈없이 조절하려는 통제력   15
우월감 | 열등감을 느끼지 않으려는 노력   36
정의 | 옳다고 하기엔 너무나도 잔인한 원리 원칙   45
지배 관념 | 우리를 아프게 얽매는 확고한 믿음   57
우유부단 | 확실한 것만을 추구하려는 내면의 욕구   64
애매함 | 이율배반적인 가치관이 만들어놓은 늪   71
멘붕 | 무의식에 자리 잡은 공포와의 만남   82

PART 2   나는 세상의 모든 것을 통제해야 한다

청결 | 죄를 사하기 위한 욕구   101
구속 | 스스로 가둬둔 감정의 굴레   112
관계 | 통제력을 향한 끝없는 갈망   121
돈과 예의 | 감정을 격리하는 사람들이 집착하는 것   138
스펙 쌓기 | 초인적인 힘을 느끼기 위한 몸부림   148
시간 강박 | 미래에 대한 패배감을 부정하는   154

나는 항상 전지전능해야만 한다   PART 3

성공 | 과거에 해결되지 못한 패배감의 보상   163
리더십 | 완벽을 향한 지나친 정복욕   176
숫자 중독 | 시간을 끌게 만드는 생각   192
게임 | 현실에서 자기 확장을 회피하는 수단   210
트위터 | 내면의 결핍을 메우는 공간   216
착취 | 엄마와의 끝나지 않은 공생   229

나는 항상 완벽해야 한다   PART 4

혐오 | 상대방을 공감할 수 없게 하는   247
사진 | 왜곡된 현실을 부추기는 반쪽짜리 진실   252
악습 | 반복되는 정서폭력   256
비난 | 진솔한 감정을 느끼지 못하게 하는   260
목표 | 변하지 않는 목표는 강박적 자해   264

에필로그 불확실한 것까지 통제하려는 건 교만이다   268

프롤로그

우리 사회를 휘감고 있는 강박의 불편한 진실

집착 혹은 강박이란 단어는 무엇에 눌리거나 쫓겨 심하게 압박을 느끼거나 어떤 생각이나 감정에 끊임없이 사로잡힐 때 쓰는 표현입니다. 한두 가지 생각에 꽂힌 채 온통 거기에만 몰두하거나 그다지 중요하지 않은 생각조차 곧바로 실천에 옮겨야 마음 편한 분들을 기술할 때 쓰는 단어이기도 하지요. 편의상 저는 이 책에서 전자를 '강박 생각', 후자를 '강박 행동', 그리고 이 둘을 합쳐 '강박 성향'이라고 하겠습니다. 즉,

강박 성향 = 강박 생각 + 강박 행동

인 것이죠. 이 책의 발단은 그동안 저의 졸저拙著를 담당했던 윤 에디터의 상큼한 아이디어에서 출발했습니다. 비록 구체적인 기획안이 도착했을 당시엔 저도 모르게 "와! 이건 제임스 카메론의 〈아바타〉를 6개월 안에 만들어내라는 얘기군. 그것도 아무런 SFX 장비 없이 말이야!"라고 외치며 불안하긴 했지만, 집착과 강박이란 심리가 오늘날 우리 사회를 휘감고 있는 불편한 진실에 몇 마디 설說을 풀고 싶었기에 저는 순순히 계약서에 사인을 했더랬지요. 그런데 글을 써내려가면서 저 또한 강박이란 마수魔手에서 자유로울 수 없는 지극히 연약한 사람이란 사실을 깨닫기 시작했습니다. 전통적인 정신분석 이론만으로는

설명하기 힘든 현대 사회의 집착과 강박을 너무 완벽하게 풀어내려고 했던 것이 화근이었죠.

강박 현상은 더 이상 스크루지나 자린고비와 같은 캐릭터에서 보이는 고지식하고 답답한 사람들의 전유물이 아닙니다. 이는 생물학적인 관점에서 살펴봐도 마찬가지인데, 최근 몇십 년간 자리를 지켜온 '강박증 = 세로토닌 균형의 이상'이라는 공식은 이제 더 이상 획일적으로 적용하지 못합니다. 강박 혹은 집착의 증상을 보이는 일부에선 세로토닌 재흡수 차단 약물이 효과가 없거나 오히려 증상을 악화시키기도 하기 때문입니다.

심리 치료 분야 역시 마찬가지입니다. 현재까지 강박증의 대표적 심리 요법으로 알려진 인지 행동 치료의 경우, 내담자의 왜곡된 인지를 긍정적으로 바꿔주거나 행동을 교정해주는 것을 주요 골자로 합니다. 굳이 과거사를 끄집어내거나 무의식의 심연을 들여다볼 필요가 없습니다. 심지어 어떤 경우엔 무지막지하게 잔인한 행동을 요구하기도 합니다. 미국에 있는 한 결벽증 치료 센터가 그 대표적인 예입니다.

하지만 미국의 대표적인 치료 센터라고 해서 최첨단 시설을 자랑하는 곳을 떠올리면 곤란합니다. 접근하기도 힘든 야산 중턱에 위치한 이곳은 피체험자(?)를 흙탕물에 뒹굴게 만들고 바퀴벌레가 우글대는 매우 더러운 집에서 대략 한 달간 살게 만들어 결국은 결벽증을 포기하게 만듭니다. 그럼 E-mail과 SNS, 게임 등등에 중독된 분들은 어떻게 치료받고 있을까요? 인터넷 중독 상담 센터에선 인터넷 중독 상담사께서 매우 친절하게 컴퓨터 사용 시간이나 계획표 등등을 짜주십니다. 인터넷의 유혹을 뿌리치는 방법과 통제할 수 있는 방법을 같이 모색하기도 하지요. 거실로 컴퓨터를 빼고 방학 때는 야외 캠프를 통해 자연과 친구를 벗 삼을 수 있는 유익한 시간도 체험하게 합니다.

다 좋습니다. 허나 여기서 뭔가 좀 아쉬운 느낌이 듭니다. 그건 아마 대부분의 치료 초점이 근본을 찾는 물음인 '왜'에 있지 않고 오로지 증상의 빠른 소실에만 맞춰져 있기 때문입니다. 결벽증을 일으키는 진짜 뿌리가 무엇인지 깨닫기만 한다면 우린 굳이 한 달 동안 썩은 냄새가 진동하는 오두막집에서 바퀴벌레와 함께 살 필요가 없습니다. 본질을 알게 되면 선택이란 해결책은 저절로 보이니까요.

강박은 가스레인지나 문을 잠갔는지 확인하거나 특정한 숫자를 세거나 보도블록의 금을 건너뛰는 데 국한되지 않습니다. 요즘 우리가 특정 트렌드에 빠져드는 집착 역시 넓게 보면 강박의 한 단면입니다. 서바이벌 오디션 프로그램이 왜 그 어느 때보다 인기리에 방영되는지. 정의가 무엇이며 왜 우린 애매한 걸 누가 대신 정해주길 원하는지, 왜 어떤 사람들은 페이스북을 즐기고 어떤 이들은 트위터에 빠져드는지 등등, 이 책을 통해 저는 무엇이 옳고 그른지 헷갈리길 반복하다 결국 주저하고 망설이는 우리 주변의 심리에 대해 함께 나누려 합니다.

겨울 끝자락과 봄 사이 어느 애매한 날에
김 현 철

나는 늘 잘해야 한다고 생각한다
part 1

나는 늘

잘해야 한다고

생각한다

모든 것을 빈틈없이 조절하려는 통제력

완벽함

능력자여야 하는 시대

수능을 100일 앞두고 있으면서 수학 문제 하나 풀기 위해 야간자율학습 시간 전부를 허비해버리고 마는 고3 학생 은정. 밀린 업무가 산적해 있는데도 미처 못 본 〈덱스터〉부터 〈하와이 파이브-오〉까지 다 보겠노라며 사무실에서 '매회 이어보기' 신공을 감행하다 결국 부장님에게 호되게 야단맞은 직장인 대현. 이 둘은 뭔가 제대로 내려놓지 못해 언제나 애를 먹곤 합니다.

　먼저 수험생 은정의 경우, 답지를 찢어 문제와 함께 달달 외워도 모자랄 시국임에도 불구, 지극히 태평한 모습으로 일관합니다. 이런 태도는 얼핏 문제해결 능력을 배양하자는 교육청의 방침을 잘 따르는 듯 보이지만 시기가 시기니만큼 그리 현명해 보이진 않지요. 직장인 대현의 경우 또한 '의지'가 '충동'을 이기지 못한 채 그저 미드에 '끌려간다'는 느낌을 지울 수 없습니다.

은정과 대현, 이들에게 공통점이 있다면, 그건 바로 자신 앞에 어떤 과제가 있으면 반드시 해결해야 한다는 정복 욕구입니다. 은정은 여태껏 시험 직전에 효율적인 총정리를 해본 경험이 단 한 번도 없습니다. 중요한 시험을 목전에 두고도 풀기 힘든 문제에 부딪히면 반드시 답안지를 보지 않고 풀어내어야만 속이 후련했기 때문에 시험 전날은 언제나 수학 문제 몇 개만 풀다 자버리는 일이 다반사였지요. 한 문제를 풀면서 시간을 허비해 위기감이 찾아왔지만 그때마다 꿋꿋이 문제를 푸는 것으로 위기감에서 벗어났습니다. 그녀에게 있어 수학 문제는 시험 문제 그 이상이었기 때문이죠. 그것은 능력에 대한 의구심을 해소시켜 줄 수 있는 유일한 수단이었습니다. 수학 문제를 풀어낼 수 있으면 자신은 어느 예능 프로에 나왔던 표현처럼 '능력자'인 것이고, 그렇지 못하면 능력 없는 초라한 '허당'으로 전락하는 것이었죠.

확인 본능이 꿈틀대고 있었던 건 직장인 대현도 마찬가지였습니다. 직장이란 이름의 공공장소에서 지극히 사적인 미드의 유혹을 뿌리칠 수 있는지 없는지가 자신의 통제력을 확인할 수 있는 수단 중 하나였지요. 부수적으로 발생하는 짜릿한 전율은 통제력을 테스트하는 데 있어 재미를 더하는 윤활유였습니다. 이처럼 강박 성향의 이면에는 절대적인 능력을 확인하고 싶은 마음과 모든 것을 빈틈없이 조절하고자 하는 통제력을 향한 갈구가 자리 잡고 있습니다. 바꿔 말하면 이 두 가지에 대한 미련을 버리지 못해 생긴 결과가 강박 성향인 셈이죠.

우리 나약한 인간들은 그리 완벽하지 못합니다. 천하무적 슈퍼맨이 아니고선 결코 이 두 가지를 가질 수 없습니다. 그럼에도 불구하고 우리 중 누군가는 군이 능력자가 되려고 애를 씁니다. 궁극의 목표인 전지전능全知全能감이란 신기루를 쫓기 위함이죠. 그래서 이분들은 공통적으로 최종비밀병기 몇 가지를 동원하게 되는데 그중 하나가 바로 완벽주의입니다.

박학다식도 완벽주의

사람은 전지전능할 수 없는 존재입니다. 그래서 각자의 한계를 받아들이고 살아가야 한다는 사실은 비단 강박에 사로잡힌 사람뿐 아니라 모든 이들이 가슴에 품고 살아가야 할 필수 명제입니다. 그러나 완벽주의의 늪에 빠진 사람들은 이런 절대불변의 진실을 받아들이길 거부합니다. 완벽주의를 내려놓으려는 대신 오히려 지금껏 일구어 온 스스로의 값진 노력을 탓하고 자책하려 듭니다. 울며 겨자를 먹더라도 완벽주의를 보호하려는 이들의 피나는 노력은 다소 예상치 못한 결과를 초래합니다. 가장 흔한 결과가 가족들의 심리 치료 권유라면, 또 다른 결과는 담당 주치의와 SSRI(강박증 치료제)를 한 알 더 먹을 것인지 말 것인지 실랑이를 하는 것입니다. 그곳에서 저는 가끔 이런 유형의 질문을 던집니다.

"설사 어떤 일을 결정하는 데 있어 모든 변수를 조절할 수 있는 능력을 완전히 갖추었다고 가정할지라도 천재지변처럼 전혀 예측 불가능하며 급작하게 벌어지는 일에는 또 어떻게 대처할 수 있을까요?"

완벽에 대한 갈망은 마치 기름만 많이 먹고 실속은 전혀 없었던 과거 미국 대형 세단 같은 느낌입니다. 시간과 노력만 고갈시킬 뿐 장애물을 극복하기는커녕 오히려 더 지연시키게 하기 때문이죠. 이처럼 매사를 완벽하게 진행하려 애쓰다 보면 대충대충 일하는 사람보다 오히려 더 낭패를 보기 십상입니다. 어떤 목표에 나의 모든 정신 에너지를 집중해도 모자랄 판에 '잘해야 한다'는 명제가 전전두엽 일부를 갉아먹어 주의가 분산되기 때문입니다. 컴퓨터로 따지면 완벽이란 악성 코드가 우리 뇌의 메모리 공간을 줄어들게 만드는 것과 같습니다.

저 역시 어릴 때부터 완벽주의의 유혹에서 벗어날 수 없었습니다. 그 당시 전 제가 난독증을 앓는 줄 알았습니다. 소설이나 참고서를 읽는 속도가 다른 친구들에 비해 현저히 느렸기 때문이었지요. 나중에 안 사실이지만 문제는 한 글자 한 글자 너무 집중해서 읽으려는 데 있었습니다. 그런 습관 탓에 전체적인 맥락을 짚어가며 읽어 내려가지 못했던 것이죠. 부끄럽지만 성인이 된 지금도 그런 성향 때문인지 첫 몇 페이지만 읽어본 뒤 서재 장식용으로 전락시킨 책이 꽤 되는 것 같습니다. 그렇다고 손이 잘 안 가는 책을 쉽게 버리지도 못합니다. 혹시 읽지 않은 책 속에 귀중한 정보가 담겨 있는 건 아닐까 하는 불안 심리 때문입니다.

시간이 갈수록 제겐 모종의 위기감이 찾아왔습니다. 아마도 그 위기감의 정체는 지식이나 지혜는 그대로인데 반해 책 꾸러미의 물리적 공간과 인터넷 서점의 회원 등급, 그리고 결제 포인트만 늘어간다는 느낌 때문이었지요. 보유한 서적 양이 많지도 않지만 정작 제 머릿속에 남아 있는 건 보유한 분량의 천분의 일도 안 된다는 생각이 들었습니다. 읽은 게 없으니 어찌 보면 당연한 결과이기도 하지요.

그래서 하루는 시간을 가지고 천천히 분석해보기로 했습니다. 과연 중학생 시절부터 난독증에 가까울 정도로 꼼꼼한 독서 습관을 갖게 된 뿌리가 무엇인지 말이죠. 그러자 어떤 영상과 함께 아주 불쾌한 감정이 머릿속을 스쳐지나갔습니다. 제일 먼저 스친 것은 중학교 1학년 당시 첫 시험에서 느꼈던 '배신감'이었습니다. 물론 중학교 시험 문제가 초등학교의 시험 문제와 같을 것이라고 예상하지는 않았지만 중학교 시험은 뭔가 좀 심오한 것이 있지 않을까라는 기대감이 있었습니다. 하지만 시험지를 받고 난 뒤 전 다음과 같은 경악에 가까운 비명을 속으로 질러댔지요.

"이건 아니잖아!"

비단 그 비명은 시험 문제의 난이도, 다시 말해 어렵고 쉽고의 문제가 아니었습니다. 당시 선생님들께는 무척 송구한 말씀이지만 시험 문제 자체에 실망했습니다. 거칠게 표현한다면 한심하고 바보같이 보였지요. 응용력과 창의력을 함양해 이 나라의 기둥을 만들어야 한다던 눈부신 교육 철학을 그 당시 저로선 시험 문제에서 당최 찾아볼 수 없었습니다. 그 대신 하나같이 참고서 저 구석에나 처박혀 있는 그래프나 원리만 알면 언제든지 찾아보면 되는 표 사이사이를 괄호 처리해서 똑같은 단어를 집어넣어야 하는 식이 대부분이었습니다.

그렇게 첫 시험을 치르고 난 뒤 한참을 울었던 기억이 납니다. 과정이 중요하다며 역설하셨던 선생님들의 말씀은 죄다 새빨간 거짓말 같았습니다. 물론 시험을 망쳐서 속상하기도 했지만 시험 문제의 대부분이 정신의학에서 말하는 작업 기억, 다시 말해 두뇌의 메모리칩이라고 일컬어지는 전전두엽의 단기 기억력으로 승부를 봐야 한다는 불편한 진실을 마주했기 때문이었습니다. 평소 실력으로 시험을 봐야 한다는 법칙을 깨고 그동안 '반칙'이라고 생각했던 '작년 시험지(족보) 외우기'나 시험 하루 전날 '막판 조르기'를 해야 한다는 사실이 비통했습니다. 하지만 전 그 사실을 받아들이고 말았습니다. 그래야만 살아남을 수 있을 것이라고 믿었던 것 같습니다.

돌이켜보면 그때부터 전 교과서나 참고서를 볼 때 한 글자 한 글자가 다 시험에 나올 것만 같은 불안에 휩싸였습니다. 잘 외워지지 않는 대목일수록 곱게 넘어갈 수 없었습니다. 일단 무조건 외우고 나야 뭔가 든든한 안정감을 느낄 수 있었습니다. 그렇게 좋아했던 아가서 크리스티 추리소설도 다시 읽어보니 너무 힘이 들더군요. 더군다나 의대에 들어간 뒤 그 버릇은 더욱 강화되었습니다. 그나마 저를 구제해주었던 것이 있었다면 그건 다름 아닌 뇌의 다른 영역을 자극해주는 라디오나 영화 같은 대중매체였습니다. 그것들이 없었더라면 아마도 지금의 저는 심각한 상태(?)를 면치 못했을 것 같습니다.

기출 문제집들을 바라보면서 이른바 '꼼수'가 통하는 현실에 눈물 섞인 조소를 날리던 기억이 지금도 생생합니다. 이처럼 완벽주의는 우릴 성실하게 만들지만 그 성실함은 왠지 모르게 서러울 때가 있습니다. 완벽주의가 안겨주는 성실함은 현실을 향한 철저한 비아냥거림과 환멸에서 뿜어져 나오는 에너지를 원동력으로 삼기 때문입니다.

지금도 그런 성향이 완전히 사라진 건 아니지만, 몇 년 동안 저는 정신과 의사 구실을 제대로 하려면 정신의학과 심리학은 물론이요, 사회학, 인류학, 신화학, 행동 경제학, 심지어 사주 역학(?!)까지, 사람의 생각과 느낌 그리고 행동과 연관된 모든 학문을 다 알아야 한다고 생각했습니다. 그래서 언제부터인가 주머니 사정이 허락하는 한 최대한 많은 논문과 서적을 구매하기 시작했었지요. 하지만 한참 뒤 저는 미처 예상치 못한 오류들을 발견했습니다. 그건 바로 다음의 두 가지입니다.

1. 중요한 주제는 항상 염두에 두고 있으니 나중으로 미루자
2. 가장 쓸모없다고 생각되는 주변 지식부터 먼저 챙겨보자

하지만 그런 전략은 오래가지 못했습니다. 이도저도 안 되어 지쳐 널브러지기 일쑤였지요. 정신 에너지를 한 분야에 깊이 쏟지 못하고 수박 겉핥기에만 주력하다보니, 수박 껍질 안에 담긴 시원하고 달콤한 과육은 결국 맛도 보지 못한 채 썩어 들어가고 말았습니다.

박학다식博學多識은 강박 성향의 완벽주의가 우릴 홀릴 때 자주 쓰는

무기 중 하나입니다. 여기에 빠져들지 않으려면 위의 생각과는 반대로 가야 합니다. 한 분야에 깊이 있게 접근하면서 필요할 때만 주변 분야의 참고 서적을 보겠다는 마음가짐이 도움이 됩니다.

지나친 수집과 완벽

강박에 시달리는 사람들 중 일부는 모아둔 물건을 잘 버리지 못합니다. 어떤 물건이든 결국엔 쓸모가 있을 것이란 막연한 환상에서 벗어나지 못하기 때문이죠. 한 예로 강박적인 수집을 하는 사람에게

"이건 쓸모없으니 눈 딱 감고 버리세요"라고 하면,
"아!! 내가 왜 이런 잡동사니들을 아직 못 버렸단 말인가?"

라고 순응하는 사람은 한 분도 없을 겁니다. 수집해서 얻는 장점과 버려서 얻는 장점을 잘 생각해서 선택하라고 해도 결과는 비슷합니다. 열에 한둘 정도만 버리려는 시늉만 할까, 대부분은 주저하며 버리지 못합니다.

위에서도 언급했지만 이들이 신봉하는 좌우명은 '개똥도 약에 쓰려면 없다'입니다. 낡은 잡지 하나 제대로 못 버리는 태도의 이면엔, 혹시 있을지도 모를 '만약'이란 녀석에 대비해야 한다는 신념이 그들 마음속에 꽉 박혀 있기 때문입니다. 그래서 못 쓰는 걸 버려서 얻는 장점만 강조해서는 그들을 쉽게 움직이지 못합니다. 강박이란 녀석은 불확실한

미래를 끔찍이도 싫어하기 때문입니다. 이럴 땐 그들이 불안해하는 바를 역이용하면 해법이 보입니다. 못 쓰는 걸 버려서 얻는 장점보다 잡동사니들을 모아서 손해 볼 것을 먼저 떠올리게 해야 합니다. 얼핏 그놈이 그놈 같아 보입니다만 쓸모없는 물건들을 집 곳곳에 산더미처럼 모아서 손해 보는 것과 버려서 손해 보는 것을 구체적으로 나열해보면 어느 순간 그 많던 물건들이 하나둘씩 분리수거함으로 이동되는 걸 볼 수 있습니다.

무엇이 더 좋은가보다 무엇을 더 잃을 것인가를 기준으로 삼을 때 선택이 훨씬 더 쉬운 까닭은 위기 혹은 위험에 민감한 강박 성향 특유의 경보체계를 역이용했기 때문입니다. 그동안 이들은 각자가 수집한 물건을 잃을 것에만 집착했었지, 현재 삶의 불편한 부분에 대해서는 자신의 눈을 속여 가며 살아왔습니다. 그래서 현재의 삶이 계속 방치되었을 때 초래할 수 있는 비참한 결과에 대한 얘기를 반복적으로 듣고 나서야 비로소 원래 태어날 때부터 가졌던 위험 경보기의 균형 감각을 다시 맞춰놓을 수 있는 것입니다.

말하자면 그토록 신봉해온 '삶의 안전'에 대한 전반적인 시각이 다시 일깨워지는 셈이죠. 잘 버리지 못하는 그들에게 이런 작업이 정기적으로 필요한 이유는 '의미意味'보다 '양量'을 선택하여 생존을 유지하려는 강박 성향 고유의 특징 때문이기도 합니다.

건강한 완벽 VS 강박적 완벽

완벽에 가까운 성과를 내어 감탄을 자아내는 사람들을 두 부류로 나눠보면 크게 창조적인 사람과 강박적인 사람으로 나뉩니다. 창조적인 이들이 완벽에 가까운 결과물을 내놓을 수 있는 원동력은 주로 호기심이나 독창성, 신선한 발상 등등 입니다. 애플 사의 기발하고 수려한 디지털 기기들이 이에 해당되지요. 결과만 중시하는 기성의 잣대에서 보자면 이들은 각 분야에서 완벽에 가까운 찬사를 받을 만합니다. 꼼꼼하고 치밀하다는 말은 들을지언정 강박적이라는 말은 썩 어울리지 않습니다. 그들에게 완벽이란 뭉클한 열정과 즐거움, 그리고 그들의 스타일에 대한 확고한 자부심에서 우러나온 것이지, 완벽 그 자체가 목적이 아니기 때문입니다.

반면 강박적인 사람이 탄생시키는 완벽은 그 뿌리부터 다릅니다. 창조적인 사람에게 있어 완벽주의는 독창적인 스타일을 완성하기 위한 윤활유에 불과하지만 강박적인 사람에게 완벽주의는 자신의 불안을 감소시키기 위한 주인공입니다. 덕분에 정작 목표가 되어야 할 프로젝트에는 전혀 상관이 없거나 되레 악영향을 끼칩니다. 게다가 강박적 완벽주의는 창조성을 방해할 뿐만 아니라 모든 프로젝트의 출발점을 자신의 안전을 유지하는 지점에서 만들어냅니다.

물론 강박적 완벽주의로 무장한 이들 역시 굉장한 부와 명예를 누릴 수 있습니다. 그러나 창조적인 사람이 자신의 성과에 만족하며 지내는 반면 강박적인 사람은 그렇게 많은 업적을 이루고도 끊임없이 피드백을 갈구하며 매사 좌불안석으로 힘겹게 지냅니다. 자신의 성과물을 놓고 오가는 비판을 건강하게 수용하여 지금보다 더욱더 발전하고 싶은 것이 아니라 그저 내면의 불안에서 잠시나마 해방되기 위한 목적에 불과하기 때문입니다.

완벽주의를 부르는 몇 가지 심리

완벽주의자들은 흔히 세상을 양극화해서 바라보는 경향이 있습니다. 흑백 논리와 같은 이분법적 사고가 바로 그것이죠. 이것 아니면 저것, 0 아니면 1인 셈입니다. 이뿐만이 아닙니다. 역설적이게도 얼핏 논리적으로 보이는 이들에게 어떤 사건이 발생하면 그들은 그 사건을 비논리적으로 일반화시켜버리기도 합니다. 한 문제밖에 틀리지 않았음에도 불구하고 시험 전체를 망쳤다고 눈물을 흘리며 빈축을 사는 전교 1등 학생에게서 그 실마리를 엿볼 수 있습니다. 이들은 지난날 이루었던 자신의 눈부신 성적을 좀처럼 인정하지 않습니다. 굉장히 많은 것을 해놓고서도 늘 2퍼센트 부족하다고 생각합니다. 그러다 보니 어떤 성취를 이루어도 기다리는 건 언제나 좀 더 잘했어야 했다는 자가 질책뿐입니다.

또 완벽주의적인 도덕성 또한 완벽주의자들이 갖는 공통점입니다. 그들은 사람이라면 도저히 다다를 수 없는 윤리적 목표를 정해놓고 거기에 도달하지 못하는 자신을 마구 닦달합니다. 밤마다 꾸는 악몽은 이들이 필연적으로 가질 수밖에 없는 부산물입니다. 악몽은 너무나 도덕적으로 치우쳐진 의식 세계를 잔인한 무의식과 중화시킴으로써 균형을 맞추기 위한 마음의 보상 기능의 결과입니다.

완벽주의적 도덕성이 방치되면 결국 한 발자국도 집 밖으로 나가지 못하는 사태가 발생합니다. 실제로 대부분의 완벽주의적 사람들은 주로 집에서 시간을 보내곤 합니다. 사람 만나는 게 피곤하고 타인의 거절에 유독 과민하기 때문입니다. 이렇게 된 이유는 마치 바벨탑처럼 쌓아놓은 자기 가치 기준에 못 미칠까 노심초사할 뿐 아니라, 남들도 그런 기준으로 자신을 볼 것 같은 불안 심리 때문입니다. 이런 패턴이 장기간 지속되면 결국 자신을 외부와 단절시켜 사회적 고립의 악순환을 초래합니다. 잔인하리만치 끈질긴 완벽주의란 녀석은 특유의 이분법적 사고와 과잉 일반화로 인해,

주변에 이렇다 할 친구 하나 없음 = 하찮고 쓸모없는 사람

이라는 말도 안 되는 등식을 머릿속에 삽입시켜버리기도 합니다. 그래서 완벽주의자들은 흔히 사회적 고립의 악순환뿐 아니라 지나치게 높게 책정해버린 기대에 스스로 부응하지 못해 자존감이 낮아져 우울증, 알코올 의존과 같은 정신의학적 주의가 요구되는 상황이 잘 따라오곤 합니다.

학습에 열망을 가진 학생들에게도 지나친 완벽주의는 오히려 해가 됩니다. 전 과목 만점을 위한 갈망은 실패에 대한 두려움을 강화시켜 결국엔 학습을 향한 열의를 떨어트립니다. 게다가 시간도 무척 갉아먹

습니다. 완벽하지 못한 결과를 낳을까 두려운 나머지 무슨 일을 하든 꽤 신중해지기 때문입니다.

위에서 잠시 언급했듯 완벽주의는 알코올 의존의 원인이 되기도 합니다. 믿으실지 모르지만 상당수의 물질 남용 및 의존 환자들은 그저 좋아서 술을 마시거나 마약을 하는 것이 아닙니다. 중독 환자들을 무조건 방탕하게 보면 안 된다는 뜻입니다. 어쩌면 그들은 내면의 지나친 완벽주의와 처절하게 싸우고 있는지도 모릅니다. 한 번 실수하면 예외 없이 자신을 무참하게 바보로 만들어버리는 소위 '성자聖者 증후군'과, 몇주 내에 몇십 킬로그램을 빼겠다며 무리하게 다이어트 계획을 진행하다가 결국 실패해버린 자신에게 화가 나 도리어 폭식이 악화되는 섭식 장애 환자 역시 예외가 아닙니다. 이들은 사람으로서 충분히 겪을 수 있는 시행착오를 자신 전체의 실패로 간주해버리기 때문에 남들보다 좌절감에 훨씬 민감합니다.

인지 치료 기법을 개발하여 명성을 얻은 아론 벡Aaron Beck 역시 완벽주의를 인지기능이 발달하는 시기에 생긴 일종의 '결함'으로 설명했습니다. 세상을 보는 눈을 잘못 키운 바람에 항상 편향된 정보로 세상을 바라볼 수밖에 없다는 것이죠.

완벽의 두 가지 뿌리

완벽주의는 형성된 출발점에 따라 두 부류로 나뉩니다. 편의상 이름을 붙이자면 신경증적인 성격을 지닌 '고전적 완벽주의'와 자기애적인 성향에 바탕을 둔 '21세기형 완벽주의'가 바로 그것입니다.

고전적 완벽주의는 말 그대로 전통적인 성격을 띱니다. 다소 성숙하고 그나마 인간적인 면모를 지닌 분들의 심리 구조에서 흔히 볼 수 있습니다. 이분들의 내면에는 엄격한 가치관이 숨어 있는데 고전적 완벽주의는 이처럼 엄격한 가치관을 향한 심리적 반동反動에서 탄생합니다. "지지 않겠다"는 일종의 반항 심리라 해도 과언이 아닙니다.

이런 견해에서 보자면 고전적 완벽주의는 내면의 경직된 도덕 관념과 그와 연관된 죄책감에 맞서려는 일종의 방패 역할을 담당합니다. 또한 지나친 양심과 올곧은 가치관 탓에 매우 낮아진 자존감을 올려주는 유일한 도구이기도 합니다. 완벽주의를 추구하는 모습 자체만으로도 뿌듯함에 가까운 편안함을 느끼는 이유 역시 이미 마음속에 내면화된 엄마나 아빠로부터 칭찬받을 것 같은 느낌, 다시 말해 그들의 사랑을 지속적으로 받는 것 같은 느낌이 좋기 때문입니다. 영국의 정신분석가 샌들러Joseph Sandler 박사는 비록 허상虛想이라도 내면화된 사람들이 존재하는 마음속 공간을 표상세계表象世界라 칭했습니다. 표상세계에 살고 있는 엄마나 아빠의 가치관에 부응하려고 안간힘을 쓰는 한, 우린 완벽주의를 포기할 수 없습니다. 이것이 바로 '고전적 완벽주의'의 심리적 출발점이 됩니다.

반면 21세기형 완벽주의의 경우, 고전적 완벽주의에 비해 그 출발점부터가 사뭇 다릅니다. 양쪽 다 괴롭긴 마찬가지지만, 고전적 완벽주의 성향을 띠는 분들이 그나마 21세기형 완벽주의 성향을 띠는 분에 비해 인격 성숙도가 더 높은 편입니다. 고전적 완벽주의를 야기하는 신경 증상은 주로 인정 혹은 사랑을 잃을지 모른다는 '사랑 상실 불안'이나 노력하지 않으면 나쁜 일이 벌어질 거란 '처벌 불안'에서 비롯됩니다. 하지만 그렇다고 해서 이런 불안이 일어나는 공간인 '마음' 자체가 붕괴될 우려는 없습니다. 마치 검투사들이 아무리 험악하고 살벌하게 싸운다 해도 콜로세움이란 건물엔 전혀 지장을 주지 않는 것처럼 말이죠.

비록 고전적 완벽주의가 심한 갈등의 결과물이지만 철옹성과 같이 탄탄한 마음의 테두리에 금을 가게 하지는 않습니다. 내면의 잔인한 검투사인 '초자아'가 본능적인 욕구라는 이름의 검투사와 싸워 죄책감이란 피가 솟구친다 한들, 경기장 자체가 붕괴되는 일은 없습니다. 층간 소음 때문에 이웃간의 갈등이 있다 한들, 아파트 자체가 무너지지 않는 것과 같은 이치지요.

비록 마음이란 공간을 시각화하기엔 무리가 있지만, 저는 종종 마음을 내면의 '갈등'과 그것을 담아내는 '옹벽'으로 구분해서 설명하곤 합니다. 고전적 완벽주의가 지배하는 마음은 원초적 본능을 뜻하는 이드Id와 금지를 설정하는 초자아Superego 그리고 이들 사이에서 판단을 내리는 자아Ego가 각자 경계를 분명히 하며 마음의 옹벽을 해치지 않는 범위 내에서 서로 기싸움을 합니다. 하지만 21세기형 완벽주의는 탄생부터가 다릅니다. 고전적 완벽주의가 검투사 간의 혈투에 국한된다면 21세기형 완벽주의는 마음이란 콜로세움의 기둥에 균열이 생겨 관중들이 다칠 만큼의 붕괴에서 야기됩니다. 그만큼 21세기형 완벽주의는 내면의 갈등보다 이를 담고 있는 마음이란 테두리의 결함에서 비롯되었을 가능성이 큽니다. 21세기형 완벽주의를 담고 있는 마음은 마치 콘크리트가 성글거나 불량 철근을 써서 금이 가거나 곧 무너질 것만 같은 부실 아파트 그 자체입니다.

그러나 다행히도 사람의 마음은 적절한 공감적 반응을 받으면 언제라도 한층 더 여물어질 준비가 되어 있습니다. 그 안에서 싸우는 관중들과 검투사 역시 강해집니다. 그러나 공감부전共感不全: Empathic failure, 다시 말해 적절한 반응을 받지 못하고 자란 사람들은 내면의 관중석과 경기장 간의 경계선이 애매합니다. 이들을 시각화한다면 기둥 곳곳에는 금이 가 있고 감정 발달 또한 미숙해 관중석과 검투사들 모두 좀비마냥 회색빛을 띱니다. 그래서 이들의 마음은 겉만 번지르르하고 실체는 없는 폐허가 된 콜로세움처럼 붕괴의 위험이 큽니다. 이것이 21세기형 완벽주의자들이 자존심에 약간의 상처를 받아도 쉽게 격노하는 이유 중 하나입니다. 자신이 이룩한 결과물에 조금이라도 흠집이 나면 마치 자신 전체가 부스러질 것 같은 '붕괴 불안'에 민감하기 때문입니다.

이들의 자존감은 마치 사상누각 같아서 언제 무너질지 모릅니다. 이들이 제일 느끼길 두려워하는 감정은 다름 아닌 '수치심'입니다. 수치심을 느끼지 않기 위해 이들은 금이 가고 다 쓰러져가는 건물 표면에 임기응변으로 요란하게 빛나는 금칠을 마구 해대고, 이미 좀비가 되어버린 내면의 수많은 자아에 짙은 화장을 칠합니다. 내면이 이토록 불안정하다 보니 이들의 삶은 위축된 모습과 오만방자한 모습이 하루에도 몇 번씩 교차합니다.

그래서 칭찬은 고래를 춤추게 한다는 말이 이들에게는 100퍼센트 진리입니다. 칭찬과 찬사는 자존감을 살리는 생명수가 되기 때문입니다. 반면 장기간 동안 찬사나 탄복을 받지 못하면 그들의 마음 또한 심각한 기근 현상을 보여 위축된 나머지 쉽사리 수치심의 노예가 되어버리고 맙니다.

한 예로 대기업 취업에 실패한 어느 취업 준비생의 경우를 보겠습니다. 만약 그가 고전적 완벽주의자라면 취업을 준비했던 과거 기억 중 방탕했다고 여길 만한 기억 한두 가지에만 국한하여 후회하고 자책합니다. 이를테면,

부모님이 주신 학원비를
엉뚱한 곳에 다 써버리다니!
그 대가로 난
낙방이란 벌을 받은 게 분명해!

라는 식입니다. 이처럼 고전적 완벽주의자들은 자신의 행동을 탓하며 죄책감을 느끼긴 해도 자기 자신 전체를 싸잡아 부끄러워하진 않습니다. 반면 21세기형 완벽주의자들은 짧고 굵게 결론을 내립니다.

"학원비를 다 써버린 난 인간쓰레기야!"

완벽주의 가면을 버리기 힘든 이유

21세기형 완벽주의가 자신 전체의 존폐와 직결되는 까닭 중 하나는

마음이 탄생하는 과정에 완벽이란 요소가 반드시 필요한 재료로 사용되었기 때문입니다. 태어난 지 얼마 되지 않은 영유아의 내면에는 크게 두 가지의 완벽한 이미지가 존재합니다. '나는 완벽하다'고 믿는 슈퍼맨 같은 자신의 모습과 완벽하게 이상화된 부모의 모습이 바로 그들입니다. 부모가 정말 잘난 사람이며 완벽하다고 믿고 싶은 이유는 자신의 존재의 근원인 부모가 완벽해야 자신 또한 그들의 일부분이므로 저절로 완벽함을 이어받아 절대로 붕괴 따위는 일어나지 않을 것이라 믿고 싶기 때문입니다. 뒤에서 다루겠지만 이상화된 부모의 이미지에 손상을 받으면 후에 알코올 의존뿐 아니라 기타 인간관계에서 착취에 가까운 의존 성향을 보여서라도 자신의 완벽으로 흡수하려 합니다.

하지만 이 지점에서 부모가 아이에게 적절한 반응을 보이면 아이는 언제나 슈퍼맨 같아야 한다고만 믿었던 자신의 모습을 적절한 수준으로 낮추게 됩니다. 나는 사랑받을 만하다는 자신감이 생기면 굳이 자신이 전지전능한 사람이 될 필요가 없기 때문입니다. 그 결과 완벽을 향한 지나친 욕구는 건강하고 적절한 야망과 의욕으로 변화됩니다. 반면 이상화된 부모의 모습 역시 아이가 성장함에 따라 건강한 이상과 가치관 혹은 윤리로 자리 잡게 되지요. 이들은 모두 자존감을 유지하는데 반드시 필요한 요소입니다.

그런데 21세기형 완벽주의는 자신을 슈퍼맨같이 봐주길 원하는 소망이 부모로부터 철저히 외면당하면서 생긴 마음의 생채기에서 비롯됩니다. 이를 자기애적 상처라고 합니다. 이로 인해 마음을 지탱하는 자존감이란 이름의 기초가 부실해져 인격 성숙이 저해되고 결국 붕괴 불안의 노예로 남습니다. 그 결과 슈퍼맨처럼 원초적으로 과장된 자신의 모습이 건강한 야망이나 의욕으로 변모되지 못한 채, 영영 분열된 채로 남게 되어 끝없이 완벽을 추구하거나 완벽한 누군가를 찾아 헤맬 수밖에 없는 것입니다. 이것이 바로 21세기형 완벽주의자의 출발점입니다.

그럼 왜 우린 이토록 고통스런 완벽주의의 가면을 버리기 어려운 걸까요. 그건 바로 과대한 기준에 도달하지 못하면 필연적으로 느낄 수밖에 없는 어떤 감정을 회피하고 싶기 때문입니다. 그 원동력이 되는 감정은 바로 '수치심'입니다. 고전적 완벽주의는 주로 가혹한 초자아에 대한 반응입니다. 내면의 갈등에 대한 일종의 방어 같은 것입니다. 죄책감이란 화살을 막아줌과 동시에 부모의 인정을 받으려는 자구책입니다. 이 모두가 내면에 자리 잡고 있는 냉정한 초자아의 농간이라고 해도 무방할 정도입니다.

반면 21세기형 완벽주의는 윤리나 도덕과는 다소 거리가 멉니다. 위에서도 언급했듯 인격 성장에 반드시 필요한 공감을 받고픈 열망의 표현이자 지독하게 불쾌한 수치심과 굴욕감을 회피하기 위해 고착된 것입니다. 게다가 슈퍼맨처럼 원초적으로 팽만한 자기 모습을 잃지 않으려는 악순환까지 더해져 21세기형 완벽주의는 더욱더 경화됩니다. 이들에게 있어 완벽주의는 마음속 부채의식을 갚으려는 죄책감의 발로가 아닙니다. 21세기형 완벽주의는 자라다 멈춘 새싹에 물을 주듯 성글게 형성된 마음의 구조를 드러내는 것이 부끄러운 나머지, 이를 단단히 회복시켜 다시 성장하게끔 유도하려는 의도가 숨어 있습니다. 고전적 완벽주의자가 죄책감으로 인해 자존감이 낮아진다면 21세기형 완벽주의자는 낮은 자존감으로 인해 완벽하게 되려 합니다. 자존감과 완벽의 인과관계가 서로 반대로 작용하는 셈이죠.

21세기형 완벽주의가 반드시 나쁜 것만은 아닙니다. 건프라에 열중인 마니아를 비롯하여, 정신을 잃을 정도로 매혹적인 향수를 만드는 사람, 듣기만 해도 기분 좋고 포근한 음악을 만드는 작곡가, 영혼을 울리는 노래를 만드는 가수, 엄마의 심장소리와 비슷한 비트를 만들어내는 클럽 DJ, 좋은 책을 만들고자 하는 사람들, 존경스런 판결을 내리는 판사, 가는 길마다 깨끗이 청소해주시는 청소원 등등. 자신의 일에 언제나 철저한 사람들은 자신이 쏟아 부은 작업의 결과물에서 완벽한 부모 같은 모습을 확인하고 싶어 하는 심리가 숨어 있습니다. 이들이 식음을 전폐하고라도 자신의 결과물에 혼신을 쏟는 이유 또한 바로 그들이 만든 작품이 곧 이상적인 대리모代理母 역할을 해주기 때문입니다. 동서고금을 막론하고 인류가 정교한 조각을 만들어 숭배하길 좋아해온 이유 또한 어쩌면 완벽주의를 품고 살아나가야 할 인간의 태생적 운명에서 출발했는지도 모릅니다.

적절한 완벽은 인격 형성에 필요한 자양분이다

비록 앞에서는 완벽주의의 종류를 기원에 따라 둘로 나눴지만 우리가 경험하는 대부분의 완벽주의는 앞서 말한 고전적 성향과 21세기적 요소가 거의 동시에 공존한다고 봐도 무방합니다. 그래서 숙련된 치료자들은 이 두 가지 요소 중 어떤 성향이 완벽주의를 포기하지 못하게 하는지 파악하려 듭니다. 만일 고전적인 요소가 다분한 완벽주의자라면 치료자들은 가혹한 초자아의 힘을 상쇄시키거나 지나치게 이상주의적인 목표를 현실화시켜 받아들일 수 있게 최선을 다합니다.

하지만 내담자의 완벽주의의 본질이 21세기형 형태, 다시 말해 자기애적인 요소로 판단된다면 이러한 시도들은 금물입니다. 왜냐하면 자기애적 완벽주의는 자존감을 유지하고 성장시키는 데 꼭 필요한 자양분이기 때문입니다. 이들에게서 마음속 깊이 간직된 도덕이나 윤리적 가치관을 탐색하려 드는 것은 큰 의미가 없습니다. 완벽주의는 그저 자기가 살아 있다는 느낌, 깨지지 않고 유지되고 있다는 느낌을 지속하기 위한 절박한 시도일 뿐이기 때문입니다.

그래서 이들에게 "당신의 완벽 성향은 너무 비현실적이니 이제 그만 포기하십시오"와 같은 말은 좋지 않습니다. 자신이 붙잡고 있는 유일한 지푸라기를 부질없다고 나무랐기 때문입니다. 21세기형 완벽주의자들을 대할 때는 오히려 도덕이나 자아 이상이 발달할 수 있도록 기다려줘야 하는 미덕을 발휘해야 합니다. 마음의 균열을 완벽주의라는 임기응변의 점토로 메울 수밖에 없는 절박함을 이해하고 들어줄 때 상대방뿐 아니라 나 또한 함께 성장할 수 있을 것입니다.

열등감을 느끼지 않으려는 노력

우월감

강박이 지배하는 우월감

점잖음과 교만은 종이 한 장 차이입니다. 강박은 이 종이 한 장 차이를 고상한 매너라는 방패로 내면의 오만함을 덮습니다. 우월함을 향한 욕구는 사실 인류 보편적으로 깔려 있으나 적절한 성장을 통해 대부분의 사람들은 어느 정도 체념하며 살아갑니다. 하지만 적절치 못한 성장을 겪은 사람들은 여전히 이 집착에서 헤어나지 못합니다. 우월함을 향한 욕구를 끊임없이 방출하고 만족해야 비로소 자신이 살아남을 수 있다고 생각하기 때문입니다.

그 결과 사람에게 등급을 매기고 그에 따라 만날지 말지를 결정하기도 합니다. 그런데 잘난 사람들만 만날 것 같은 예상과 달리, 이들은 자신이 나눈 기준에 훨씬 못 미치는, 다시 말해 통념상 이해 안 될 정도로 열등한 사람들만 골라서 만나고 다닙니다. 저는 이를 두고 '춘향이-향단이 증후군'이라 부릅니다. 춘향이는 향단이가 옆에 있어야 더 부각됩니다. 자신보다 더 우월한 느낌을 주는 사람은 우월감을 느껴야 할 사람들에겐 꽤 위협적입니다. 상대적으로 초라해질까 겁이 나기 때문이죠.

그래서 샘이 나거나 약 오를 것 같은 사람은 아예 만나질 않습니다. 설령 만나더라도 반드시 어딘가에 숨어 있는 결점을 꼬집어내기 바쁩니다. 예컨대 상대가 나보다 얼굴이 예쁘면 나보다 어려운 집안 형편을 찾아냅니다. 학력이 우월하면 상대의 못난 인물로 스스로를 자위합니다. 사정이 이렇다 보니 이들은 정말 사귀고 싶은 사람들을 오히려 사귈 수 없는 역설의 늪에 빠집니다. 성숙한 소통을 기반으로 한 친밀감 대신 '열등감을 안 느낄 권리'가 친구 관계를 삼는 기준의 우선이 되기 때문입니다.

여기에 상대방을 향한 경멸까지 가세하면 우월감은 그야말로 '기세등등', '의기양양'하다못해 '안하무인'의 종점까지 다다릅니다. 하지만 강박은 이를 대놓고 드러내지 않습니다. 아주 섬세하고 꼼꼼하게 상대의 결점을 기억하고 최후의 히든카드로 써먹을 수 있게 모아둡니다. 행여나 상대방이 자신의 우월감에 흠집을 낼 때를 대비해 '눈에는 눈, 이에는 이'라는 방어책으로 이용할 수 있게 말이죠. 그래서 이런 분과 같이 일을 하면 한 번쯤은 예상치 못한 '비난 폭탄'에 큰 상처를 입기도 합니다. 상대방이 틀렸다며 화를 내기도 합니다. 하지만 너무 아파할 필요는 없습니다. 강박이 내뿜는 분노는 스스로가 나약하다는 실체를 깨달을 때 불거지는 일종의 '자폭 감정'이니까요.

  강박이 지배하는 우월감에서 벗어나려면 우린 다른 사람들의 반응에서 다소 멀어질 필요가 있습니다. 그리고 사람들이 나의 마음을 쉽게 알아줄 것이라는 기대와 굳이 말하지 않아도 나의 대단함을 알아줄 것이라는 기대를 접어야 합니다. 실패하고 낙심하는 과정을 비극적으로만 여길 것이 아니라 누구나 마주치는 삶의 일부라는 것을 받아들여야 합니다. 우리 모두는 절대 슈퍼맨이 될 수 없으며, 예측 불가한 세상을 불완전하게 살아가는 '사람'임을 깨달을 때 우월감의 유혹에서 조금이나마 벗어날 수 있습니다. 그러나 이 사실을 애써 부정한 채 우월감의 노예를 자청하는 분들도 꽤 있습니다. 우월의 탈을 뒤집어쓴 채 세상을 살아가려고만 한다면 우린 어떤 삶을 살아가게 될까요?

이기는 것이 목적인 반사회성 행동

  선량한 외모에 서글서글한 눈매가 인상적인 병철. 붙임성 있는 말투와 매너, 탁월한 리더십으로 직장과 교회에서 그는 언제나 존경과 선망의 대상입니다. 그런데 언제부터일까요. 퇴근 후 병철은 슈퍼에서 몇 가지 물건을 재미 삼아 훔치기 시작합니다. 꼬리가 길면 잡힌다는 말이 있지만 유독 병철에겐 예외였습니다. 경찰에 잡힐 위기도 몇 번 있었지만 매번 다른 사람의 차를 훔쳐 달아났기 때문입니다.

  범죄의 결과는 늘 완벽했습니다. 점점 대범해진 병철은 사기, 절도, 마약 밀거래, 심지어 매춘부를 살해하는 등 죄 없는 사람들을 이유 없이 죽이고 자동차를 훔치며 경찰조차 무참히 짓밟아버립니다. 그리고 마이애미, 산 안드레아스, 차이나타운 등지에서 각종 범죄를 저지르고도 몇백만 달러의 보상을 받으며 태연하게 살아갑니다. 비단 '조승희'나 '강호순'의 얘기만은 아닙니다.

　병철의 모습은 우리나라 상당수의 청소년과 직장인의 모습입니다. 컴퓨터 게임을 좀 아는 사람이라면, 위의 사례가 게임 〈GTA : Grand Theft Auto〉에 관한 얘기란 것을 이미 눈치 챘을 것입니다. 21세기로 들어서기 전부터 이미 게임의 세계에선 권선징악勸善懲惡 유의 주제는 한물간 지 오래입니다. 플레이어 자신이 게임 속에서 범죄자가 되어 절도와 강간, 살인을 일삼는 게임 〈GTA〉는 이미 전 세계의 게임 마니아들에게 폭발적인 인기를 얻어 5탄까지 발매되었습니다.

　정신의학계에서 "폭력적인 영상물이 실제 인간의 폭력성에 미치는 영향"이란 주제는 지금까지도 많은 논란이 있습니다. 하지만 이 게임을 하고 있노라면 그런 논란쯤은 단숨에 잊게 됩니다. 약 10분만 해보면 자기도 모르게 게임에 몰입되어 이내 폭력에 무감각해지기 때문입니다. 절도와 살인에 엄청난 보상이 주어지는 이 게임은 버젓이 청소년들에게 판매하고 있습니다. 심지어 개인 인터넷 방송으로 자신의 플레이를 감칠맛 나게(?) 해설하는 동영상까지 나돌고 있는 판국입니다. 세상은 이미 '살인의 추억'에서 '살인의 시뮬레이션'으로 이행기를 밟고 있는 셈이죠.

　우리나라도 연쇄살인마의 공포에 노출된 지는 오래입니다. 예상과 달리 실제 얼굴은 너무나 인간적인 모습이라 더욱 소름 끼치는 그들.

정신의학에선 이들을 가리켜 반사회적 인격 장애 혹은 사이코패스라 합니다. 한때 '사이코패스 심리 테스트'까지 인터넷에 나돌 정도로 이들에 대한 경각심이 부쩍 높았지만, 그나마 다행인 것은 연쇄 살인과 같은 무서운 범죄를 반복하는 심각한 반사회성 인격 병리를 가진 사람들의 수가 극히 드물다는 것입니다. 그러나 불행히도 사기, 언어폭력, 왕따, 절도, 탈세 등등의 다양한 반사회성 행동의 경우는 심각한 정신병리가 없는 정상인에게서도 나타날 수 있습니다. 굳이 사이코패스와 같은 반사회성 인격 병리를 갖고 있지 않더라도 신경증적인 갈등이나 동료 간의 경쟁, 치정에 얽힌 원한 등으로 인해 우발적 혹은 계획적으로 발생할 수 있어, '반사회성 행동 = 반사회성 인격 장애' 따위의 공식은 없는 것이죠.

저널리스트인 데이비드 캘러헌은 그의 저서 《치팅 컬처》를 통해 현대 사회의 거짓과 편법을 조장하는 과다경쟁, 개인주의, 자화자찬自畵自讚의 문화를 고발합니다. 지극히 평범한 한두 사람들이 자신들만의 이익을 위해 반사회적인 행동을 시작하면 더욱더 많은 평범한 사람들이 양심에 둔감해진 채 반사회적 행동을 지속한다고 주장합니다. 반사회성 행동을 하는 사람들은 오로지 경쟁에서 이기는 것만이 목적이며, 이기고 나서야만 일련의 혼란에 종지부를 찍습니다. 이들은 자신들만의 불이익에 특히 민감하여 잘못된 점을 지적받기라도 하면 "다른 사람도 다 이렇게 하지 않느냐" 하며 뻔뻔한 합리화를 늘어놓습니다. '합리화'는 반사회성 행동의 보편적인 심리적 방어입니다.

반사회성 행동이 악성을 만들다

신화 속 '나르시수스'가 뛰어든 연못에서 피어난 수선화水仙花는 과연 아름답기만 한 걸까요. 진료를 하다보면 갑작스런 난폭한 행동이나 우울증의 원인이 악성 뇌종양이었음을 발견하는 경우가 종종 있습니다. 제가 경험했던 악성 뇌종양 사례의 원인은 바로 폐암의 전이에서 비롯된 것이었습니다. 발암성 물질이 만연하는 대기오염이 결국엔 한 개인의 호흡을 곤란하게 만들고 판단력마저 흐리게 만들면서 서서히 죽음으로 몰고 간 셈입니다. 대기오염이 악성 뇌종양을 야기하듯 반사회성 문화 또한 개개인의 인격에 '악성 변화'가 오게끔 자극하는 것입니다.

우리나라의 경우 반사회성 행동을 하는 사람들을 보면 '악성 자기애 증후군'이 그 원인일 때가 많습니다. 이 용어는 원래 정신건강의학과 의사인 오토 컨버그Otto Kernberg에 의해 처음 기술되었습니다. 악성 자기애 증후군을 앓는 이들은 자기애성 인격 성향이 성격에 깊이 깔려 있는 데다 남을 가학하는 것에 대해 별다른 갈등이나 고민이 없어 잔인하게 남을 폭행하거나 심지어 살인에 이르기까지 합니다.

또 어떨 땐 지나친 피해의식과 편집증으로 인해 다른 사람들을 자신의 적이나 혹은 그 반대인 우상으로 간주하는 경향도 있습니다. '이유 있는' 살인을 저지르는 극단적인 신념을 가진 빈 라덴과 같은 테러리스트의 우두머리가 '악성 자기애 증후군'을 가진 전형적인 예라고 볼 수 있습니다.

그러나 이 용어는 불행히도 지구 반대편에 있는 테러리스트들에게만 해당되지 않습니다. 외국과 우리나라 할 것 없이 이미 인터넷 세상은 '악성 코드와 바이러스, 그리고 테러의 바다'가 되었기 때문입니다. 암이 전이되듯 '악성 자기애 증후군'은 인터넷을 검게 물들이고 있습니다. 또래나 선후배를 집중적으로 폭행한 뒤 동영상으로 찍어 유튜브와 같은 동영상 사이트에 올린 여중생들은 과격 테러 조직 단체들이 인질을 참수하는 모습을 캠코더에 담아 올리는 것과 별반 다를 바 없습니다. 여중생들의 집단 폭행 동영상이나 군부대 내 하극상 동영상들이 원체 인터넷에 나도는 판국인지라 이젠 단순한 왕따 동영상은 새삼 놀랍지도 않은 시대에 살고 있습니다. 이들의 움직임은 정신의학적으로 분명 '악성'입니다.

특별하다는 말보다 사랑한다는 말

4~5세 애기들은 흔히 길바닥에 드러누워 울며불며 부모님들을 난처하게 만듭니다. 흔히 말하는 '땡강', 정신의학에선 '분노 발작'이란 용어로 표현합니다. 분노 발작을 부리는 아동에게 부모로서 할 수 있는 최선의 대응 방법은 바로 '무관심'입니다. 아동은 자신의 그러한 행동에도 불구하고 부모가 봐주지 않는다는 걸 느끼면 비로소 발작 행동을 포기합니다.

관심과 유명세는 악성 자기애 성향이 강한 사람들에겐 마약과 같습니다. 그래서 자기애적 성향에서 우러나오는 반사회 성향을 완화하려면 '무관심'이란 사회적 차원의 처방이 필요합니다. 유언비어나 지나치게 자극적인 글 혹은 동영상이 인터넷에 올라오면 "옛다, 관심!"이란 댓글 또한 올라오곤 하는데, 약간 무례하게 느껴지긴 하지만 대중들의 무관심이야말로 자극적인 게시물을 막아내는 데 가장 적절한 해법일 수 있습니다.

반사회적 행동의 유혹에 순간적으로 끌릴 때는 그 행동에 따른 '결과'를 생각하는 연습이 필요합니다. 어떤 경우 굉장히 위험한 행동임에도 불구하고 현실감이 전혀 없는 엉뚱한 환상을 품는 수가 많습니다. 법치주의 사회에선 어떠한 난폭한 행위도 자비로운 결과를 허용하지 않습니다. 영웅으로 추앙받거나 행복한 결말은 더더욱 없습니다. 오직 자유의 제한과 비난, 법적·경제적·사회적 제제만 따를 뿐입니다. 비록 그 폭력이 정당한 복수이거나 남이 시킨 것이라 하더라도 평생 후유증의 소용돌이에 휘말린다는 것을 반드시 주지해야 합니다.

하루는 40대 후반의 한 남성이 진료실을 찾았습니다. 악몽과 불면, 불안이 너무 심하다는 것이 그 이유였지요. 그의 증상은 고등학교 시절 잔인하게 학대하고 괴롭혔던 동창생이 십여 년 전 불의의 사고사를 당한 뒤부터 시작되었습니다. 왕따의 가해자인 그는 20년이 지난 지금까지도 죽은 동창의 살기殺氣 어린 환청幻聽에 시달리며 매일 밤 뜬눈으로 밤을 보내고 있었습니다. 그는 무서워서 불을 끄고 자본 적이 없다고 고백하기도 했습니다.

한두 번 굿도 해봤지만 이 역시 소용이 없었습니다. 약 2년을 치료해왔으나 효과 또한 미미했습니다. 당시 친구들을 따라 딱히 내키지 않았던 반사회적 행동의 여운은 영화 〈올드 보이〉의 '오대수'가 그랬듯, 후회와 죄책감이란 그림자가 평생 그를 따라다니며 구천을 떠돌았던 것입니다.

서태지와 아이들이 부른 〈교실 이데아〉의 가사처럼, 옆에 있는 친구의 머리를 밟고 올라서게 만들어 '더 잘난 너'가 되는 과다 경쟁을 당연시하다못해 장려하는 요즘. 남과 더불어 사는 세상에 있어 가장 중요한 것은 다른 사람의 감정을 헤아릴 수 있는 '공감共感' 능력입니다. 최근 미국의 어느 초등학교에선 저학년을 대상으로 가치관 교육 프로그램을 운영한다고 합니다. 지나친 자기애 성향으로 빠지지 않게 조기 예방하는 것이 이 프로그램의 취지인 것이죠. 자신을 특별하다고 여기게 하는 과정은 어디에도 없습니다. 사회심리학자인 캠벨에 따르면 아이의 자존감을 높여주려고 말해주었던 "넌 특별해"라는 메시지가 자칫 병적인 자기애 성향을 강화시킬 수 있다고 주장합니다.

혹시 집안에 아이가 있다면, "넌 특별해"라고 말하는 대신 '마법의 주문'을 걸어봅시다. 이 주문은 아이로 하여금 '특별함'을 포기하는 대신, 자기만 아는 이기적인 아이가 되지 않게 해주면서 재능이나 겉모습에 관계없이 친밀함과 안정을 느끼게 해줍니다. 캠벨이 찾아낸 마법의 주문은 바로 '사랑'이었습니다. 이제부터 아이들에게 "넌 특별해"라고 얘기해주는 대신, 마법의 주문인 "널 사랑해"라고 말해보는 건 어떨까요.

옳다고 하기엔 너무나도 잔인한 원리 원칙

정의

정서 폭력의 시대

미드에 그리 큰 관심도 없지만 그렇다고 아예 무관심하지도 않던 제가, 언젠가 뉴스 기사를 보고 망연자실한 적이 있습니다. 미드 〈스파르타쿠스〉의 주인공 앤디 위필드가 임파선암으로 사망한 사건 때문이었죠. 너무 일찍 미망인이 되어버린 부인이 대중에게 공개했던 글, "스파르타의 영웅, 나의 무릎에서 영원히 잠들다" 때문에 감정이 북받쳐 더 그랬었던 지도 모르겠지만 어쨌든 그 사건은 제게 적지 않은 충격이었습니다.

식스팩을 비롯하여 건강만큼은 아무도 의심하지 않았을 만큼 건강해 보였던 그가 어떻게 젊은 나이에 허망하게 갈 수 있었단 말인지. 허구의 인물을 연기했던 한 탤런트의 어쩔 수 없는 병사病死도 이처럼 마음이 아픈데, 하물며 먼 과거 실제 스파르타쿠스의 전사들이 내 눈앞에서 서로 피를 흘리고 싸우며 죽어나가는 것을 보았다면 어떤 기분이 들었을까요.

매년 지척에서 열리는 '청도 소싸움 대회'도 제대로 잘 못 보는 허약체질(?)이기도 하지만, 만약 머나먼 과거로 돌아가 아레나에서 벌어지는 목숨을 건 사투를 보았다면 정말이지 상상만 해도 모골이 송연해집니다. 그런 혈투를 고안해낸 사람이나 희열을 느끼며 즐기는 관중 모두에게 화가 날 것 같기도 합니다. 여기엔 다음과 같은 딜레마가 작용해 분노의 불을 더 지피게 합니다.

"만일 검투사들이 동의한다 해도
과연 그 혈투가 정당화될 수 있을까?"

다행히도 로마가 망하면서 이 딜레마 또한 한동안 고민할 필요가 없었습니다. 그러나 고대 로마 이후 잔혹한 생존 게임은 대중매체의 발달로 인해 또다시 고개를 들기 시작했습니다. 좀 의아하게 들릴지 모르지만 제가 주목한 프로그램은 바로 프로 레슬링입니다. 아는 사람은 다 안다는 프로 레슬링의 화룡정점인 〈로얄 럼블〉의 경우, 일정한 시간이 지나면 한 선수 한 선수씩 링 안으로 들어가 아군과 적군 따로 없이 무작위로 밖으로 끄집어내야 살아남습니다. 최종적으로 링 안에서 살아남는 자가 승자가 되는 것이 이 게임의 법칙입니다. 마치 잔혹한 일본 영화 〈배틀 로얄〉처럼 말이죠. 하지만 프로 레슬링은 그나마 괜찮았습니다. 보기엔 위험스러워 보여도 실제로는 매우 숙련된 선수들이 어린이들이 볼 수 있을 정도의 장면만을 제공하는 프로그램임을 우리는 익히 잘 알기 때문입니다. 그래서 의자를 들고 머리를 때리고 코브라 트위스트를 제아무리 걸어도, 무방비 상태의 시청자들에게 살인 장면을 여과 없이 내보내는 뉴스 프로그램보다 훨씬 안전하고 즐겁게 볼 수 있습니다. 비록 눈에 보이는 장면 장면은 폭력성으로 넘쳐나지만 정작 보는 사람은 안전하다는 느낌을 갖게 만드는 역설이 존재하기 때문이죠. 물론 실수로 몇몇 선수가 실려 나가기도 하지만 실제로 그 사람들에게 선수 생명에 위협을 줄 만큼 치명타를 입히지는 않을 것이라는 확신이 전달되었기 때문에 온가족이 둘러앉아 재미있게 볼 수 있었던 기억이 납니다.

폭력에는 크게 두 가지가 있습니다. 신체적 폭력과 정서적 폭력이 바로 그것이죠. 주목할 점은 폭력에 노출된 사람들이 겪는 정신적 고통은 상해진단서에 반영된 '안정 가료 기간'과 결코 비례하지 않는다는 점입니다. 사고로 갈비뼈가 몇 개씩 부러지는 한이 있어도 동료들이 힘들까 봐 다음 날 정시 출근하는 분이 있는 반면, 신체 손상이 없더라도 억울한 사고를 당한 이후 통증 및 불안을 호소하는 분들 역시 꽤 많습니다. 폭력과 그에 따른 정서적 고통은 그만큼 주관적이라는 얘기인데, 신체 폭력 못지않게 정서 폭력은 어느덧 무방비 상태인 안방을 휘젓고 다니는 시대가 되었습니다. 다소 거친 예능 프로그램에 나오는 출연자들을 보며 우리 중 일부는 출연자들의 신체만큼이나 '마음' 또한 다치지 않기를 바라는 자신을 발견하기도 했을 것입니다.

내가 아니더라도 타인의 불화를 목격하며 생긴 심리적인 충격은 신경세포에 직접적인 변화를 주어 뇌신경 조직에 있는 호르몬 분비의 불균형을 초래할 수 있습니다. 그래서 장기간 노출되면 외상 후 스트레스 장애에서 볼 수 있는 여러 정서 증상들이 생겨납니다. 그래서 단지 인터넷이나 텔레비전을 보는 것만으로도 정서적 후유증을 받을 수 있는 것입니다.

후유증의 관건이 되는 것은 장면의 잔혹함보다 현실성입니다. 비교적 폭력성이 적다고 판단되는 장면도 리얼 다큐멘터리 혹은 리얼 예능 프로그램이라면 심적 여파가 따라옵니다. 반면 제아무리 개연성 있는 영상매체라도 그것이 허구임을 알면 심리적 충격은 그리 크지 않습니다. 영화 속에서 수없이 찔리고 다치며 조연과 엑스트라들이 잔인하게 죽어 나간 사실도 정작 현실 속 앤디가 임파선암으로 사망한 소식만큼 충격적이진 않을 것입니다. 끔찍한 장면만 담겨진 2시간짜리 공포영화보다 어설프게 모자이크 처리된 10초간의 실제 살해 장면을 담은 뉴스가 더 충격적인 것 또한 이런 연유에서입니다. 그래서 현실은 때론 지옥보다 더 무서운 공간이 되기도 합니다.

잔인한 암묵적 동의가 예능 프로그램에 침투하다

"가장 큰 변화는 1위가 떠난다. 7위를 한 가수가 또 무대를 꾸민다면 더 감동적일 것이다. 아주 절묘하고 흥미로울 것이다."

〈나는 가수다 : 시즌 2〉를 준비하며 다시 투입된 김영희 프로듀서의 말입니다. 이 기사를 보며 전 다소 안도할 수 있었습니다. 비록 예전부터 가졌던 찜찜함은 그대로지만 '진작 이랬어야 했다'는 느낌이 스쳐 지나갔습니다. 그만큼 2011년 한 해를 통틀어, 〈나는 가수다〉만큼 세간의 이슈를 모은 가요 프로그램이 또 있을까 싶기도 합니다. 먼저 〈나는 가수다: 시즌 1〉을 되짚어보자면 처음 몇 회 동안은 넋 놓고 보았습니다. 그런데 그것도 잠시, 얼마 되지 않아 전 왠지 모를 불편함과 함께 미묘한 걱정이 앞섰습니다.

'그래도 명색이 노래를 업業으로 삼는 분들인데'
'자존심에 많은 상처를 받게 될 텐데'
'칼만 안 쥐어줬을 뿐이지. 거의 스파르타쿠스의 가수 버전 아닌가'

어릴 때부터 전 생방송 가요 프로그램에 불만이 있었습니다. 노래가 끝나면 여운이 채 가시기도 전에 헐레벌떡 도망가다시피 퇴장하는 가수들의 뒷모습이 너무 안쓰러웠기 때문입니다. 무대에서 퇴장할 때 박수와 앙코르를 받기는커녕 무슨 죄를 지은 것마냥 다음 가수들을 위해 냉큼 비켜줘야 하는 모습이 너무 처량했습니다.

〈나는 가수다〉는 다행히 그렇지 않았습니다. 적어도 노래가 끝난 뒤 관객들이 충분히 박수를 보내며 여운을 느낄 시간은 허락했습니다. 하지만 무대 뒷모습은 달랐습니다. 장기간의 반복되는 경쟁 구도로 인한 스트레스로 괴로워하던 출연자들의 모습이 하나둘씩 보였기 때문입니다.

스트레스를 장기간 받게 되면 부신피질 호르몬의 분비가 증가되어 면역력이 떨어집니다. 그러다가 스트레스가 사라지면 호르몬의 분비가 급격히 낮아져 과잉 방어 체계로 들어가게 됩니다. 그래서 시험을 마친 수험생이나 큰 프로젝트를 마친 회사원들 중 일부가 몸살로 앓아 눕거나 입 주위에 헤르페스 발진이 생기기도 합니다. 〈나는 가수다〉 출연진들은 거의 매주 이런 사이클을 밟고 있었던 셈입니다.

그 결과 참가자들은 하나둘씩 앞서 말한 정신적·신체적 증상을 앓기 시작했습니다. 마치 약속이라도 한 듯 중후한 목소리를 자랑하던 한 가수가 감기에 걸리고 맹장염을 앓은 그때, 다른 참가자들 역시 심한 몸살을 앓기 시작했습니다. 옷 잘 입기로 유명한 어떤 참가자는 가수 생활 이래 이렇게 컨디션이 나쁜 적은 없었다고 말할 정도로 그즈음 참가자들의 정서 불안은 추측컨대 위험 수위를 오갔던 것 같습니다. 일부 가수들이 직·간접적으로 표현한 죄책감이 바로 그 단서입니다.

인터뷰 내내 '편곡하신 분께 죄송하다' '나를 섭외하신 분께 죄송하다' 등등의 말들을 비롯해 자신과 가까운 사람들에게 시종일관 미안함을 표현했는데, 그분이 대체 왜 죄송해야 하는 걸까요. 어떤 매체에서도 얘기했지만 '죄송하다'는 표현은 상당히 공격적인 의미를 내포합니다. '죄송함'이란 잔인한 세상을 변화시킬 수 없다는 무력감에서 비롯된 분노가 폭발해 화산재처럼 자신을 뒤덮을 때 발생하는 감정이기 때문입니다.

〈나는 가수다 : 시즌 1〉(이하 나가수 시즌 1)이 그들을 더 고통스럽게 만든 건 여타 가요 순위 프로그램과 달리 노래가 아닌 가수로서의 자질을 순위 매기는 자리였기 때문입니다. 예컨대 생방송 인기가요나 뮤직

뱅크와 같은 순위 프로그램에선 비록 내 노래가 동료의 노래에 비해 순위가 밀려도 속은 좀 상하지만 자존심에 치명타를 입지는 않습니다. 단지 앨범 타이틀을 잘못 골랐을 뿐, 적어도 가수로서의 자질이나 실력이 다른 이들보다 모자란다는 느낌을 받지 않습니다. 그래서인지 시청자들 역시 그동안 가요 순위 프로그램을 보는 데 있어 큰 정서적 불편은 없었습니다.

하지만 〈나가수 시즌 1〉은 달랐습니다. 참가자들은 자신의 노래 실력이 동료 가수를 밟고 올라가 살아남기 위해 쓰인다는 사실을 애써 부정하며 버텨야 했습니다. 노래에 영혼을 담아야 한다는 아티스트로서의 본연의 태도 또한 지켜야 했기에 아마 그 부담은 배가되었을 것입니다. 경쟁 구도에서 살아남았다는 느낌은, 자칫 '생존자의 죄책감'이란 독성 죄책감으로 이어지기 쉽습니다. 그리고 살아남기 위해 경쟁심을 품은 사람은 거의 대부분 무의식적으로 자신 때문에 탈락된 자에게 보복당할 것 같은 불안에 시달립니다. 어머니를 사이에 두고 아버지와 경쟁했던 시기에 경험했을 법한 거세 불안의 잔재 때문입니다.

〈나가수 시즌 1〉이 잔인했던 또 다른 이유는 인기라는 변수에 무력해질 수밖에 없는 대중 가수들의 직업적 한계를 은근히 이용한다는 느낌을 지울 수 없기 때문입니다. 전 우리나라에 몇 안 되는 진짜 '가수'들이 이 프로그램에 출연하는 걸 보고 깜짝 놀랐습니다. 그것도 상대평가로 살아남으면서까지 자신이 가수임을 증명해야 하는 프로그램에 말이죠! 대체 뭐가 아쉬워서 이분들이 출연한 걸까요. 너무도 궁금했고 팬으로서 안타까웠습니다. 게다가 어떤 가수는 오히려 이 프로그램에 출연하고 싶어 했다는 루머 또한 적잖은 당황스러움을 안겨주었습니다.

프로의식과 자존심이 짓밟혀도, 당사자인 내가 그 조건에 동의하고 원하는 수요가 있다면 가슴에 크게 남을 정서적 상처쯤은 문제 삼지 않아야 한다는 잔인한 암묵적 동의가 이 사회 전반에 만연한 지 오랩니다. 그건 마치 전사이기 전에 한 인격체로 존중받고 보호받아야 했던 스파르타쿠스 전사들이 처참하게 죽어나가는 걸 보면서도 관객들이 환호하면 그만이라는 사고방식과 매우 비슷해 보입니다. 비록 당사자가 생명 포기 각서를 썼다 할지라도, 그 행위가 인간의 존엄성에 흠집을 낼 일말의 가능성이 있다면, 우리 사회가 그를 보호해줘야 합니다. 재기의 가능성이란 떡밥을 주었을 때 출연하는 참가자가 그 떡밥을 무는 데 동의했다고 해서 그 프로그램의 잔인함이 정당화될 수는 없습니다. 만약 정당화된다면 그건 마치 고대 로마의 검투사들이 서로 목숨을 걸고 싸우는 대회 또한 정당하다고 할 것입니다.

〈나가수 시즌 1〉을 논할 때 뺄 수 없는 에피소드는 단연 모 방송인의 망언 사건입니다. 그가 시청자들로부터 예기치 못한 비난을 맹렬하게 받았을 때, 전 이 프로그램이 단순히 〈음악중심〉이나 〈뮤직뱅크〉의 수위를 넘을 것이란 확신을 가졌습니다. 국회 공청회도 아닌 단순한 예능 프로그램에 특정 가수를 다시 살리자는 그의 즉흥적 발언이 왜 그리 다수의 시청자들을 분노케 만들었을까요. 여기서 전 우리나라 국민이 보편적으로 갖는 부조리와 모순에 대한 극심한 혐오가 작용했다고 조심스레 추측합니다. 정의로운 어록을 남기곤 했던 그였기에 그를 향한 팬들의 분노 또한 더 컸던 것입니다.

배신도 능력이다

언젠가 전 "배신도 능력이다"라는 트윗을 올린 적이 있습니다. 그랬더니 역시나 어느 팔로워 분께서 어째서 그게 능력이냐며 다그치듯 반응을 보였습니다. 누구나 알다시피 배신이야말로 가장 정의롭지 못한 행위 중 하나지만, 제가 얘기하고 싶었던 건 보편적인 배신과 건강한 배신을 구분할 수 있는 능력이었습니다. 불혹에 가까운 나이임에도 불구하고 여전히 어리다는 얘기를 듣곤 했던 상은 씨의 얘기를 들어보면 우린 배신에 관한 불편한 진실을 알 수 있습니다.

처음 진료실을 찾았을 때 그녀는 우울, 불면, 불안 등등 거의 모든 증상을 갖고 있었습니다. 면담이 진행되면서 그녀가 느꼈던 대부분의 고통은 인간관계에서 비롯되었음을 알 수 있었지요. 마치 과녁에 정확히 화살을 쏘듯, 그녀는 매사에 어긋남을 허용치 않았던 강박적 성격의 소유자였습니다. 사실 강박이 제일 우상시하는 것은 '원칙'입니다. 그녀 역시 인간관계에서조차 몇 가지 원칙에 어긋나지 않으려고 노력했습니다. 그중 '의리'라는 원칙을 가장 소중히 여기며 지키는 데 급급했습니다. 그러다 보니 의리로 똘똘 뭉친 그녀의 올곧은 성격은 그녀 주변에 사람들을 모았습니다. 주변 사람들은 그녀의 믿음직한 모습을 좋아했습니다. 그래서인지 그녀가 아끼는 친구들 대부분이 오래되고 막역한 사이였지요.

하지만 그녀 스스로는 그리 편하다는 기분을 느끼지 못했습니다. 그때그때의 인간적인 느낌은 배제된 채 타인과의 명분이 언제나 먼저여야 한다는 의무감이 앞섰기 때문이었죠. 그러다 보니 시간이 갈수록 그녀의 사교모임은 늘어났지만, 정작 그녀의 마음은 항상 공허하기만 했습니다. 수많은 모임과 친목 속에서도 진짜 그녀는 없었습니다. 오로지 예의와 도리만이 그녀를 움직였지요. 그녀의 행동을 규정짓는 건 의리였고, 그 의리의 원칙을 만드는 재료는 '정의'였습니다.

이런 성향은 어쩌면 그녀만의 것이 아닐 것입니다. 국가별 문화코드에 관한 한 연구 결과가 이를 반증합니다. 실험은 각 나라 사람들에게 몇 편의 영화를 공통적으로 보여주고 영화에 몰입했을 당시의 뇌파와 시선 이동을 컴퓨터를 통해 분석해 비교하는 식으로 진행되었습니다. 결과는 신기하게도 국적에 따라 영화에 대한 선호도가 다른 것으로 드러났습니다. 한 예로 인도인은 '만족-분노'를 자극하는 장면에 몰입도가 높았습니다. 어느 기사의 해석을 빌면, 오랫동안 계급과 종교 간의 갈등에서 비롯된 불합리함에 대한 분노와 마냥 행복했으면 하는 현실 회피적인 소망이 인도인에게 짙게 깔려 있기 때문에 이런 결과가 나왔을 가능성이 농후하다고 보았습니다.

그럼 우리나라 사람들은 어떤 특정 장면에 공통적으로 몰입했을까요? 실험에 참가한 우리나라 사람들은 대부분 '반항과 혁명'을 담은 장면에 몰입도가 높은 것으로 나타났습니다. 이 장면에서만큼은 미국인보다 무려 30점 이상이나 높은 점수를 받았는데, 이를 두고 어떤 기사는 〈주유소 습격사건〉〈괴물〉〈추격자〉처럼 해결 능력을 상실한 공권력을 대신하는 주인공이 고군분투하는 영화가 인기를 얻을 수밖에 없는 이유로 밝히기도 했습니다. 아마도 우리나라 사람들 중 일부는 폭력 그 자체에 대한 혐오보다 권력을 휘두르는 잣대의 비일관성에 잔뜩 화가 나 있는지도 모릅니다. 아군이 양민을 학살하고 권력 장악을 목표로 같은 혈육끼리 총부리를 겨누었던 우리나라의 근·현대사와 건전한 토론보다 네거티브 공세가 이어지는 지금도 별반 차이가 없어 보입니다. 그리고 이러한 현상들이 21세기를 사는 우리의 무의식에 깊이 각인되어 있는 것 같습니다. 우리나라 사람들이 그토록 정의를 열망하는 것 또한 어쩌면 이런 부당한 모순, 불의를 향한 경멸에서 비롯된 것은 아닌지 추측해봅니다.

다시 그녀의 얘기로 돌아가겠습니다. 그녀 또한 이런 불의를 향한 경멸을 마음속에 품고 있었습니다. 그녀와 같은 정의로운 이들은 "나는 절대 그렇게 살지 말아야지"라는 비장한 각오를 품게 됩니다. 하지만 문제는 혐오에서 시작된 경멸은 자신에게도 똑같이 가혹하게 작용한다는 점입니다. 애인이 있던 그녀에게 찾아온 또 다른 남자는 바로 이 딜레마를 자극했습니다. 모순을 지독히 못 견디고 배신을 무엇보다 경멸했던 그녀에게 배신을 해야 할지도 모르는 참으로 어처구니없는 상황이 찾아온 것입니다. 물론 다른 이들도 이런 문제에 봉착하면 쉽게 벗어나기 어렵겠지만, 배신에 대한 혐오가 짙었던 그녀로선 정작 자신이 배신의 칼을 휘둘러야 할지도 모른다는 생각을 도저히 견뎌낼 수 없었습니다. 그토록 신봉해온 의리와 정의의 원칙에 위배되기 때문이었죠. 마치 날림 공사로 대충 만든 콘크리트 둑이 강의 힘센 물줄기를 못 이기듯, 그녀의 불안과 긴장은 다분히 인간적인 욕구를 억압해온 정의라는 이름의 어설픈 둑에 균열이 생겨 발생한 결과였습니다.

아이러니하게도 사람은 배신을 통해 성숙하는 존재입니다. 우리 모두에겐 태어나면서부터 그 누군가를 실컷 착취하고 배신한 기억이 있습니다. 그 이후 아버지를 잠깐 닮아가기도 했지만 그것도 얼마 가지 않았습니다. 아버지를 배신하고 우리의 관심은 또래의 친구로 향하고, 그것 역시 오래 못 가 또다시 연인으로 옮겨갑니다. 그렇게 지내다 어느 날 사랑의 결정체가 탄생하면 아이러니하게도 그 결정체에 온 정신이 뺏긴 그가 왠지 서운하고 미워집니다. 이래저래 정신없이 살다가 한참 동안 당연한 존재로 믿고 있었던 '최초의 그녀'가 싸늘한 주검이 되고 나서야 비로소 우린 뻔뻔하게도 그녀를 부탁하니 마니 하는 책에 열광하며 죄책감을 달랩니다. 이것이 우리 삶의 보편적 모습입니다.

잘은 모르지만 정의엔 인간에 대한 존엄이 전제되어야 합니다. 정의가 있기 전에 존엄이 먼저 있었습니다. 인간의 자연스런 삶의 한 부분을 존중하지 않은 채 특정 논리를 숭배하려 들면 그 순간부터 우린 자신도 모르게 스스로를 기만하며 사는 데 익숙하게 될 뿐, 진정한 정의와는 멀어질 수 있습니다. 《품위 있는 사회》를 쓴 아비샤이 마갈릿 교수는 다음과 같은 말을 남겼습니다.

"모욕하는 주체가 제도일 때 모욕은 '실존적 위협'이자 씻을 수 없는 낙인이 된다"

괴물에 맞서는 와중에 나 역시 괴물과 닮아가는 느낌이 든다면 한 번쯤은 점검해봐야 합니다. 모욕이란 날을 휘둘러 급기야 존엄의 뿌리까지 베는 '망나니 칼'을 정의라고 부르지는 않는지 말입니다.

우리를 아프게 얽매는 확고한 믿음

지배 관념

세상과 나를 왜곡해서 평가하다

지배 관념, 생소한 단어로 보이지만 막상 알고 보면 내면 깊숙한 곳에서 우리의 생각과 행동에 꽤 막강한 영향력을 행사하고 있습니다. 지배 관념은 일종의 이데올로기로 볼 수도 있습니다. 지배 관념으로 세상과 나를 판단한다 해도 과언이 아닐 것입니다.

지배 관념은 핫한 여성 그룹 2NE1의 노래의 일부에서도 엿볼 수 있습니다. 2011년 장안의 화제가 된 노래 〈내가 제일 잘 나가〉와 〈UGLY〉 중 한 대목인 '난 왜 이렇게 못난 걸까' 위 두 노래의 공통점은 바로 나에 대한 평가를 담고 있다는 점입니다. 어떠한 평가든지 그것이 확고한 믿음으로 변해버리면 사람은 불안해지기 시작합니다. 평가하는 가치가 어느새 관념으로 돌변하고 거기다가 'MUST'까지 붙게 되면 우린 그 가치 혹은 잣대의 노예가 되고 맙니다. 말하자면,

'내가 제일 잘 나가'는 '내가 (언제나) 제일 잘 나가야 한다'로,
'난 왜 이렇게 못난 걸까'는 '난 (언제나) 가장 못나야 한다'로

탈바꿈되는 것이죠. 이처럼 지배 관념은 자신을 향한 평가가 확고한 믿음으로 변질된 나머지 우리 스스로를 얽매어버립니다. 일부분의 모습에서 나타내는 특성 혹은 가치가 마치 자신의 전체인 양 일반화하려는 성향이야말로 지배 관념이 갖는 가장 큰 특징이기 때문입니다.

흔히 연애하면서 여성이 상대방 남성에게 "나의 어디가 그렇게 좋아?"라고 물으면 대다수의 남성들은 '초난감' 상황에 부딪칩니다. 실제로 이렇다 할 장점을 꼭 찍어 찾아볼 수 없는 슬픈 현실을 마주한 경우도 있겠지만, 대부분의 남성들은 어디 한 분야를 콕 찍어서 누군가를 사랑하지 않기 때문입니다. 남녀 할 것 없이 우리 모두는 서로를 성격적·신체적 특징뿐 아니라 삶을 바라보는 태도와 교감 등등이 합쳐진 전반적인 후광에 반하고 빠져들게 됩니다.

하지만 이런 말은 지배 관념에 노예가 된 사람들에겐 관심을 주지 못합니다. 거식증에 걸린 어느 여성 역시 마찬가지였습니다. 참고로 거식증은 강박 현상에 속하는 대표적인 정신건강의학과 질환 중 하나입니다. 거식증에 시달리는 분들의 내면은 건강한 사람들의 내면과 아주 미세한 차이가 있습니다. 이들의 내면은 동등해야 할 여러 가지 가치체

계에 나름의 서열을 부여합니다. 그 덕분에 "날씬한 외모를 가져야 한다"와 같은 특정 영역의 가치체계를 다른 가치체계에 비해 지나치게 이상화시킬 수 있는 것입니다.

특정 가치가 그 사람 전체를 규정하면 자신과 세상은 온통 특정 가치의 언어로만 대변됩니다. 너무 마르다못해 돌연사할 가능성이 매우 높은 거식증 여성의 경우, 종종 자신을 오로지 '바비 인형의 언어'로만 표현했습니다. 그녀의 머릿속은 온통 얼마나 음식을 제한할 수 있는지, 얼마나 체중을 적게 유지할 수 있는지, 얼마나 허리에 살이 붙었으며 오늘 한 끼는 얼마나 먹었는지 등등. 자신을 표현할 수 있는 여러 가지 다양한 말들은 놔둔 채, 오로지 쇼윈도에 전시된 마네킹과 같은 모습으로만 자신을 얽매어 생각했습니다. 인지 심리학에서 얘기하는 지나친 일반화의 오류가 바로 이런 모습이기도 합니다.

거식증에 사로잡힌 그녀들이 갖는 이상화된 가치체계는 바로 '자신을 통제할 수 있는 능력'입니다. 특히 몸무게와 체형을 향한 자기 통제력에 관한 열망은 다른 가치체계를 훨씬 뛰어넘어 마음의 중심에 확고히 자리 잡고 있는 통에, "난 너무 살쪘어"가 그녀들의 지배 관념이 될 것이란 추측은 그리 어렵지 않습니다. 음식을 거부하고 다이어트를 할 때 우린 흔히 아름다워지기 위해서 스스로를 가꾸려는 행위라고 생각하기 쉽습니다만 그건 섣부른 오해입니다. 여자의 변신이 무죄이듯 아름다움을 향한 그녀들의 욕구 또한 실은 건강한 여성과 별반 차이가 없습니다. 그러나 그녀들을 병적으로 지배하는 가치체계는 체중과 살에 대한 자기 통제력에 대한 갈망이지, 아름다움에 대한 열망은 아닙니다.

거식증과 비슷한 예로 '신체 추형 장애'라는 질환이 있습니다. 신체 추형 장애는 자신의 신체 일부분을 지나치게 왜곡시켜 지각하는 것이 특징입니다. 거의 대부분은 신체 망상을 동반하는데 한 예로 어떤 연구에서는 코 성형 수술을 받은 이들의 3분의 1이 이 질환을 앓고 있다고 보고되기도 했습니다. 의외로 많은 이들에게서 발견되지만 정작 정신건강의학과로 찾아오는 예는 극히 드뭅니다. 지배 관념은 자신의 행동이 얼마나 부적절한지 판단할 수 있는 검증 능력 역시 흐리게 만들기 때문입니다. 그래서 어떤 형태든지 간에 일단 지배 관념이 깔려 있다고 하면 정신건강의학과 의사들은 그것이 강박증이든 망상 장애든 향후 경과는 썩 좋지 않을 것으로 미리 가늠하기도 합니다.

자신의 모습을 외모로만 판단하기 때문에 이들은 그토록 원하던 성형을 받더라도 여전히 마음 한편에는 강박에서 비롯된 불안이 가득합니다. 그 이유는 비록 성형 수술을 성공리에 마쳤다 하더라도 자신을 규정짓는 잣대의 기준은 여전히 외모에 꽂혀 있기 때문입니다. 그 결과 "난 나를 못난이로 생각해"가 "다른 사람들도 날 못난이로 생각하고 업신여길 거야"라는 마음의 전가 현상인 투사投射라는 방어 기제까지 발생합니다. 대인관계에까지 악영향을 미치는 시발점이 되어 애당초 존재하지도 않는 타인의 비아냥거리는 시선에 생활은 위축되어버립니다. 실제로 임상에선 강박에 피해의식이 동반되는 상황을 종종 마주치는데 지배 관념은 이 둘을 연결해주는 아교 역할을 합니다.

가끔 전 그런 생각을 해봅니다. 증명사진에 만약 얼굴뿐 아니라 손, 발, 몸통처럼 신체의 두세 가지 부분들도 같이 나오게 하면 어떨지 말이죠. 우린 누군가를 식별하거나 누구에게 자신을 보여줄 때 얼굴만 찾는 경향이 있습니다. 하지만 다른 사람을 식별할 수 있는 방법은 엄지손가락의 지문을 비롯해 매우 다양합니다.

이처럼 주의를 분산시키는 것은 집착 혹은 강박에 꽤 효율적인 방법입니다. 부질없는 상상이지만 외모 강박에 대한 대안으로 주민등록증 사진이나 면접 지원서 사진 대신 지문이나 머리카락 속 DNA가 그 자리를 차지한다면 어떨까 합니다. 학벌 콤플렉스에 빠진 사람, 직장을 여러 번 옮기는 사람들 역시 지배 관념의 관점에서 보면 쉽게 이해가 갑니다. 그들은 학벌이나 직장과 같은 스펙 혹은 타이틀을 자신의 정체성과 직결시켜 생각합니다. 그들이 스펙 강박에서 벗어나려면 지금껏 스쳐 지나간 학벌과 직장은 '나'라는 존재와는 전혀 무관하고 독립적인 껍데기란 사실을 직시해야 합니다.

누구에게나 독성 신념이 있다

우울과 불안이란 광풍에 휘말린 사람들은 언제나 부정적이며 극단적인 생각들로 인해 괴로워하는데 그 생각의 중심엔 언제나 독성毒性 신념이 자리 잡고 있습니다. 불안에 휩싸여 파국적인 결과가 발생할 확률을 지나치게 높게 평가하는 이유도 따지고 보면 독성 신념 탓입니다. 불안의 극단적 상황인 '공황 발작'을 예로 들어봅시다. 가만히 있다가 이유 없이 가슴이 쿵쾅쿵쾅 뛰고 땀이 나며 어지럽고 숨이 막힐 때, 의사가 아닌 다음에야 이런 상황에서

"아, 아마 이건 공황 발작일 가능성이 있으니
20~30분만 지나면 저절로 나을 거야"

라며 침착할 수 있는 사람은 아마 거의 없을 것입니다. 대부분은 중풍이나 심장마비에 걸렸을지도 모른다며 겁에 질려 119를 불러 응급실로 향합니다. 이런 호들갑 이면에는 역시나 공황으로 인해 목숨을 잃어버릴지도 모른다는 독성 신념이 작용합니다. 독성 신념은 공황이 찾아와도 절대 죽지 않는다는 반가운 뉴스를 접했음에도 불구하고 여전히 죽음의 공포에서 벗어나지 못해 재차 삼차 응급실로 향하게 만듭니다. 비싼 야간 응급실 진찰료를 지불하면서까지 그들이 병원을 찾는 데는 다 그만한 이유가 있습니다. 독성 신념은 지나치게 팽창된 나머지 다른 생각이 들어올 여지를 허락하지 않기 때문입니다.

특히 세상의 모든 일을 자신의 생각과 행동으로 조절하려는 바람에 누가 봐도 막을 수 없는 불가항력적인 재앙조차 자신의 탓으로 돌립니다. 이런 성향은 독성 신념에 기름을 붓는 격이 됩니다. 1991년 〈영국 정신의학 저널〉을 통해 정신건강의학과 의사 펄포드Bill Fulford가 내놓은 의견에 따르면, 거의 모든 것을 자기 탓으로 돌리려는 우울증 환자나 극심한 불안에 쉽게 휩싸이는 공황 장애 환자들은 건강한 이들에 비해 훨씬 더 극단적인 평가기준을 갖고 있다고 합니다.

이를테면 매달 시어머니께 용돈을 부치며 성심성의를 다했던 며느리가 몸이 아파 은행을 못 가는 사태가 발생했다 칩시다. 용돈을 부쳐드리지 못한 것에 대해 약간의 미안함만 가진다면 다행이겠건만 '나는 못된 며느리야'라며 자신 전체를 싸잡아서 나쁜 사람으로 평가해버리기 시작하면 문제는 필요 이상으로 꼬여버립니다.

공황 장애 환자가 주로 갖는 생각의 흐름은 우울증 환자의 그것과 별 차이가 없습니다. 공황 발작 특유의 현기증은 사실 생명에 전혀 지장을 주지 않습니다. 하지만 이런 의학 지식을 잘 알고 있음에도 불구하고 현기증이 날 때 의식을 잃고 말 것이라는 독성 신념 탓에 이들에겐 그저 그런 증상에 불과한 현기증이 절대적인 두려움의 대상으로 변모하고 마는 것입니다.

이처럼 신념은 어떤 대상을 향한 평가에 강력한 영향을 미치는데 이를 두고 정신의학에선 '평가적 망상'이라는 표현을 씁니다. 평가적 망상의 역사적 사례는 매우 다양한데, 그저 평범한 바위를 신성시하며 경배하거나 절을 하는 행동은 그나마 애교에 속합니다. 청순하기 짝이 없는 어여쁜 숙녀를 마녀로 만들어버려 화형에 처하거나 어떤 민족을 싸잡아서 악惡의 축으로 몰아 대학살을 자행한 몇몇 인류 역사의 뼈아픈 기록들은 평가적 망상을 가진 집권자들이 세상에 얼마나 악영향을 미치는지 알 수 있는 대목입니다. 상대방의 정체성에는 털끝만큼도 영향을 줄 수 없는, 지극히 주관적인 생각의 왜곡이 주변 모두를 악마의 씨앗으로 내모는 셈입니다.

확실한 것만을 추구하려는 내면의 욕구

결정하지 못하는 심리

우유부단함은 강박증 혹은 강박적 인격 성향을 갖고 계신 분들에게 보이는 전형적인 모습입니다. 우유부단함의 핵심은 의구심입니다. 의구심으로 인해 매사에 100퍼센트 확실성이 보장되는 것만 찾는다든가 위험 부담을 안길 꺼려한 나머지 절대적인 안전이 보장되기 전까지는 그 어떤 결정도 내리길 주저합니다. 그래서 주변 사람들은 이런 분에게 매사에 항상 신중하다는 평가를 내리지만 이 신중함의 이면엔 '한번 결정 내린 사항은 절대 바뀔 수 없을 것'이라는 두려움이 숨어 있습니다. 그러기에 모든 결정엔 나름 빠져나갈 수 있는 여지를 만들어두곤 합니다.

심지어 고민할 여지가 별로 없는 제안조차도 긍정적인 답을 주는데 시간이 한참 걸립니다. 충분한 시간을 들였음에도 불구하고 언제나 스스로에게 섣부르다는 평가를 하기 때문입니다. 거리에서 누군가가 구구절절 옳은 말을 해도 선뜻 동의를 잘 표시하지 못하고 이도저도 아닌 기권에 가까운 행동을 취하기도 합니다. 이를테면 A라는 사람이 취직되었다고 칩시다. 이들의 우유부단함은 변화를 지극히 두려워하기 때문에 만약 A가 어렵게 선택해서 다녔던 직장이 자신과 안 맞아서 그만두고 싶을 때도 우유부단함이란 녀석은 A를 옴짝달싹 못하게 만듭니다. 그 결과 비록 10년 근속 표창은 따놓은 당상일진 몰라도, 삶의 성장과 변화를 향한 A의 건강한 욕구는 그의 뼈와 함께 직장에서 생매장당하는 셈이죠. 그래서 전 적어도 강박 성향이 짙은 분들에게만큼은 "중요한 결정은 될 수 있는 한 미루라"는 말은 잘 하지 않습니다. 감정에 휩싸여 즉흥적으로 일을 그르치기 쉬운 분들에게는 꽤 유용한 말일지는 몰라도, 우유부단한 분들께는 그 태도를 오히려 강화시키기 때문입니다.

강박은 어떠한 조치도 취하지 않고 그저 '외형적으로' 가만히 놔두는 걸 좋아합니다. 여기서 '외형적으로'라는 문구를 덧붙인 이유는 마치 수면 위에선 유유자적하며 우아하게 다니지만 정작 물속에서는 쉴 새 없이 물갈퀴질을 하는 백조의 모습과 흡사하기 때문입니다.

공부하지 않고 주구장창 음악만 듣고 놀기만 한다며 진료실로 끌려온 학생의 경우가 그랬습니다. 그 학생의 머릿속은 오히려 다른 또래의 아이들보다 훨씬 복잡했습니다. 그의 머릿속은 실은 어디서부터 어떻게 공부를 해야 할지 몰라 늘 바쁘게 돌아가고 있었는데, 기어가 맞물리지 않는 공회전이다 보니 머리가 과열되어 음악을 들은 것뿐이었죠.

그래서 우유부단이란 난관에 봉착했을 때 떠올려야 할 첫 번째 임무는 바로 "뭐라도 하자!" 입니다. 차가 진흙탕에 빠져 갇혔을 때 한 사람은 운전대에 앉아 액셀러레이터를 힘껏 밟고 나머지는 그 차 뒤에서 무조건 힘껏 밀어야 합니다. 핸들을 어떻게 틀어야 할지는 그다음 문제입니다. 그럼에도 불구하고 우유부단한 사람들은 곧잘 차가 진흙에서 빠져나온 뒤에 어느 방향으로 튕겨 나갈 것인가까지 미리 걱정합니다. 그러다 보니 액셀러레이터를 밟는 둥 마는 둥 합니다. 만약 조직 내에서 이런 성향을 갖고 있는 사람이 있다면 그 나머지 사람들은 제아무리 뒤에서 밀어봤자 좋은 결과는 기대하기 힘듭니다. 대신

"일단 어떤 조치라도 취하자"
"일이 생기면 그건 그때 가서 걱정하자"

이러한 마음가짐은 우유부단한 분들에게 반드시 필요한 점화 플러그가 됩니다. 어떤 형태의 결론이든 나름의 값진 의미가 있다는 사실을 깨달을 수 있는 경험이 필요하기 때문입니다.

우유부단함에 빠져 있을 때 점검해야 할 또 한 가지는 절대적이며 100퍼센트 확실한 것만을 추구하려는 내면의 욕구입니다. 한마디로 앞서 설명했던 완벽주의가 바로 그것이죠. 완벽의 노예가 되는 순간부터 우린 가장 현명한 최선의 판단이 나올 때까지 기다리다 결국 삶의 소

중한 순간들을 놓칩니다. 사람이 내리는 결정은 그 어떠한 주제에서도 완벽할 수 없는 태생적 한계를 지녔습니다. 하지만 그렇다고 해서 너무 낙심할 필요는 없습니다. 다행히도 삶에는 완전과 불완전을 나누는 절대적 기준이 없기 때문입니다. 존재하지도 않는 강한 힘과 절대적 기준을 좇는 대신, 약함을 받아들이고 유연하게 내려놓는 마음가짐은 불완전함과 불확실함에 대한 두려움을 용해시켜줍니다.

영업 사원 어준의 경우도 마찬가지였습니다. 꼼꼼하고 예의 바르기로 소문난 그는 고객들을 잘 접대하기로 소문난 일등 사원이었습니다. 하지만 그에게 푸짐한 대접을 받은 고객들 중 일부는 어딘지 모를 불편함을 느꼈습니다. 매사에 철두철미한 탓에 긴장된 표정이 역력했기 때문이었지요. 그랬던 그에게 결국 큰일이 생겼습니다. 소위 이름만 대면 알 만한 VIP 고객을 접대해야 하는 미션이 내려졌죠. 그는 모든 고객에게 최선을 다했지만 이 고객에게만큼은 정말이지 회사의 이름을 생각해서라도 뭔가 색다른 서비스를 제공하고 싶었습니다. 미팅 장소, 숙박 장소 등등의 타임 스케줄을 세웠다 지우길 반복하며 최선의 접대를 설계하고 또 설계했습니다.

하지만 약속 시간이 가까워질수록 그의 조바심은 더욱더 커졌습니다. 어제 세웠던 스케줄이 그다음 날 영 마음에 들지 않았기 때문이었죠. 연일 그는 최고급 호텔의 예약과 취소를 반복하며 시간을 보내고 있었지요. 그런데 문제는 그 장소들이 천년만년 어준을 기다리지 않았다는 것입니다. 시간이 가면서 그는 공황 상태에 빠졌습니다. 어영부영하다가 점점 예약할 수 있는 장소를 다 놓치고 만 것입니다. 가장 귀한 손님을 맞이하기 위해 최선을 다한다는 것이 결국 어정쩡한 장소와 숙박 시설을 예약할 수밖에 없는 결과를 낳고 만 것이죠. 평소 까칠한 성격으로 유명했던 귀빈은 결국 어준이 근무하고 있던 회사 게시판에 불쾌감 가득한 글을 올리고 말았습니다. 오로지 완벽한 접대를 위해 모든 걸 희생하였건만 돌아온 건 질책과 좌천이란 최악의 피드백뿐이었지요.

옳은 결정만이 좋은 결정은 아니다

선택과 결과의 상관관계를 지나치게 과장해 상상하는 습관 또한 쉽사리 결정을 내리지 못하는 이유가 됩니다. 그 당시에 현명하다고 판단했던 선택이라고 해도 이후 뜻밖의 실망스런 결과가 나올 수 있습니다. 반대로 망설임 없이 직관적으로 선택한 일이 의외로 잘 풀리기도 하지요. 첫 번째 단추를 잘 꿰었다고 해도 두세 번째 단추를 잘못 꿸 수도 있습니다. 설령 첫 단추를 잘못 꿰었더라도 괜찮습니다. 우린 거울을 보고 나중에 다시 바로잡을 수도 있고 아예 그 옷을 벗어 던지고 단추 없는 쫄티로 갈아입을 수도 있으니까요.

우린 선택이란 디딤돌이 무한정 깔려 있는 시간이란 길을 걸어갑니다. 하지만 때로는 길 입구에 첫 번째로 보이는 디딤돌만 잘 고르면 나머지 여정은 순탄할 것이라는 오류를 범하곤 합니다. 실은 우리가 꿰는 모든 단추가 첫 단추고 우리가 취하는 모든 선택이 첫 번째 선택인데도 말이죠. '편의상' 첫 번째 선택이라고 부르는 것 뒤에 수없이 펼쳐진 진짜 첫 번째 선택을 못 보는 근시안이야말로 결정을 방해하는 가장 큰 원인입니다. 첫 삽을 너무 신중하게 파려다 보니 아예 공사 시작조차 못하는 것입니다. 모든 선택을 너무 무겁게 여기면 곤란합니다. 삶과 죽음의 기로에 서 있는 양, 극단적인 긴장감으로 일관하게 되니까요.

어준은 옳은 결정에만 신경을 쓰다 보니 항상 지치기만 했습니다. 그는 한 사람의 머리에서 나온 이상, 어떤 선택을 하든 현실적 차이가 그리 크지 않다는 사실을 느낄 필요가 있었습니다. 게다가 아무리 치밀하게 계획을 세운다 하더라도 이상적인 선택은 애당초 나올 수 없다는 사실을 받아들여야 했지요. 마치 남의 떡이 더 커 보이는 것처럼 A란 계획을 채택했을 때 B라는 계획이 더 그럴 듯하게 보이는 '자체적 의구심' 또한 우유부단한 태도를 키우는 데 한몫하고 있었습니다. 그러다 보니 자꾸 결정이 지체되고 나중엔 피곤해서 생각치도 않았던 플랜 C나 D를 울며 겨자 먹기 식으로 고를 수밖에 없었던 셈이죠.

우리가 흔히 맹신하는 논리와 이성은 때론 결정을 회피하는 그럴듯한 수단이 됩니다. 실은 플랜 A나 B 혹은 C 등등은 그리 중요치 않습니다. 중요한 건 위험 부담을 안기 싫어 그 어떤 플랜도 선택하기 싫은 바람이 버티고 있다는 사실입니다. 우린 단지 그 위험이란 암초를 인식하기 싫은 나머지, 이런저런 저울질을 하며 시간을 벌고 뜸을 들이게 되지요. 어떤 항로를 선택해도 크고 작은 암초는 도사리고 있다는 것, 그것이 어떤 형태로 언제 다가올지는 제아무리 노력해도 예측할 수 없다는 사실을 받아들여야 합니다. 따지고 보면 그 어떤 선택이나 결정도 장기적으로 보면 득得이 될 수 있는데 우린 순간의 두려움이라는 안대를 쓰고 허우적대기 바쁜지도 모릅니다.

그런데 행여나 자신이 선택한 계획이 틀어지기라도 하면 어떤 이들은 가족이나 친구 혹은 부모님 등 자신을 진심으로 도와주려 했던 주위 사람을 도리어 공격하기에 바쁩니다. 모든 책임을 전가시키며 화를 내기도 합니다. 이런 현상은 특히 강박적인 성격의 소유자에게서 더 쉽게 볼 수 있습니다. 신이 아닌 다음에야 스스로가 내린 결정이 언제나 예상대로 펼쳐질 수 없습니다. 그러나 이들은 미래를 제대로 예측하지 못한 자신의 재능을 폄하하며 우리의 본질인 나약함을 직면하면서 자연스레 발생하는 굴욕감이 싫은 나머지, 그만 상대방을 나무라고 마는 것입니다. 얼핏 보면 답답하고 늘 위축되어 보이는 이들의 내면엔 자신의 능력을 맹신하는 오만이 숨어 있습니다. 우물쭈물하는 모습 뒤에는 슈퍼맨이 되고픈 서글픈 과대망상에 끌려다니는 셈입니다.

이율배반적인 가치관이 만들어놓은 늪

애매한 것을 정해주는 사람

인생에 정답은 없는데 누구나 한 번쯤은 정답을 찾고 싶어질 때가 있습니다. 혹은 그럴싸한 해결책을 속 시원히 말해줄 수 있는 사람에게 의지하고 싶을 때도 있습니다. 이런 심리는 남성보다 여성에게 더 많이 보이는데 이는 여성의 뇌가 남성의 뇌보다 걱정에 더 취약하기 때문입니다.

우리나라처럼 지켜야 할 원칙과 예의범절이 소소하게 많은 사회에선 성에 따른 상대적 차이가 더욱 여실히 드러나는데 특히 명절이 되면 이런 차이는 더욱 극명해집니다. 추석이 오기 약 한 달 전부터 엄마라는 이름을 가진 여자들은 꼬리에 꼬리를 무는 잡념, 불면, 가슴 떨림, 발한, 호흡 곤란 등등의 불안 증상으로 하나둘씩 병원을 찾기 시작합니다. 명절 증후군으로 일컬어지는 일련의 증상들로 인해 그즈음 응급실과 정신건강의학과 병원은 30~50대 부인들로 가히 북새통을 이룹니다. 그녀들의 공통분모는 바로 '자신의 생각'과 '여태껏 내려온 전통' 사이의 갈등이란 녀석입니다. 갈등 한가운데서 무엇이 옳고 그른지 혼자 고민하며 끙끙 앓았던 것이 원인이었죠.

이런 맥락에서 봤을 때 〈개그콘서트〉의 '애정남(애매한 것을 정해주는 남자의 줄임말)'의 탄생은 우연이라기보다 필연에 가깝습니다. 차례가 끝나고 몇 시쯤 친정으로 가야 괜찮을지 모두가 확신이 서지 않아 우왕좌왕하던 바로 그때,

아침 먹고 설거지가 끝나는 순간

이란 구원의 답변으로 수많은 주부님의 인기를 한 몸에 받은 것이 지금의 애정남을 있게 한 계기였으니 말입니다.

꼭 명절 전후의 며느리가 아니라도 우리 모두는 애매한 상황을 어떻게 대처해야 할지 기준점을 찾기 힘듭니다. 비록 애정남은 우리가 어떤 선택을 하던 간에 쇠고랑을 차거나 경찰이 출동하지 않는다곤 했지만 무의식의 공간에선 우리와 똑같이 생긴 사람이 경찰 제복을 입고 쇠고랑을 채울 준비를 하고 있기 때문입니다. 애매한 상황에 봉착해서 잘 헤어나지 못하는 이유 중 하나는 내면에 자리 잡은 무서운 경찰 혹은 검사가 나를 범인으로 지목해 억울하게 추궁당하는 두려움을 회피

하고 싶기 때문입니다.

그 결과 그저 내가 만들어낸 허상의 기준을 어기는 것임에도 불구하고 이를 지나치게 불안해한 나머지 우린 결국 두 가지의 선택 중 어느 것도 하지 못한 채 포기하고 마는 일이 잦습니다. 이런 상태가 오래가면 무기력증에 빠집니다. 이 상태에 빠진 사람들 중 일부는 괴물에 쫓기는 꿈, 막다른 벽에 부딪혀 길을 헤매는 꿈, 발목에 몇 톤짜리 쇠뭉치를 단 것마냥 걸음이 떨어지지 않는 꿈 등등을 꾸기도 하는데 정신의학에선 양가사고 혹은 양가감정이란 용어로 이런 심리 상태를 설명합니다.

상반되는 감정이 우리를 괴롭히다

양가 성향은 어떤 사람이나 상황에 정반대되는 감정이나 태도 혹은 소망이 동시에 존재하는 것을 뜻합니다. 이는 일생에서 자주 경험하는 지극히 보편적인 심리로 의식·무의식의 파티션이 미처 나눠지지 않은 영·유아기에 가장 심하게 나타납니다. 놀이터에 데려오면 집에 가자고 보채고 집에 가면 또다시 놀이터로 가자며 졸라 대는 3~5세 아이들의 헉 소리 나는 생떼 역시 바로 이런 성향에서 비롯됩니다. 아이들은 결코 부모를 못 살게 굴기 위해서 그런 행동을 하는 것이 아닙니다. 어디에도 쉽게 마음 두지 못해 제일 괴로운 쪽은 부모도 부모지만 당사자인 아이들입니다.

학령기 이전의 아이는 물과 얼음 그리고 수증기가 실상 다 같은 물질이라는 사실을 상상하기 어렵습니다. 마찬가지로 엄마를 포함한 여러 가지 모습의 세상을 한 사람 혹은 한 가지의 환경으로 통합해서 인식하는 것 역시 쉽지 않은 일입니다. 그래서 유아는 엄마가 보이는 다양한 모습에 따라 내면에서 발생하는 각각의 감정을 각기 다른 곳에 따로 저장하는 기지를 발휘합니다. 그러다 학령기가 되면 한 가지 감정은 의식에, 그와 상반된 감정은 무의식에 분류함으로써 우린 그나마 비교적 건강한 생활을 유지할 수 있는 것입니다.

정신의학자인 칼 아브라함Karl Abraham은 심리 발달의 기준을 양가 감정의 처리 능력에 따라 구분하기도 했습니다. 우린 누구나 입으로 젖가슴을 빠는 상태인 양가 감정 전 단계에서 출발해, 젖을 깨무는 행위로 증오가 표현되는 양가 감정 단계에 잠시 머물렀다, 생식기로 정신 에너지가 옮겨가는 양가 감정 후 단계로 이행한다는 3단계가 바로 그 것입니다. 그의 이런 주장은 후에 가까운 사람을 향한 공생과 증오, 애증과 사랑의 원초적 형태를 이해하는데 도움이 되기도 했습니다.

양가 성향은 정신건강의학과 의사인 브로일러 박사에 의해 처음 명명되었으며 그는 감정뿐 아니라 서로 다른 생각과 의지도 동시에 존재할 수 있음을 주장했습니다. 음식을 먹고 싶은 마음과 먹고 싶지 않은 마음이 공존하는 폭식증 환자, 상사에게 무리한 일감을 받았을 때 싫은 내색 않고 흔쾌히 더 달라는 직장인이 이에 속합니다. 상사가 준 산더미같이 많은 업무가 친절히 와신상담臥薪嘗膽의 쓸개가 되어줌으로써 직장 상사를 향해 평소 쌓아왔던 분노를 정당화시킬 수 있기 때문입니다. 요즘 정신의학계에서 양가 성향이라고 함은 주로 상반되는 두 가지

'감정'을 뜻합니다. 만약 양가 감정이 의식을 지배하면 이는 병적인 상태가 됩니다. 정신의학에서는 감정의 조절 능력을 상실해버린 조울증이나 사고의 통합에 장애를 보이는 조현증(정신분열증)이 이에 속합니다.

양가 감정이 안겨다주는 괴로운 점 중 하나는 유쾌한 느낌과 불쾌한 느낌이 동시에 의식으로 치고 올라와 우리의 행동을 예측 불가능할 정도로 혼란스럽게 만든다는 것입니다. 은밀히 마음에 품고 있던 여인과 잠자리를 하라는 환청과 누군가가 그 여인을 죽일지도 모른다는 생각에 시달린 어떤 외국 남성이 엉뚱하게도 담당 정신건강의학과 의사에게 자신의 부인을 죽여달라고 살인청부를 한 웃지 못할 사례야말로 양가 감정이 발현된 극단적인 경우라 하겠습니다.

환청은 윤리적 가치관과 사회적 규범에 위반되는 성적 욕구를 자신이 아닌 다른 누군가의 목소리로 표현시킴으로써 죄책감을 상쇄시키는 순기능을 가집니다. 동시에 그 여인이란 존재 자체가 없어지면 이런 고민 자체가 사라져 마음이 편하겠다는 이른바 양가적 소망이 피해망상뿐 아니라 담당 의사에게 살인청부를 하게 만든 장본인이었습니다.

물론 위와 같은 경우는 건강한 사람의 의식 세계에서는 매우 드물게 나타납니다. 그렇다고 해서 경험하고 있지 않다는 뜻은 결코 아닙니다. 하루에 자그마치 3천~5천 개의 암세포가 몸속에서 생겨났다가 우리도 모르는 사이에 저절로 소멸되듯, 양가 감정 또한 우리가 미처 알아차리지 못하게 마음속에 생겼다가도 이내 사라지고 있습니다. 이게 다 교통정리를 잘 시켜주는 우리의 '뇌' 덕분입니다.

동시다발적으로 발생하는 감정

    1968년 영국의 정신건강의학과 의사였던 찰스 라이크로프트Charles Rycroft의 주장에 따르면 양가 감정에는 마치 샴쌍둥이처럼 서로 등을 돌리고 있지만 실은 상호의존적인 특성이 존재한다고 보았습니다. 서로 양립할 수 없는 두 가지 감정이 마치 양날의 칼, 동전의 양면처럼 맞물려 있는 셈입니다.

    그런데 지금껏 말해왔던 강박 현상 역시 핵심적인 특징은 '갈등 그 자체'라는 데 있습니다. 강박 성향이 짙은 사람이 애매한 상황을 잘 견디지 못하는 이유는 바로 이런 양가 성향에 쉽게 고착되기 때문입니다. 둘의 공통점은 상대방 혹은 세상을 향해 '굴복할 것인가'와 '대들 것인가' 사이의 갈등이 빚어낸 산물이라는 점입니다. 문제는 이 갈림길에서 어떤 쪽으로도 완전히 방향을 틀 수 없다는 점에서 출발합니다. 그 결과 애매모호한 느낌에 사로잡힌 나머지 어떠한 결정도 쉽사리 내릴 수 없어 주위에서 종종 우유부단하다는 소리를 듣습니다. 그것은 강박에 빠진 이들이 가장 극복하기 힘든 감정, 바로 두려움과 격노激怒 때문입니다.

    두려움은 처벌 불안, 즉 자신이 원하는 바를 했을 때 그에 상응하는 벌을 받을지 모른다는 환상에서 비롯됩니다. 이에 반해 격노는 그렇게 처벌이 무서워 굴복하고 말았을 때 자연스레 따라오는 격정적인 생리 반응입니다. 한번 강박에 사로잡히면 우린 더 이상 앞으로 나아가지 못하고 제자리걸음밖에 할 수 없는데 이는 자신의 노선을 정확히 정리하지 못해 하루에도 수만 번 교차하는 두려움과 격노라는 감정의 쳇바퀴가 공회전하기 때문에 발생하는 현상입니다.

강박 성향과 양가적인 태도는 선후관계라기보다는 거의 동시에 발생합니다. 이는 내면의 적개심을 통제하고 처리하기 위해 만들어낸 임시방편이므로 주로 감정에 서툰 이들이 수월하게 사용할 수 있도록 설계된 심리 방어 기제입니다. 그들이 다루기 어려운 적개심은 자신이 태어날 때부터 100퍼센트 이상적으로 생각했던 부모의 모습과 자신을 야단치고 통제하는 냉혹한 부모의 모습 사이의 괴리에서 생겨납니다. 젖병을 물고 기저귀를 차고 있을 때만 해도 마냥 천사 같았던 엄마 아빠가 만 2세가 되고 나서 돌연 엄격해진 태도로 변하지요. 배신감과 실망 그리고 분노 어린 감정을 느껴 이내 예상치 못한 불안과 긴장이 일어나는 건 어찌 보면 당연한 반응입니다. 이때 아이는 부모를 향한 살의殺意에 가까운 분노를 품었다는 사실과 날 지켜봐온 부모의 아주 작은 요구조차 따를 수 없다는 자신의 무능함이 견디지 못할 정도로 자신을 초라하게 만듭니다. 이 지점이 바로 죄책감의 원시적 형태가 만들어진 시점이자 분노와 점철되어 엉망이 된 마음을 정리하기 위해 양가감정이 급하게 소환된 시점입니다.

강박 성향이 짙은 사람들이 듣기 싫어하는 소리가 있는데 그건 바로 약해 빠졌다는 핀잔입니다. 아이러니하게도 강박 성향을 가진 분들은 굉장히 우유부단하지만 정작 그 누구보다 우유부단함을 경멸합니다. 부드러움과 융통성이란 덕목은 그들이 간절히 원하면서도 선뜻 취하지는 못하는 어려운 것 중에 하나죠. 부드러움은 곧 약하다는 단어로 치부될 뿐 아니라 상대를 향한 항복 성명과도 같은 것이기 때문입니다. 그래서 그들은 이미 쌓아놓은 양가 감정이란 빈약한 모래성 위에, 또다시 융통성 없는 세심함과 꼼꼼함, 언제나 긍정적이어야 한다는 태도 등의 허약한 방어선을 구축하는 데 모든 정력을 소모하기를 반복합니다.

양가 감정은 사람이라면 누구에게나 있는 자연스러운 감정입니다. 그래서 대부분의 건강한 사람들에게는 이 감정은 별문제가 되지 않습니다. 단지 우리의 마음에 '이것 아니면 저것' 식의 흑백 논리와 경직성이 쌓이는 순간 양가 감정은 이내 참을 수 없는 존재의 애매함으로 변질된다는 사실만 기억하시면 됩니다.

애정남에 열광할 수밖에 없는 이유

유치원과 어린이집을 막론하고 다들 조기 영어 교육에 난리입니다. 당장 제 아이만 봐도 그렇습니다. 영어 유치원에 보내지 않으면 꼭 무슨 일이 날 것처럼 불안해합니다. 일부는 영어를 몸에 익히기 위해 초등학교 시절 몇 년 동안 해외에 다녀오기도 합니다.

물론 극단적인 우연이겠지만, 외국에 살다온 아이들이 고등학교에 진학할 때쯤 되면 몇 명은 아주 심하게 정서 불안을 겪습니다. 그 아이들은 종종 등교를 거부하고 반항하며 기존 틀에 자신을 맞추기를 거부합니다. 이러한 청소년 비행은 정신의학 영역에서는 우울성 품행 장애라는 우울증의 일환으로 진단합니다. 영어 실력은 괜찮을지 몰라도 정서는 성장할수록 극단적으로 불안해진 결과입니다.

영어를 잘하려면 그 나라의 언어뿐 아니라 그 나라의 문화를 체득해야 합니다. 이들이 자라면서 점점 우울해질 수밖에 없는 이유 역시 어릴 때 유치원이나 초등학교에서 체득한 영미권 문화와 암암리에 묵인되는 경쟁 일변도의 가학적인 한국 문화와의 괴리감을 느꼈기 때문입니다. 이는 어릴 때 미국에서 성장한 뒤 우리나라로 이민 온 아이가 바뀐 환경에 당면하면서 겪는 심리적 충격, 컬쳐 쇼크와도 매우 유사합니다.

그런데 이민 온 학생과 우리나라에서 자란 학생과 차이가 있다면 전자는 내면에 이미 서로 다른 문화와 가치관이 명백히 구분지어진 반면, 후자는 서로 양립할 수 없는 이율배반적인 가치관이 수동적으로 강요당했다는 데 있습니다. 그 결과 우리나라 아이들은 유치원이나 학교 그리고 대중매체에서 습득한 영미권 문화와 우리나라 고유의 문화 사이에서 고민해야 합니다.

방금 전만 해도 나보다 나이 많은 외국인 선생님에게 "Hi teacher~!" 했다가 방과 후 동네 슈퍼 아저씨나 경비 아저씨 보고 "방가요~!" 했다가는 즉시 험한 꼴을 당하는 사회가 바로 우리나라입니다. 그러다 보니 우린 자연스레 모순이란 덫에서 살아남기 위해 가장 효율적인 방법을 선택할 수밖에 없습니다. '부정'이란 심리가 바로 그 대안 중 하나입니다. '부정'은 세상과 자신의 일부를 아예 망각하고 지내는 심리로 모순이 안겨주는 헷갈림과 불안에서 우릴 구원해줍니다.

그런데 불행히도 우리나라는 '부정'이란 방어 기제만으론 살아가기 힘듭니다. 획일화할 수는 없겠지만 우리 중 일부는 잘못 각인된 유교적 가치관과 기독교적 가치관이 내면에서 상충하고 있습니다. 동양은 수치심의 문화요, 서양은 죄책감의 문화라는 건 이러한 사실에 기반을 두고 나온 말입니다. 입신양명해야 집안을 일으킨다는 3대 종손 아버지와 희생과 박애를 강조하는 독실한 크리스천 어머니 밑에서 자란 아이를 상상해봅시다. 이 경우 아이는 집안에서부터 가치관의 혼란을 겪으며 자라납니다.

한 번 실수하면 바보요, 한 번 잘못하면 죄인이 되기 때문에 이들은 매번 무슨 일을 결정할 때마다 애매함을 겪지 않을 수 없습니다. 이런 집안 분위기가 숨 막히고 지긋지긋해서 박차고 나오지만 바깥세상 역시나 더하면 더했지 결코 덜하지 않습니다.

어른 앞에서 깍듯이 배꼽 인사를 해야 하고 함부로 담배를 피우지 말라고 들었지만 MTV를 보거나 영어 마을에 가서 자연스럽게 "Hey, Man~" 하지 못하면 촌스러운 아이로 낙인찍힙니다. 결과보다 과정이 중요하고 물질보다 마음이 중요하다고 배우지만, 성인이 돼서는 잘 기억조차 나지 않는 친구의 부조금과 축의금 액수를 결정해야 하는 데 많은 시간을 허비하는 우리. 결코 양립할 수 없는 가치체계가 공존하는 틀 속에 살아가는 우리 아이들은 지금도 꾸역꾸역 이 나라에서 자라나고 있습니다. 21세기를 맞이하는 대한민국이 몇 년째 OECD 국가 중 자살률 1위, 행복 지수가 꼴찌인 이유 중 하나인지도 모릅니다.

대한민국 국민이 앓고 있는 강박이란, 완고하고 잔인한 여러 가지 규범들이 지배하는 환경에서 살아남기 위해서 어쩔 수 없이 들러야 하는 임시 피난처입니다. 좀처럼 양립하기 힘든 여러 가지 규범들이 어릴 적부터 우리 마음 깊이 각인되었기 때문에, 그 갈등 사이에서 과연 무엇이 옳은지 평생 고민해야 하는 처지에 놓인 것이죠. 이는 2010년 말에서 2011년 초까지 가히 신드롬이라고 해도 석연치 않을 '정의'에 관한 여러 가지 강의 영상이나 출간물의 열풍에서 살짝 엿볼 수 있습니다. 우연의 일치인지는 몰라도 그 후 모 정치인의 '국가'에 관한 책 또한 출간되자 바로 베스트셀러에 오르는 기염을 토했지요.

다양한 규범 사이에서 어쩔 수 없이 발생하는 갈등에서 벗어나기 위해, 때로 우리는 의존과 중독 그리고 착취에 둔감하고 수치심에 취약한 '자기애성 상태'에 머물렀다가, 지나치게 과도한 죄책감이 수반된 이타심에 도취된 나머지 양심적인 삶과 도덕 그리고 구원에 집착하는 양극단을 오가곤 합니다. 그러다 지친 우리의 마음엔 마치 복사기에 '잼'이 걸리듯 생각의 '잼'이 발생합니다. 이 생각의 '잼'은 마치 버뮤다 삼각지대에서 실종된 난파선같이 너무나 구겨진 채로 변질된 나머지, 그 생각의 원형이 대체 어떤 모습이었는지 도무지 알 수가 없습니다. 뫼비우스의 띠를 따라 돌 듯 변질된 생각 덩어리는 언제나 꼬리에 꼬리를 물고 우리 마음속을 정처 없이 떠도는데, 애정남이 인기를 얻었던 건 아마 이런 심리적 배경이 깔려 있기 때문이 아닐까요? 모순적이며 이율배반적인 가치관이 만들어낸 애매함이란 늪 중간에 애정남이란 지푸라기가 잠시 떠 있었던 셈입니다.

무의식에 자리 잡은 공포와의 만남

삶도 죽음도 두려워하는 우리

공포증의 핵심은 회피 반응입니다. 무언가가 두려워서 피하는 것이죠. 강박적인 성향에 빠진 사람들이 가장 두려워하는 것 중 하나는 자신의 능력에 흠을 느끼는 순간입니다. 만능에 가까운 통제력이 위협받는 상황을 가장 싫어합니다. 자신이 최고여야 한다는 이른바 전지전능감이 도전받는 것을 제일 불쾌하게 여깁니다.

그래서 강박은 이런 불편한 진실을 헷갈리게 하려고 쓸데없는 원칙과 순서를 부여합니다. 여기에 복종하면 우린 별일도 아닌 것도 느릿느릿하게 처리하게 됩니다. 그뿐 아니라 우유부단한 태도로 일관하기도 합니다. 이 모든 과정은 '내가 완벽하지 못하다'는 사실을 알아차리지 못하게 만드는 강박의 전술입니다. 자신이 조금이라도 무력하다고 느낄 만한 사안은 무조건 미루거나 회피하게 만들어버리는 거죠. 그래서 어찌 보면 공포증은 강박의 하수인입니다. 강박이 좋아하는 '내가 제일 잘나가'란 느낌을 언제나 지키게끔 만드니까요.

언제부턴지 몰라도 인간은 너나 할 것 없이 공포를 느끼며 살아왔습니다. 높은 곳, 폐쇄된 곳, 날카로운 것까지 그 대상은 셀 수 없이 많습니다. 의학 혹은 심리학에서 정의하는 공포란 어떤 대상이나 상황에 대해 강하고 지속적인 두려움을 느끼는 것입니다. 참고로 정신의학에서 두려움이라 함은 실체가 명확한 외부의 위협에 대한 신경생리적인 반응을 뜻합니다.

허나 우리가 정작 마주하기 두려운 것은 엘리베이터 안이나 뱀 혹은 거미와 같은 무고한(?) 외적 대상들이 아닙니다. 한 예로 칼이나 운전을 두려워하는 사람들 중 일부는 그 두려움의 실체가 내면의 분노 혹은 죄책감이었습니다. 수영장을 잘 가지 않으려 했던 어느 여성의 경우도 마찬가지였습니다. 무엇을 두려워하는지 미처 자각하지 못하고 있다가 치료가 진행되면서 그녀가 깨닫게 된 사실은, 정작 두려워했던 건 수영장의 물이 아니라 낯선 남자들의 알몸이었습니다. 두려움의 실체는 풀장이 아니라 감당하기 힘든 성적 감흥에 휩싸일지 모를 불확실함이었습니다. 이처럼 공포는 내면의 감정적 갈등이나 불안에 대처하는 한 수단이 되어주고, 중립적인 외부 사물을 이용해 진실로 두려워하는 본질을 못 보게 가려줍니다.

물론 나는 전혀 그런 공포를 느끼지 않는다고 말하는 분도 있긴 합니다. 그러나 정도의 차이는 있을지언정 공포를 느끼지 않는 사람은 없습니다. 오히려 대담해 보이고 쿨해 보이는 사람일수록 무의식에 자리 잡은 공포의 무게는 훨씬 무겁습니다.

그럼 과연 언제부터 우린 공포를 느꼈을까요. 강렬한 감정 기억이 의식에 들어오지 못하게 보호하는 일종의 방화벽이 우리 뇌 속에 있는 통에 그 뿌리를 알아내기란 쉽지 않지만, 정신과 의사 칼 융이 남긴 말에서 우린 공포의 공통분모를 어렴풋이 추측해볼 수 있습니다. 젊은 사람들의 노이로제가 삶에 대한 공포에서 비롯된다면 장년기의 노이로제는 죽음에 대한 공포에서 비롯된다고 말이 그 단서입니다. 삶도 죽음도 두려워하는 우리. 죽음에 대한 공포와 건강에 대한 강박은 과연 어떤 의미가 있는 걸까요. 왜 우린 그토록 건강을 염려하고 죽음을 불안해하며 매년 건강 검진을 받는 걸까요?

내면의 불안이 공포를 부추기다

프로이드와 같은 정신과 의사는 죽음에 대한 공포의 기원을 무의식에 잠재된 거세 공포나 분리 불안에서 출발한다고 보았습니다. 반면 페니켈Fenichel이란 정신분석가는 자신의 영혼을 마비시킬 정도로 강렬히 휘감아버리고 마는 감정적 흥분-이를테면 성적 흥분-이나 자기 파괴적인 길로 접어들게 만드는 매우 강한 피학적 욕구에서 시작한다고 보기도 했습니다. 다시 말해 죽음을 두려워하는 사람이 진짜 두려워하는 것은 육신의 죽음이 아니라 내면의 불안일 수도 있으며 신경생리학적 흥분에 의한 마비일지도 모른다는 뜻입니다. 예를 들어 미처 해소되지 못한 내면의 죄책감 때문에 생겨난 처벌 불안과 그에 수반되는 불쾌한 긴장 역시 우릴 죽어 마땅하다고 생각하게 만들어 죽음에 대한 공포를 부추길 수도 있습니다.

죽음 공포증에 대해 학계에 펼쳐진 다양한 해석들을 정리해보면 몇 가지 공통점을 발견할 수 있습니다. 첫째, 죽음 공포증은 유아기에 가졌을 법한 원초적 갈등의 소산이라는 것. 둘째, 유아기부터 간직한 두려움을 적절이 가려주며 표현해주는 일종의 가면일 수도 있다는 점입니다. 그만큼 죽음이란 모호한 대상으로 두려움을 옮겨서 생각하는 것이 원초적인 감정적 두려움의 본질과 직접 만나는 것보다 낫다는 의미입니다. 이런 맥락에서 볼 때 죽음에 대한 공포는 소멸 그 자체보다 죽어가는 과정-예를 들면 고통이나 상해를 입는 것, 상실 등등-을 두려워하는 것인지도 모릅니다. 특히나 강박적인 성향을 지닌 분이라면 심각한 수준의 스트레스를 겪을 때 종종 이렇게 말합니다.

"사는 것이 죽는 것보다 더 무서워요"

그도 그럴 것이 강박은 소멸 그 자체보다 썩어 없어지는 과정을 끔찍이도 싫어하기 때문입니다. 진료실에서 자주 마주치는 불안 중에서 죽음 공포증과 가장 연관이 많은 정서 상태는 바로 건강 염려증입니다. 건강 염려증 또한 고전적인 분석에 따르면 본질적인 갈등을 위장하는 증상에 지나지 않습니다. 20대 중반의 현아가 바로 그런 경우였습니다.

수개월간 기억력 장애를 호소하며 내원했던 그녀는 나이에 어울리지 않게도 자신이 행여 치매가 아닐까 두려워하는 눈치가 역력했습니다. 비록 전체적인 심리 검사가 이루어지기 전이었지만 저는 그녀의 나이를 비롯해 표정, 억양, 대화의 유창성 등만 고려해보아도 이미 치매가 아님을 짐작했습니다.

그러나 정확한 진단과 그녀의 불안을 잠재우기 위해서라도 치매와 관련된 제반 인지기능 검사를 시행하였습니다. 그리고 며칠 후 검사결과가 나왔습니다. 예상대로 결과는 주의력이 약간 떨어진 것 말고는 정상이었습니다. 참고로 기억력 장애는 주로 뇌의 손상 혹은 퇴행성 변화처럼 뇌 조직의 실제적인 변화와 관계가 많은 반면, 집중력 저하는 정서 불안이나 우울증처럼 뇌의 일시적인 기능 변화와 관련이 많습니다. 이런 점을 염두에 두고 저는 그녀가 어느 정도 평정심을 찾았음을 확인한 뒤 넌지시 물어보았습니다.

"언제부터 집중력이 떨어진 것 같으세요?"

잠시 눈을 감은 뒤 그녀는 순간 미세하게 양쪽 눈을 찌푸렸습니다. 그리고 약 몇 초가 흐른 뒤 잠깐 숨을 돌리고 그녀가 답했습니다. 가정 형편이 어려워져 대출 문제로 남편과 심하게 다툰 이후 기억력이 떨어지게 되었고 나아가 치매에 걸렸다는 공포가 그녀를 엄습했던 것입니다.

돌이켜보면 현아는 매사 순종적이고 헌신적이었습니다. 그랬던 그녀가 남편에게 예기치 못한 오해와 상처를 받은 뒤부터 생긴 우울증은 실제로 우울해질 수밖에 없는 환상을 갖게끔 만들었습니다. 그녀에게 있어 치매라는 병은 여러 가지 의미가 있었습니다. 치매에 걸려버림으로써 그동안 있었던 진절머리 나는 일들을 문자 그대로 잊어버릴 수도 있고, 남편을 위시한 주변 가족들의 관심도 받을 수 있었습니다. 게다가 '젊은 부인의 치매'라는 저주에 가까운 극단의 가능성을 스스로에게 부여함으로써, 그녀는 불덩어리처럼 활활 타오르던 내면의 화를 상대에게 쏟아 붓고(기껏 남편에게 죄책감을 안겨주는 정도지만) 동시에 자신에게도 부어버리는 자기 희생의 면모를 확인할 수 있었던 것이었죠.

하지만 현아가 호소했던 기억력 감퇴는 꼭 부정적인 측면만 있었던 건 아닙니다. 때때로 정신 증상은 여태껏 남을 위해 희생하다시피 살아온 사람들에게 있어 자신의 건강과 안위를 돌아보게 만드는 기회를 부여하기도 합니다. 프로이드 또한 초창기(1914년)에 정신 증상이 갖는 순기능에 주목했습니다. 세상과 타인을 향해 과하게 쏟았던 정신 에너지가 다시 자기 자신으로 철수해 들어올 때 증상이 발생한다고 생각한 바가 바로 그 점입니다. 그러나 마치 부메랑을 던진 것처럼 세상으로 던졌던 정신 에너지가 다시 찾아오면 우린 이것이 내게 도움이 되는 것인지 아닌지 헷갈립니다. 이때 우리 중 일부는 종종 자신을 너무도 소중하게 생각해버리는 과대망상에 가까운 환상으로 이를 막아내려 합니다.

그 결과 우리 마음은 언제 터져버릴지 모를 일촉즉발의 풍선처럼 빵빵해져 결국 균열이 발생하고 바람이 새어나오듯 일부의 정신 에너지가 방출되고 마는데, 이것이 바로 건강 염려입니다. '세상'을 향한 정신 에너지가 지나치게 팽만되고 억눌려 터져 나온 것이 일반적인 노이로제라면, 건강 염려증은 '자신'을 향한 정신 에너지가 터져 나오면서 발생한 증상인 셈입니다. 고로 건강 염려증에 자주 시달리는 사람은 프로이드가 말한 대로 자기애 성향이 강하다는 걸 의미합니다.

내면이 흔들릴 때 건강 염려증이 찾아온다

1926년, 프로이드가 불안과 욕망의 발생 순서를 바꾼 뒤 신경증적 불안과 건강 염려증에서 우러난 불안을 보다 세분화할 수 있었습니다. 불안이 욕망의 원인이 아니라 욕망을 알리는 시그널로 인식되기 시작하면서 신경증적 불안은 타인을 향한 사랑 혹은 증오가 내면에서 움직이고 있다는 신호로 점차 자리 잡게 되었습니다.

반면 '건강 염려증 불안'은 타인보다는 자신의 존재 자체를 위협하는 신호입니다. 여기서 말하는 자신의 존재라 함은 자의식뿐 아니라 감각에 가까운 감정, 다시 말해 수치심과 굴욕감 같은 다분히 신경생리학적 반응에 가까운 '감각적 감정'을 뜻하기도 합니다. 이에 비해 죄책감과 같은 '신경증적 감정'은 상기에 언급한 '감각적 감정'에 비해 고차원적인 자리를 차지합니다. 죄책감은 어떤 이의 행동에서 파생되는 감정일 뿐, 마음의 구조 전체를 건들지는 않습니다. 결국 신경증적 불안, 노이로제는 마음이란 견고한 틀 안에서 생기는 갈등의 결과인 셈입니다.

반면 '수치심과 연관된 불안'은 옹벽이나 아파트 기둥 자체가 금이

가고 균열이 생겨 발생하는 비상벨과도 같습니다. 이런 측면에서 본다면 건강 염려증은 마치 마음의 지진파와도 같습니다. 건강 염려증이 내면의 자신이 흔들릴 때 발생하는 시그널이 된다는 사실은 청년기와 중년기에 주로 발생한다는 것만 봐도 어느 정도 짐작할 수 있습니다.

먼저 청년기부터 살펴보면, 이 시기는 수많은 학자들이 지적했듯 퇴행과 성장이 대량으로 오가는 시기입니다. 정체성에 안정과 혼란이 번갈아가며 생깁니다. 그래서 사회심리학자였던 에릭 에릭슨 또한 경제 용어인 '모라토리엄(지불유예기간)'이란 표현을 빌려 이 시기를 '모라토리엄 시기'라 표현했습니다. 방황과 성장이 끊임없이 이어지는 정체성의 위기가 청년기의 보편적인 현상임을 역설한 것이죠. 그러면서 우린 '남이 내게 실망하면 어때? 내가 난데?' 하며 참된 자신을 일궈나갑니다.

중년기의 경우, 우리 마음은 또 다른 지진파로 인해 정체성에 균열이 생길 것 같은 위협에 빠지기 쉽습니다. 그 지진의 진원은 바로 나이 드는 것, 늙는 것에 대한 두려움입니다. 이 녀석은 젊음과 활력을 간직하고픈 우리의 여린 감성을 무자비하게 흠집 내고 맙니다. 세월은 언제나 우리를 의기양양하고 우뚝 서게 만들어주던 마음속 슈퍼맨, 과대자기誇大自己를 약하게 만들기 때문입니다. 인간의 유한성이야말로 지나친 과대자기를 무력화하게 만드는 천적이자 치료제입니다. 또한 청년기와 마찬가지로 중년기에서도 건강 염려 증세의 발현은 곧 내면에 각인된 자신의 정체성이 심각하게 흔들리고 있다는 것을 뜻합니다.

이처럼 건강 염려증은 내면에 숨어 있는 자신의 모습이 시간이 갈수록 회복하기 힘들 정도로 심각한 손상을 입었다는 의미를 담고 있습니다. 이대로 살다가는 조만간에 '멘탈 붕괴'될지 모른다는 위기 신호이기도 합니다. 마음의 '전체'가 흔들리고 있다는 사실이 그저 신체의 일부에 병이 났다는 착각으로 바꿔치기된 것뿐입니다.

건강 염려라는 마음의 지진이 고통스럽긴 해도 때로는 '좋은 지진'일 수 있습니다. 구태의연하며 낡은 우리의 모습이 다시 재구성되어야 한다는 절박한 마음의 외침이기 때문입니다. 내 안에 고질적인 뭔가가 잘못된 것이 있다는 걸 일깨워주려는 무의식의 전령사인데 우린 그것도 모르고 죽자 살자 병원만 찾았던 셈이죠.

정상적으로 마음속 자기 모습은 몇 번의 지진을 거쳐 성장합니다. '붕괴 불안'이란 마음속 지진이 바로 그 대표적인 예입니다. 건강 염려증으로 병원을 찾았다가 정신과 의사가 자신을 죽일지도 모른다는 피해망상에 빠졌던 프로이드의 '슈레버 판사 증례' 또한 이를 반증합니다. 피해망상은 윈도우로 치면 안전 모드, 다시 말해 정신 기능의 기본 옵션만 활동할 때 나를 보호하기 위해 작동하는 심리입니다.

건강 염려증이 쉽게 피해망상으로 이어진다는 사실은 건강 염려증이 일반적인 불안보다 훨씬 더 낮은 수준의 불안, 다시 말해 붕괴 불안을 일으킬 확률이 높다는 뜻을 내포합니다. 붕괴 불안은 마음의 붕괴를 막기 위한 자기애적인 보상 작용마저 힘에 부칠 때 발생하는 증상인데 반해, 건강 염려증은 이것마저 상실될지 모른다는 위협이 너무나 버거운 나머지 신체의 일부가 병에 걸렸을지 모른다는 불안으로 대치된 증상입니다.

걱정은 붕괴를 막아준다

건강 염려증을 비롯한 거의 모든 정신 증상들은 어찌 해볼 도리가 없는 이탈 현상이 아닙니다. 대부분의 정신 증상은 언제든지 다시 시작할 수 있는 심리발달의 부분적 정체를 나타내주는 신호입니다. 이는 치료하는 입장에서 얼마나 반가운 사실인지 모릅니다. 건강 염려가 잘 치료되면 상당수는 특정 질환에 집착하는 태도에서 벗어나, 새롭고 창조적인 활동에 빠져들며 몰입하는 모습을 보이기 시작합니다. 그러나 이 시기에도 넘어야 할 복병이 있습니다. 그건 바로 건강한 변화조차 건강 염려증을 앓을 때처럼 내면의 자신을 잃어버릴지 모른다는 두려움으로 느낀다는 점입니다. 그래서 비록 증상은 호전되었더라도 어떤 환자분들은 여전히 어두운 얼굴 표정을 한 채 또 다른 걱정과 고민거리를 호소합니다. 이를테면,

"선생님, 위암 생각은 덜 나서 좋긴 한데요.
처방해주신 약, 혹시 중독되거나 속을 버리지는 않나요?"

이런 모습은 '아, 이제 이분이 좋아지고 있구나'라고 믿을 수 있는 일종의 척도로 삼을 정도로, 치료를 향한 푸념은 굉장히 흔할 뿐 아니라 회복을 알리는 좋은 신호가 됩니다. 특히 알코올이나 마약 중독으로 몇십 년을 고생했던 분들에게도 예외가 아닙니다. 저의 경우 전공의 시절에는 이 사실을 잘 몰랐습니다. 0.1초 동안 무슨 말을 할지 몰라 머릿

속이 하얘지기도 했었습니다. 예를 들면,

'더 심한 것도 무분별하게 사용했으면서!
아무리 환자라도 그렇지, 어떻게 이런 말을 할 수 있나!'

라는 생각도 했었습니다. 그런데 이런 현상은 놀랍게도 약물 치료를 받지 않는 분에게서도 종종 발견되었습니다. 어느 한 가지 고민이 해결되면 또 다른 고민에 빠져 전전긍긍하는 것이었지요. 증상이 호전될 때 누구에게나 나타나는 보편적인 현상, 정신의학에선 이를 두고 "치료에 대한 부정적인 반응Negative Therapeutic Reaction : NTR"이란 표현을 씁니다. 이는 프로이드가 밝혀낸 숨어 있는 자책과 처벌에 대한 욕구에서 비롯되기도 합니다. 자기 징벌적인 욕구가 너무 강한 분들의 일부는 증상의 호전을 '스스로' 막습니다. 자신에게 관대하지 못하고 너무 엄하고 야박하여 스스로가 편해지는 꼴을 못 보는 것입니다. 이를테면 '난 증상으로 더 고통을 받아야 해. 벌써 편해질 자격이 없는 놈이야'라는 마음이 있는 것입니다.

여기서 한 단계 더 나아가 《시기심》의 저자인 롤프 하우블 박사의 말을 빌려, 치료의 부정적인 반응에 미치는 심리적 요인으로 내담자의 가혹한 초자아에서 발생한 죄책감뿐 아니라 '자기애적 시기심'을 들 수 있습니다. 아이러니하게도 치료진에 대한 시기심이 의사가 자신의 증상을 치료하는 데 실패하기를 바라는 것입니다. 게다가 이런 시기심에는 타인의 도움을 받아야 한다는 사실이 안겨주는 모멸감도 담고 있습니다. 강박의 핵심을 구성하는 모멸감은 치료에 대한 저항을 더 부추기고 맙니다.

현아의 경우도 예외는 아니었습니다. 약물 치료로 인해 치매에 대한 염려에서 다소 벗어날 수 있었던 그녀는 얼마 지나지 않아 또다시 약 부작용에 대한 걱정에 빠져들었습니다. 평생 먹어야 하는 건 아닌지, 결혼하고 나서도 약을 먹어야 하는 바람에 아이를 가질 수 없는 건 아닌지 등등. 물론 현아뿐 아니라 다른 사람들 또한 약물 복용에 대해 거북스러움을 표현하며 약에 대해서 자세히 물어보고 확인하기를 수차례 반복하곤 합니다. 그러나 현아의 걱정은 다른 사람들의 그것과는 사뭇 달랐지요.

건강 염려증은 때론 한 번도 제대로 다뤄보지 못했던 관계가 시작될 때 찾아오기도 하는데 그녀가 바로 그런 경우였습니다. 아주 나중에 알게 된 사실인데 치매에 대한 두려움은 실은 그녀 인생의 큰 변화를 알리는 신호였습니다. 그녀가 코흘리개 시절부터 알고 지내던 남자 친구를 남성으로 사랑하게 된 것이었죠. 하지만 온전히 사랑에 빠지기에는 그녀의 내면이 그리 견고하지 못했습니다. 사랑에 빠지면 우린 상대를 이상화하고 그와 하나가 되고 싶어지는 합병合併 환상에 빠집니다. 그런데 현아처럼 내면이 견고하지 못한 사람에겐 이러한 합병 환상은 굉장한 위협으로 작용합니다. 기업이 합병하면 작은 기업은 큰 기업에 흡수되어 사라지듯 나의 존재 또한 상대방에게 흡수될지 모른다는 붕괴 불안이 작용하기 때문입니다. 그래서 그녀의 무의식은 최후의 보루를 사용하게 되었습니다. 치매나 기억상실과 같은 대형 사건이 자신의 몸에 일어나줘야 비로소 그녀는 사랑이란 혼란에서 잠시나마 벗어나 쉴 수 있었던 것이었죠.

세상에 태어난 것 자체가 트라우마

죽음에 대한 공포 역시 건강 염려와 마찬가지로 내면에 잘 응축된 자신의 모습이 심히 흔들릴지 모를 만큼의 위기가 찾아왔다는 걸 의미합니다. 존멸存滅과 관련지어 죽음을 두려워하는 경우는 특히 내면의 회복을 촉구하는 증상이기도 한데 미희 씨의 경우가 그랬습니다. 집으로 가는 계단이 갑자기 무너질 것 같은 공포 탓에 그녀는 점차 집에서 나가기가 꺼려졌습니다. 지진으로 인해 빌딩이 주저 내려앉고 지하철이 날아다니며 결국엔 LA 도심이 쑥대밭이 되는 영화 〈2012〉 속 장면들이 그녀의 마음속에선 현실로 벌어질 것만 같았습니다. 주변이 붕괴될지 모른다는 환상은 실은 내면의 자신이 붕괴될지 모를 불안에서 기인합니다. 심해지면 내 몸이 내 몸 같지 않다는 느낌이 들거나 유체 이탈과 같은 경험까지 생길 수 있는데 정신의학에선 이를 '이인증離人症'이라 합니다.

죽음에 대한 공포와 건강 염려를 제대로 이해하기 위해, 우린 세상에 태어난 것부터가 트라우마였다는 주장을 펼친 정신분석가 오토 랭크Otto Rank의 말에 주목할 필요가 있습니다. 많은 정신건강의학과 의사를 위시한 심리치료사들은 그가 정신분석학에 지대한 영향을 끼쳤다고는 알고 있지만, 그 또한 건강 염려증과 죽음에 대한 공포에서 자유롭지 못했다는 사실을 아는 이는 그리 많지 않습니다.

자존감을 유지하기 위해 우린 마음속 두 가지의 구조물이 건강해야 합니다. 원초적인 과대 자기(왕자나 공주처럼 어디 하나 뺄 것 없이 완벽한 모습의 자신)와 100퍼센트 완벽하다고 이상화된 내면의 부모의 모습이 바로 그것입니다. 마음의 발달이 한참 이루어질 시기에 트라우마를 받게 되면 이를 구성하는 구조의 응집이 성글어져 내면의 자기 모습의 형성에 심각한 타격을 받는데, 그가 어렸을 때 받은 몇 가지 상처들은 역설적이긴 하지만 다수의 정신분석적 혜안을 제공하게 만들었던 것 같습니다. 자기애적 상처에 취약한 붕괴 불안이 결국 그를 평생 죽음에 대한 공포와 시름을 벌이게 한 것이죠.

내면의 자기 모습이 결속력을 갖추지 못하면 우리 마음은 '플랜 B'를 작동시켜서라도 마음의 안정을 되찾으려고 노력합니다. 어떤 이는 전지전능함을 갖춘 소위 '환상속의 그대'를 실제 자신의 모습으로 꿈꾸며 지내기도 합니다. 수치심이나 강렬한 굴욕감, 자기 혐오, 극단의 경우 자신이 녹아 해체될 것만 같은 붕괴 불안으로 인해 땅이 꺼질 것 같은 두려움이나 "난 누구? 여긴 어디?"와 같은 '이인증'에서 벗어날 수 있기 때문입니다.

심한 분들은 자신의 붕괴를 막기 위해 관계에 의존하곤 합니다. 그래서 원초적이고 도착적인 가학-피학 관계를 반복합니다. 때론 눈살을 찌푸릴 정도로 자신을 노출해서라도 존재감을 잃지 않으려 합니다. 마치 부서지기 쉬운 내면의 자기 파편을 짜 맞추려고 고군분투하듯 말이죠.

치료가 잘 진행되면 이들의 마음은 조금씩 응집되어 결속력이 생깁니다. 여기에 반드시 필요한 것은 바로 '공감적인 거울 반응'입니다. 감정에 공명하여 최적의 반응을 보여준다 해서 일명 '반사 반응'이라고도 하는데, 이런 과정을 통해 이들은 깨어지고 부서지기 쉬운 내면이 점차 안전한 무언가에 의해 완충되는 느낌을 받습니다. 마음이 많이 힘들 때 지금 내 심정을 적어 누군가에게 보여주고 누군가의 응답을 받을 수 있는 곳을 찾아 나서는 건 이런 연유인지도 모릅니다.

나는 늘 잘해야 한다고 생각한다
part 2

나는 세상의

모든 것을

통제해야 한다

죄를 사하기 위한 욕구

청결

금기시해온 내면의 욕구로 인해 수치심을 느끼다

홍콩 출장을 다녀온 베스는 갑작스런 고열과 두통을 겪게 됩니다. 경련 발작까지 보여 남편 토마스가 급히 응급실로 데려갔지만 이미 때는 늦은 뒤였습니다. 그녀를 부검한 의사는 급히 상부에 보고합니다. 여태껏 보지 못한 바이러스가 발견되었기 때문입니다. 그 이후 베스와 유사 증상을 겪으며 사망하는 사례가 전 세계적으로 급격히 늘어납니다. 사람들은 극심한 불안에 시달리며 서로 접촉하는 것을 꺼리며 경계합니다. 다른 사람이 잡았던 손잡이는 물론, 다른 사람과의 신체적 접촉은 일체 피합니다. 바이러스가 창궐한 도시를 군부대가 봉쇄하여 미처 탈출하지 못한 사람들은 살아남기 위해 극도로 예민해집니다.

비록 영화 〈컨테이전Contagion, 2011〉 속 현실이긴 하지만, 결벽증에 걸린 수많은 사람들은 위와 같은 염려를 달고 살아갑니다. 대입 준비생이자 독실한 천주교 신자인 준석 역시 언제부턴가 은밀한 고민에 빠지기 시작했습니다. 같은 성당에 다니던 친구 경은을 볼 때마다 강한 성 충동이 일었기 때문입니다. 그 충동은 짧게 끝나지 않았습니다. 남에게 말하기 민망할 정도로 농도 짙은 상상이 한 번 머리에 침입하듯 들어오면 당최 떠날 줄을 몰랐습니다. 분명히 자신이 만든 성적 상상이었지만 마치 그런 상상을 강요당하는 느낌까지 들 정도로 그 상상은 꽤나 이질적이었습니다.

시간이 지날수록 준석의 상상은 심해졌습니다. 특히 경건해야 할 성당에서 생각의 강도는 더욱더 심해져 경은과 섹스를 하는 상상은 기본이요, 심지어는 강간을 하는 상상까지 들어 괴로워 미칠 지경에 이르렀습니다. 멈출 수 없는 준석의 상상은 죄의식에 시달리게 만들었습니다. 말로 표현할 수 없는 죄책감과 열등감이 당최 그를 놓아주지 않았습니다. 괴로움의 끝에서 그는 항상 궁금했습니다. 신심信心이 충만한 내게 왜 이런 더럽고 추악한 생각이 계속 드는 건지.

경은은 말 그대로 '엄친딸'이었습니다. 준석이 다니는 학교에서 수능 모의고사나 내신에서 거의 항상 1등을 놓치는 법이 없었지요. 통속적인 기준에서 보았을 때, 경은은 모든 면에서 준석을 압도하였습니다. 그래서 어찌 보면 준석이 경은을 볼 때 어느 정도의 자괴감을 느끼는 것은 당연합니다. 때로는 그녀를 상상하며 자위행위를 하기도 했지만 자위를 끝내고 나서 몰려드는 죄의식은 준석을 더욱더 우울하게 만들었습니다. 성당에 가서 몇 번이고 고해성사도 해봤지만 요상한 상상은 언제나 준석을 따라다녔습니다.

준석의 속마음은 약이 오를 대로 오르고 있었습니다. 경은을 좋아하는데 정작 그녀는 준석에게 눈길 한 번 주지 않았기 때문이지요. 약이 오르는데다가 같은 학생으로서 느낄 만한 열등감이 더 커져갔기에, 준석은 사실 화가 나 있었습니다. 근데 그 화가 당최 해소가 안 되니까 가학적인 성적 환상이 동원되면서 비로소 자신의 화를 누그러뜨릴 수 있었던 것이었죠.

그런데 이 환상이 일상생활을 힘들게 하니 문제가 되었습니다. 준석에겐 자신도 모르게 눈을 깜박이는 틱 증상도 함께 있었는데 실제로 강박증과 틱은 사촌지간의 병입니다. 두 질환 다 운동 신경과 생각을 조정하는 '기저핵'이란 부위의 미세한 병리에서 비롯되기 때문입니다. 준석이 경은으로 인해 가졌던 열등감과 가학적인 성적 환상은 자신의 감정에 수치심을 느꼈기 때문에 생겨난 증상이었습니다. 기저핵 부위를 안정화시켜주는 약물을 복용하는 것 외에 당장 준석에게 필요했던 건 내면의 감정에 선악의 잣대를 부여하지 않으려는 태도입니다. 원하지 않게 스며드는 생각만으로도 너무 괴로운데 거기다가 선악의 잣대까지 부여했으니 힘들었던 것입니다.

불안과 긴장이 결벽증을 부른다

강박이란 녀석은 어떤 일을 추진할 때마다 매번 절대적인 안전을 보장하라고 우릴 강요합니다. 모든 걸 통제할 수 있다는 느낌을 갖지 못하면 마치 내가 나약하거나 실패자인 것 같은 느낌을 안겨줍니다. 그래서 부질없는 것에 천착하면서 세월을 허비합니다. 그래야 비로소 긴장이 완화되어 마음이 편해지기 때문이죠. 강박의 문제점은 우리에게 안전하지 못하다는 느낌을 과도하게 안겨준다는 것입니다. 이런 현상이 발생하는 이유는 생각과 긴장을 조절하는 우리 뇌의 메커니즘 때문입니다.

우리 뇌는 크게 세 가지 영역에서 불안과 긴장을 처리합니다. 첫 번째 영역은 바로 '뇌간'입니다. 이 부위는 흔히 숨골이라고도 알려져 있는데, 긴장이란 생리적 신호를 뇌의 모든 영역뿐 아니라 온몸에 퍼져 있는 신경조직에 퍼 나르는 역할을 수행합니다. 가장 원시적인 뇌 부위지만 여기엔 호흡 중추를 비롯해 거의 모든 중추가 다 모여 있어 생존에 반드시 필수적입니다.

그다음 부위가 뇌의 중간쯤에 위치한 '기저핵'이란 부위입니다. 드라마 〈브레인〉에서 신하균과 최정원이 서로의 이름을 쓰며 사랑을 표시하기도 했던 바로 그 부위입니다. 이 부위는 필요한 생각만 떠올리게 만들고 쓸데없는 생각은 버리게 만드는 '생각의 여과 장치'입니다. 정수기의 필터와도 유사한 이 구조물은 뇌간에서 올라온 원초적인 긴장 신호를 적절한 수준으로 걸러줘 마치 전기 회로의 트랜지스터와 비슷한 역할을 합니다. 대부분의 강박증 치료제는 이 부위에서 세로토닌과 도파민의 분비를 조절하도록 설계되어 있으며, 약물 치료로도 낫지 않는 극심한 강박증의 경우 정신건강의학과가 아닌 신경외과로 넘어가

감마 나이프 수술을 받기도 합니다.

그리고 심한 목감기의 원인균인 연쇄상 구균에 감염되었을 때도 본의 아니게 그 여파가 기저핵에 미쳐 특별한 심리적인 원인이 없음에도 불구하고 강박증이 심해지는 원인이 되기도 합니다. 감염 후 면역체계에서 만들어지는 연쇄상 구균에 대항하는 항체가 우연하게도 연쇄상 구균뿐 아니라 기저핵의 세포에도 들러붙기 때문입니다. 그래서 연쇄상 구균 감염에 의해 강박증이 심해지고 약물 치료에 잘 듣지 않는 수준까지 이르렀다면, 치료는 혈액 내의 항체를 걸러서 다시 체내로 공급해주는 '혈장분리 교환시술'을 받기 위해 내과로 가야 하는 상황이 발생하기도 합니다. 이처럼 강박 증상은 정신과적인 질환이면서 때에 따라선 신경외과와 내과 질환의 한 증상이기도 합니다. 정리하자면, 콩팥이 혈액의 노폐물을 여과시켜준다면 기저핵이란 뇌 부위는 우리의 생각과 느낌을 걸러주는 부위입니다.

마지막 부위는 바로 '전전두엽'입니다. 이 부위는 우리가 불안에 떨고 있을 때 괜찮다며 긴장을 달래주는 부위입니다. 하지만 이런저런 이유로 어린 시절부터 마음의 상처를 받은 분들은 이 부위의 신경망이 훼손되어 있습니다. 뿐만 아니라 제대로 발달하지도 못했습니다. 만성적으로 자주 위험에 노출되면 우리 몸은 스스로를 보호하기 위해 위로하는 신경망보다 각성하는 신경망을 더욱더 발달시키기 때문입니다.

영화 〈컨테이전〉이나 하워드 휴즈의 일대기를 담은 〈에비에이터〉를 보면 사람에겐 보편적으로 결벽증의 유전자가 있음을 알 수 있습니다. 결벽증은 강박 장애에서 가장 흔히 보이는 증상 중의 하나이며 대부분은 걱정이나 불안과 같은 증상을 동반합니다. 심한 경우엔 약물 치료가 필요하며 요즘엔 강박 증상을 일으키는 부위인 기저핵과 전전두엽에 강한 자기장을 쪼여 치료하기도 합니다. 이렇게 해도 안 되면 신경외과적인 수술이 필요합니다. 그만큼 병적인 결벽증은 의술의 도움이 절대적으로 필요한 질환입니다. 정신의학에서 주로 치료하는 강박 증상은 크게 세 가지 유형이 있는데 수집, 확인, 결벽이 바로 그것입니다. 수집 증상은 완벽주의의 산물입니다. 동시에 양量이 최고인 그때 그 시절, 많은 것을 확보해둠으로써 안전함을 느끼던 원시적 뇌의 산물이기도 합니다.

반복적 확인은 때로는 내면의 규칙성 혹은 통제력의 밸런스가 깨질 때 발생하는 증상입니다. 동시에 나 스스로에게 통제력을 향한 의지가 있다는 것을 보여주려는 시도이기도 합니다. '나 그렇게 대소변 못 가리는 사람 아니야'라는 일종의 자기 항변인 셈이죠. 통제력을 지속적으로 가짐으로써 우린 엄마와의 힘겨루기를 계속하고 있다, 즉 엄마와 항상 함께하고 있다는 느낌을 유지할 수 있습니다. 그러면서도 부모가 나에게 강요했던 것 이상으로 통제하려는 태도를 취함으로써 내면에 각인된 허상의 부모에게 인정과 관심을 동시에 받으려고 합니다. 그리고 어떤 경우에 있어 반복 확인은

"당신이 이렇게 하라고 가르쳤잖아"

라며 통제력을 강조했던 엄마를 향한 소심한 복수이기도 합니다.

청결에 대한 집착

청결에 대한 집착은 죄의식에서 비롯되는 수가 많습니다. 정리 정돈을 지나치게 하는 사람의 표정을 보면 그리 밝지 못합니다. 그건 단지 청소가 힘들어서가 아닙니다. 마음속의 치부를 정리할 수 없으니 마음이란 공간을 상징하는 집을 대신 정리하는 겁니다. 내면의 분노와 그에 따른 죄책감을 쓸어내릴 수 없으니 주변 환경이라도 깨끗하게 하고픈 것이죠.

씻는 행위는 죄를 사하기 위한 욕구에서 비롯됩니다. 예수를 그리스도로 고백한 후 물속에 온몸이 완전히 잠기는 침례교의 세례 의식은 옛사람이 죽고 새사람으로 거듭남을 상징합니다. 힌두교도들이 갠지스 강에서 목욕하는 장면 등을 떠올리면 아마 이해가 쉬울 겁니다. 실제로 현실 검증 능력이 매우 떨어지는 조현증(정신분열증)에 걸린 어떤 분은 지나치게 샤워를 오래 하거나 물을 많이 마셔 물 중독에 걸리기도 했는데, 이런 증상들은 내면에 있는 감정의 응어리가 지워지지 않으니까 몸이라도 씻어서 죄에서 구원받고자 하는 소망을 담고 있습니다. 굳이 조현 증상을 거론하지 않더라도 우리 대부분이 아침에 일어나자마자 샤워하는 이유 역시 단지 몸을 깨끗이 하기 위함은 아닙니다. 내 몸을 정갈하게 하고 난 뒤 하루를 시작하는 것이야말로 어제까지 있었던 마음속의 앙금까지 씻어 내린다는 일종의 자기 암시가 작용하기 때문이죠.

그럼 결벽증을 부르는 죄의식은 대체 어디서 비롯되었을까요? 그건 우리가 성장하면서 자연스레 받아들여야만 하는 욕구-이를테면 성욕-를 금기라고 두려워하며 단정 짓게 되면서 시작되었습니다. 결혼을 앞둔 수진의 사례 또한 그랬습니다. 갑자기 찾아온 심한 결벽증으로 진료실을 찾은 그녀의 모습은 충격 그 자체였습니다. 신발을 신어도 땅이 너무 더럽게 느껴지는 통에 외출은 꿈도 꿀 수 없었습니다. 진료실을 온 그날도 가족의 부축을 받아 겨우겨우 공중부양하다시피 오게 되었지요.

면담을 통해서 알아낸 사실은 그녀의 증상이 비단 결벽증에 국한되지 않았다는 것입니다. 하루에도 수십 번씩 지갑과 가방 속에 뭐가 있는지 반복해서 확인하는 습관까지 동반되어 있었습니다. 신용카드나 현금은 그녀에게 있어 조만간 잃어버릴지도 모를 자신의 안전을 상징했습니다. 강박의 핵심 요소 중 하나는 바로 의구심인데, 그녀가 느꼈던 불안의 실체를 반복 확인하는 증상에 대입해보면 카드에 대한 두 가지 마음이 있었다는 걸 알 수 있습니다. 여기에다 자기 자신의 안전을 담보할 수 있는 전지전능한 대상을 잃어버릴지 모른다는 상실 불안이 한몫했을 가능성이 높습니다. 상실 불안이 카드를 확인하는 강박 행동으로 보상된 것입니다. 만약 그렇다면 대체 수진은 왜 상실 불안을 겪게 되었을까요.

그 해답은 그녀의 또 다른 반복 확인 행동에 숨어 있었습니다. 그녀는 언제나 자기 전 여러 차례 문단속을 하곤 했습니다. 문은 소통의 상징이자 의식과 무의식의 통로를 상징합니다. 고로 문을 자주 확인한다는 것은 무의식에서 뭔가가 올라오려는 것을 감지한다는 뜻이고 자주 닫혔는지 확인하는 행동은 뭔가가 들어오는 것을 막으려는 노력과 받아들이려는 상반되는 욕구가 동시에 존재한다는 뜻입니다. 그런 두 가지 마음이 행동으로 치환된 것이 바로 반복 행동이었죠. 집안을 돌아다니며 문단속, 가스 밸브, 전등을 일일이 점검하며 다 껐는지까지 눈으로 확인해야 비로소 그녀는 잠을 청할 수 있었습니다.

면담이 진행된 후 수진은 다음의 사실을 깨닫고 난 뒤 강박 증상이 눈에 띄게 좋아졌습니다. 사실 그녀는 결혼에 대한 두 가지 마음을 품고 있었습니다. 그녀가 가방을 자주 확인하며 느꼈던 상실 불안의 본질은 결혼 전 자신 및 부모와의 의존적 관계를 잃어버릴 것 같은 불안을 뜻했습니다. 그리고 또 한 가지는 바로 그녀만의 금기, 바로 성性이었습니다. 저는 강박증 성향을 지닌 분께 항상 성에 대해 어떻게 생각하는지 여쭤보는 편입니다. 이성 간의 흥분은 매우 강렬해 어린 시절 경쟁적인 감정 경험을 재현할 수 있어 이런 긴장을 피하기 위해 더 어릴 때로 퇴행하기 때문입니다. 결혼을 하자니 성이 두렵고, 안 하자니 의존적 관계에 고착되는 것이 두려운 것입니다. 그래서 그녀의 무의식은 강박 증상을 빌어서라도 이런 생각에서 잠시나마 벗어날 수 있었고 결혼을 미룰 수 있는 합당한 사유가 되기도 했습니다. 동시에 강박 증상은 그녀만의 금기를 깨는 죄에 대한 벌이기도 했습니다.

현 존재 분석가들의 말을 빌리면 강박증 환자들은 주로 객관적이고 개념적인, 다시 말해 감정의 영역이 아니라 100퍼센트 생각의 영역으로 환원할 수 있는 것들만 자신의 것으로 받아들이고 인정하려는 경향이 있다고 합니다. 여기서 우린 왜 유독 강박적인 성격의 소유자들이 감정에 그렇게 서툰지 그 이유를 찾을 수 있습니다. 예측을 불허하며 자연 발생적으로 떠오르는 감정에 언제나 논리적인 근거를 찾으려 애쓰다 보니 힘든 것입니다. 엄밀히 말해 강박적인 우리가 피하고자 하는 것은 감정 그 자체가 아니라 다름 아닌 이런저런 모습을 골고루 다 갖춘 세상 혹은 현실과 가까워지는 순간입니다. 그중 대부분은 어렸을 때 위생이나 성에 대해 부적절한 교육을 받으며 자랐을 가능성이 농후합니다.

영화 〈에비에이터〉의 실존 인물인 하워드 휴즈도 그랬습니다. 그의 결벽증은 단지 세균을 향한 혐오 그 이상이었습니다. 그에게 있어 결벽 증상은 곧 엄마였습니다. 엄마는 아이와 친밀해지는 것을 두려워했습니다. 자식을 강하게 키운다는 부모 중 일부는 자식과 친해지는 것을 두려워하는 면모가 간혹 보입니다. 원리 원칙을 강조함으로써 자식과 어느 정도 정서적 거리를 두려 합니다. 가족 간에도 뭔가가 선이 있어야 안정감을 느끼는 셈이지요. 이렇게 강박증 환자들이 정작 두려워하는 것은 다름 아닌 금기시해온 것들과의 정서적 친밀감입니다.

그런데 이들의 아이러니와 불행은 여기서 비롯됩니다. 잘 알다시피 늪에 빠졌을 때와 곰을 만났을 때 공통적인 대처법이 있다면 그건 바로 '탈출하기 위해 몸부림치지 않는 것'입니다. 청결과 오물에 대한 강박 역시 마찬가지입니다. 더럽고 추하다고 여기는 것으로부터 멀어지려 하면 할수록 우리 마음은 희한하게도 오히려 그것들에 사로잡히고 맙니다.

영화 〈컨테이전〉에서 토마스가 베스의 혼외정사를 용서하고 딸에게 졸업 파티를 허용하면서 근친상간적 질투를 체념할 때, 때마침 백신이 개발되어 온 세상이 오염 공포에서 벗어날 수 있었던 건 결코 우연이 아닙니다. 전 세계를 오염 공포로 물들인 바이러스의 탄생이 자연을 수용하지 않고 무자비하게 파괴한 인간의 행동에서 비롯된 장면을 떠올려 보면, 결벽 증상은 태초의 자연과도 같은 내면의 욕구라는 비무장지대를 존중하지 않고 함부로 금기라고 칭하며 짓밟을 때 생기는 건 아닌지 조심스레 추측해봅니다.

스스로 가둬둔 감정의 굴레

구속

규정지은 틀이 스스로를 얽매다

"당신! 나 입원시키면 재미없을 줄 알아!"
"송구스럽지만 전 이 세상에 미련 없는 사람입니다"

이날의 창밖 풍경은 언제나 그랬듯 역설의 극치를 선사했습니다. 너무도 평화롭고 화창한 것도 모자라 그 흔하디흔한 먹구름조차 없어 심히 야속할 만큼 파란 하늘. 그리고 중장년의 나이가 무색할 만큼 초췌하게 늙어버린 승재. 하지만 스라소니의 그것 못지않은 살기 어린 눈빛 덕에 그날도 전 내일을 포기하고 오늘만 살기로 했던 맹세를 떠올리며 부랴부랴 회진을 끝내야 했습니다.

승재는 이 바닥에서 초짜이자 루키였던 저를 완전히 무력하게 만들었던 사람 중 하나였습니다. 좀 더 자세히 묘사하면 그는 일반적인 강박증이 아닌 자신의 강박 증상을 당연한 것으로 여기는 소위 강박적 인격 장애의 소유자였습니다. 참고로 강박증과 강박적 인격 장애의 차이 중 하나는 스스로 그 증상을 불편하게 여기냐 그렇지 않느냐입니다. 증상을 당연시 여기는 소위 '지배 관념'이 강할수록 예후는 불량한데 불행히도 승재는 여기에 속했습니다. 게다가 약간의 반사회적인 성품까지 가미되어 있었던 터라 가족과 직장에서 왕따를 당하고 있었음에도 불구하고 아랑곳없이 주변 사람들의 원성을 개의치 않았지요.

매스컴에서 간혹 보이는 무자비한 정신 병원의 이미지와는 달리, 강제 입원은 그 어떤 정신건강의학과 의사에게도 매번 버거운 결정을 동반합니다. 승재의 경우 다른 때보다 더 결정이 어려웠는데 그건 모든 의사가 두려워하는 지인이란 선입견 때문이었습니다. 이상하게도 아는 사람이 부탁하는 경우는 잘 치료가 안 되는 묘한 징크스 같은 것이 제게도 있었는데 그것 때문이었는지는 몰라도, 그 이후의 치료가 오리무중으로 빠질 것이란 불길함은 이미 찾아온 VIP 증후군과 함께 저를 벼랑 끝으로 몰고 있었습니다.

강제 입원을 한 뒤, 예상대로 그는 치료에 전혀 협조하지 않았습니다. 오로지 강제 입원당한 것에 대한 분노만 가득 품고 있었습니다. 저를 향해 내두르는 협박이 때론 두렵기도 했지만, 전 그때마다 세상을 향한 미련을 버리는 기회로 삼으며 넘어가야만 했지요. 그래야만 그가 내게 미안해야 할 이유를 미리 내 안에서 차단할 수 있을 것 같았습니다다. 죄책감은 치료를 방해하는 요인이므로 저나 그에게 있어 향후 치료에 득이 될 것이 없기 때문입니다.

어떤 경우에 있어 프로페셔널리즘은 들끓는 욕구에서 불쑥 튀어나온 사생아私生兒일 때가 있습니다. 그 당시 전 필요 이상의 일대일 맞춤식 치료 프로그램을 짜는 등 갖은 열성을 이끌어내기 바빴습니다. 불행히도 전통적 면담 치료는 그 당시 큰 의미가 없었습니다. 일반적으로 치료자를 향한 매서운 피해의식과 자기애로 점철된 강박적 증상은 도파민 및 세로토닌 관련 약물이 먼저 싹 쓸어내고 나서야 비로소 면담이 들어갈 공간이 마음속에 생기기 때문입니다.

매주 수요일만 되면 어김없이 전 굳게 잠긴 보호병동의 철문을 열고 그가 있는 방으로 들어갔습니다. 그곳에서 전 그가 깔끔하게 정리한 물품들을 마구 흩뜨려 놓으면서 하루 일과를 시작했지요. 앞뒤 다 자르고 들으면 인권위원회 같은 곳에서 천인공노天人共怒하며 펄쩍 뛸 일이지만 이 모든 것이 다 그가 누려보지 못했던 더 넓은 인권을 느끼게 하기 위한 '노출 기법'이란 치료의 한 형태였습니다. 하지만 입원한 지 보름이 지나도 그의 강박 증상은 전혀 나아지지 않았습니다. 그는 제가 제시한 치료방침은 따를 생각조차 하지 않았습니다. 오히려 퇴원해야 할 이유만 반복해서 토로하는 바람에 이미 참을 '인'자로 가득한 제 마음만 더 비좁게 만들고 말았습니다.

"당신은 도움 줄려는 사람들에게 상처만 주는 사람이군요."

마치 구애를 거절당한 연인마냥 전 허겁지겁 병실을 빠져나왔습니다. 좌절감과 굴욕감에 휩싸여 화가 나 미칠 것만 같았습니다. 주변에 서 있던 보호사와 간호사의 이야기를 잠깐 빌면 제가 승재를 대할 때마다 유독 평소답지 않게 씩씩댔다고 합니다. 그를 치료하다가는 오히려 제가 화병에 걸릴 것 같은 위기감이 엄습했습니다.

승재의 저주는 진료가 없는 주말에도 계속되었습니다. 무기력증에 빠져 하루 종일 소파에 누워 지내는 신세가 되었으니 '저주'라는 표현 말고는 딱히 다른 단어가 생각나지 않습니다. 그러던 중 제가 더 나빠지면 안 되겠다는 경각심에 평소 절친한 정신건강의학과 의사 H에게 도움의 손길을 청했습니다. H는 이런 나를 불쌍히 여기고는 늦은 시간 평소 잘 가는 막창 집에서 만나주었습니다.

저는 나름 생각한 저주의 뿌리를 털어놓았습니다. 지인에게 자의반 타의반으로 부탁받은 사실이 부담되었다는 점. 하지만 이를 적절히 잘 거절하지 못했다는 점. 그렇게 했던 이유 중 하나는 승재를 잘 치료해서 그를 의뢰한 지인에게 인정받으려 했던 점. 즉 나를 뒤흔들었던 주체가 승재가 아닌 지인이었기에 그에 대한 집착이 더 컸던 건 아니었을까, 또 이런 내 속도 모른 채 승재가 모든 걸 거부하는 바람에 자칫 지인을 실망시킬까 봐 두려웠던 마음은 아니었을까. 어쩌면 내 마음속에선 지인과 나의 관계를 전공의 시절 나와 지도 교수님과의 관계로 느끼는 것은 아닐까 등등. 주구장창 넋두리에 가까운 말을 들은 H는 그날따라 굳은 표정이었습니다. 신중하려는 모습이 역력했습니다.

"다 맞는 말인데…… 좀 더 중요한 게 있는 것 같아."

H가 무거운 입을 열기 시작한 뒤 약 30분이 흘렀을까요. 저는 그의 말을 그저 멍하니 들을 수밖에 없었습니다. H가 주목한 분은 승재도 지인도 아니었습니다. 저주를 푸는 실마리는 저와 가장 가까운 사람, 바로 제 아버지였지요. H는 말했습니다. 승재에게 두려운 마음과 분노를 동시에 느끼는 이유는 어쩌면 그 환자에게서 아버지 같은 느낌을 받고 있기 때문이고, 그러다 보니 마음 안에선 자연스레 승재에게서 사랑받고 싶은 마음, 일종의 의존심이 생기기 마련이라고.

그 말에 전 절로 수긍할 수밖에 없었습니다. 실제로 아버지와 승재는 비슷한 직장, 답답함, 완고함, 고루함 등의 공통분모를 제법 많이 갖고 있었기 때문입니다. 그랬기에 저의 선한 의도가 인정받지 못하고 거부당하는 느낌은 마치 아버지에게서 인정받지 못했을 때 자극되었던 느낌으로 불타올랐던 것입니다. 그에게서 아버지 같은 느낌이 드니까 승재의 가족들 또한 그저 다른 보호자처럼 비슷하게 보일 리 없었지요. 일이 없는 주말조차 승재의 가족들이 눈에 밟히고 걱정이 되었던 이유 또한 이해되는 순간이었습니다. 어쨌거나 남은 소주잔을 마저 비우는 제게 H는 술을 건네며 말했습니다.

"넌 언제나 아버지를 좋아한다고는 해왔지만 실은 답답하고 완고한 아버지를 은밀히 비하하고 있었어. 그런 아버지의 모습을 미워하는 마음조차 두려워서 인정하지 못했었지. 하지만 이젠 그래도 돼. 그건 아버지 전체를 경멸하는 것과는 전혀 별개니까 말이야."

저는 아무 말도 하지 못했습니다. 휘청거리는 제 모습에 아랑곳않고 H는 연이어 말했습니다.

"중요한 건 현실이야.
넌 지금 환자에게서 사랑과 인정을 받으려 하고 있어.
그러니 이제 그만 꿈에서 깨어나 현실을 마주하렴.
현실에서 넌 치료자니까 말이야!"

H는 별일 아니라는 듯 담배 한 개비를 물고선 소소한 자신의 일상을 늘어놓기 시작했습니다. 새로 뽑은 간호조무사가 자기를 좋아한대나 어쨌다나. 하지만 H의 말은 더 이상 귀에 들어오지 않았습니다. 안갯속 가시밭에서 빠져나와 어느새 고요한 숲길을 걷는 것 같은 느낌이 들었습니다. 옆 테이블의 취객들이 마침 싸움이 붙어 식당 안은 소란 그 자체였지만 제 마음만큼은 평온 그 자체였습니다.

돌이켜보면 두려움의 뿌리는 아버지를 감히 강제 입원시켰다는 처벌 불안에서 온 것이었습니다. 그리고 그 당시에 깔려 있었던 분노는 마치 가족 중 누군가에게 운전을 가르쳐주기 위해 조수석에 앉아 있을 때 드는 일종의 짜증 같은 것이었는지도 모릅니다. 아버지에게 느꼈던 답답한 마음이 환자에게 전가되었던 것입니다. 잘해주고 싶었고 동시에 그에게서 인정받고 싶었던 것입니다. 때로는 미울 때도 많았지만 그의 한계를 알고 있었기에 마음 놓고 미워해볼 수도 없었던 아버지. 자정을 훨씬 넘긴 시간에 H와의 '심야 상담'을 마치고 집에 와 침대에 누웠지만 감동이 너무 버거웠는지 쉽사리 잠을 청할 수 없었습니다. 웬일인지 이놈의 눈물까지 멈추지 않아 결국 침대에서 일어나 책상에 앉아 몽유병 환자처럼 뭔가를 끼적이고 있었습니다.

"오늘부터 아버지를 마음껏 미워해보렵니다.
당신을 제대로 사랑하기 위해서!"

나와 상대를 구분하여 인식하는 연습

다시 찾아온 월요일. 저를 협박하고 굴욕감을 안겨주었던 승재를 마음속으로 깊이 용서하고 편하게 마음먹은 날이었습니다. 내심 오늘은 또 어떻게 나올지 두렵기도 했지만 말이죠.

그런데 좀 의아한 일이 벌어졌습니다. 진료실에 들어오는 그의 표정이 예전과는 사뭇 달랐던 것입니다. 멋쩍은 듯했지만 분명 웃으며 들어오고 있었습니다. 어떻게 갑자기 변했을까? 궁금해하던 그 순간 전 우연히 거울에 반사된 제 얼굴을 봤습니다. 그 순간 문득 깨달았습니다. 정작 달라진 건 그가 아니라 그를 맞이하는 내 자신이었습니다.

여느 환자와 똑같은 모습으로 들어와 이런저런 구차한 핑계를 대며 퇴원을 졸라대는 승재. 이제 봤더니 그의 모습은 징징대는 다른 환자들의 그것과 별반 차이가 없었습니다. 한층 편해진 분위기 속에서 전 슬며

시 부인과의 관계를 물어보았습니다. 예상대로 그는 부인에게 많은 원망을 갖고 있었고 그제야 비로소 승재의 내면이 나오기 시작했습니다.

승재가 쉽게 포기할 수 없었던 강박증은 부인을 향한 분노에서 시작되었습니다. 가까운 사람을 통제할 수 없으니 자신을 자학하면서까지 통제력을 확인하고 싶었던 것이었죠. 세상엔 통제할 수 있는 것보다 통제할 수 없는 것이 훨씬 더 많은데 그는 이 사실을 미처 모르고 살아왔던 것입니다.

그날 이후, 그와의 치료 시간엔 강박 증상에 대한 얘기는 찾아볼 수 없었습니다. 그 대신 부인과의 관계에서 느꼈던 감정이 대부분의 시간을 장식했습니다. 증상의 진원지가 되었던 부인에 대한 원망이 조금씩 풀리고 통제력을 향한 비현실적인 집착을 깨달아가면서 치료에 대한 태도 또한 조금씩 달라지기 시작했습니다. 퇴원 후에도 스스로 찾아와 약을 처방받을 경지까지 도달했으니 제가 할 일은 사실상 거의 다 한 셈이었습니다. 요즘은 약이 원체 잘 나오기 때문에 스스로 약을 먹을 수 있을 정도만 되면 거의 모든 것이 '게임 오버'인 시대에 살고 있으니까요.

상대를 있는 그대로 보는 것. 이는 인간관계를 맺을 때마다 항시 떠올려야 하는 명제입니다. 하지만 우린 규정지은 틀에 스스로를 구속하는 본성 탓에 착각과 망상의 늪에 빠지기 쉽습니다. 저 역시 진료를 마치고 이런저런 이유로 혼란스러울 때면 간혹 영화 〈매트릭스〉를 보며 스스로를 달래곤 합니다. 기억에 남는 건 거의 허리 부상을 감수하며 총알을 피하는 네오가 아니라 초능력으로 숟가락을 굽힌 뒤 '굽는 것은 숟가락이 아니라 우리 자신'이란 말을 남긴 동자승입니다. 이 말을 진료실에 적용시켜보면 다음과 같습니다.

일대일 면담을 할 때, 두 명밖에 없는 듯 보이지만 실은 여섯 명이 존재합니다. 현실의 나와 상대, 내 마음속에서 규정짓는 나와 상대, 상대가 그의 마음속에서 규정짓는 나와 상대가 바로 그들입니다. 이 여섯 명 중에서 우린 현존現存하는 나와 상대를 구분하여 제대로 인식하는 연습이 필요합니다. 규정이 구속해놓은 틀에서 벗어나는 것. 그것이야말로 치료가 궁극으로 지향하는 목표입니다.

통제력을 향한 끝없는 갈망

관계

섹스에도 정석이 있다고 생각하는 사람들

강박 성향이 짙은 사람들의 성적 취향은 꽤 독특합니다. 지극히 완벽주의인데다 헌신적인 태도라고는 당최 찾아볼 수 없습니다. 섹스에서도 예외가 아닙니다. 강박 심리의 근간인 '통제력을 향한 끝없는 갈망'이란 꼬리표까지 가세해 어느새 에로틱해야 할 침대는 내가 상대방을 제압할 수 있는지 없는지 확인하는 이종 격투기장으로 전락합니다. 오로지 자신만이 갖고 있어야 할 통제권이 상대방에게 이양되면 어쩌나 하며 전전긍긍합니다.

그렇지만 놀랍게도 이들의 침대 위 플레이가 그리 나쁜 건 아닙니다. 평소 일상 속의 관계에서 보이는 무미건조함에 비해 그나마 잠자리에서는 다행히도 평균 혹은 평균 이상이 된다는 것이 파트너들의 한결같은 반응입니다. 그럴 수밖에 없는 것이 이들은 섹스도 일종의 성취해야 할 태스크task, 다시 말해 잘 숙달해야 할 과제로 여기기 때문입니다. 섹스에 서툴거나 빨리 사정을 해버려 일찍 끝내는 것은, 그들이 그토록 싫어하는 수치심을 안겨줄 뿐 아니라 자기 스스로와 상대방을 통제할 수 없을 것이란 두려움을 가중시키기 때문에, 이들은 감정을 최대한 배제한 채 매우 정형화된 한두 가지 체위만 고집하곤 합니다. 스킨십을 맺는 순서(?)도 매번 항상 똑같습니다. 국민 체조처럼 식순에 의거한 섹스는 지나친 흥분을 자제할 수 있을 뿐 아니라 섹스 시간을 오래 유지할 수 있게 해주기 때문입니다. 하지만 이런 의도는 친밀함을 두텁게 만들기 위함이라기보다 정복과 군림이란 강박적 쾌락을 더 오래 맛보기 위한 취지일 가능성이 높습니다.

　이런 성향은 여성이라고 예외를 두지 않습니다. 강박적인 여성 중 일부는 오르가즘을 못 느끼는 불감증을 앓고 있습니다. 흥분을 느끼는 것에 대해 서툴 뿐 아니라 성을 느끼는 자체가 금기라는 인식이 뿌리 깊이 박혀 있기 때문입니다. 게다가 이들은 남성과 동시에 절정에 달아오르길 원합니다. 그것이 그녀들이 배운 섹스의 정석이기 때문이죠. 절정에 올라가는 것 자체가 힘들 뿐 아니라 그것을 남자 파트너와 동시에 느껴야 한다는 정확함에 시달리는 통에, 그녀들 역시 섹스가 그리 수월하진 못합니다. 제아무리 타이밍(?)을 잘 조절할 수 있는 남자를 만난다 할지라도 완벽하리만치 동시에 절정으로 치닫기는 불가능할 뿐 아니라 매번 그럴 수도 없는 노릇이니까요.

강박적인 분들의 스킨십이 꽤 정형화되어 있는 이유 중 하나는 부적절함에 민감하기 때문이기도 합니다. 통상적인 부위가 아니라 다소 엉뚱하다고 여겨지는 부위에서 성감을 느낄 때, 이들은 속으로 자신이 변태가 아닌가 하며 뭔가 잘못되었다는 느낌을 받습니다. 사실 의학적으로 보면 정해진 성감대라는 게 딱히 없는데도 말이죠. 절대 다수가 취하는 체위만 표준이라고 생각하다 보니 보편적인 스킨십밖에 할 수가 없고, 정작 표준 체위에서조차 만족을 느끼지 못하면 절망적인 패배감만이 이들을 맞이하게 됩니다. 지겹지만 주구장창 같은 부위만 계속 공략(?)하려 드는 것도 바로 이 때문이죠.

예능 프로그램 〈남자의 자격〉이란 제목처럼 강박적 완벽주의에 사로잡힌 남자는 사회 통념상 누가 봐도 타당한(?) 방법으로만 사랑을 나누려 듭니다. 여성의 경우도 자신의 느낌이나 만족은 뒤로한 채 통념상 음란하지 않다고 판단되는 범위 내에서만 육체적 사랑을 끼워 맞추려 듭니다. 이러다 보니 만약 둘 다 이런 성향이 있으면 서로가 지겨워지는 건 당연한 결과겠지요. 하지만 둘 다 벙어리 냉가슴 앓듯 말 한 마디 못하며 어제와 같은 오늘로 마무리합니다. 이들이 술을 자주 마시는 이유 중 하나도 술이 이런 강박에서 벗어날 수 있는 윤활제가 되기 때문입니다.

규칙이 많을수록 자유는 오히려 제한되는 법인데 이는 침대 위에서도 고스란히 적용됩니다. 변태같이 되지 않으려고 정해놓은 틀 안에서만 스킨십을 가지려 했던 것이 만족스럽지 못하고 권태로운 일상의 반복으로 환원된 것이죠. 그것뿐이 아닙니다. 역설적이게도 그런 모습이야말로 그토록 그들이 혐오해온 변태, 도착倒着에 가까워지는 지름길입니다. 날이 갈수록 도착 아닌 도착 행위는 계속 이어지고 제한된 틀 한에서 상대를 만족시키려다 보니 불안이 배가되어 남성의 경우 결국 조루로 이어집니다. 여성의 경우 불안과 긴장은 오르가즘을 방해하지만 남성의 경우 통제력을 잃을지 모른다는 두려움이 오히려 교감신경을 자극해 사정을 촉진시키는 불상사를 유발하기 때문입니다.

이런 악순환이 반복되면 남자의 경우 '마돈나 푸타나 증후군Madonna-Putana Syndrome'이라 해서 발기부전이나 조루로 고생하던 남자가 자신이 중요하게 여기지 않는 사람과의 섹스는 오히려 더 잘될 수가 있습니다. 파트너가 그저 엔조이의 대상일 경우 성관계의 처음과 마지막을 통제하려는 압박감이 줄어들면서 억눌려 있던 성적 흥분이 도리어 올라가기 때문입니다.

테크닉을 향한 비현실적인 기대와 요구는 점점 무대 공포증과 유사한 불안만 안겨주고 각자의 기준에 완벽하지 못한 섹스는 결국 서로에게 좌절과 패배감만 남깁니다. 특히나 여성의 경우 여성 특유의 신체구조가 한몫합니다. 중요한 그 부위가 자신조차 볼 수 없는 사각지대에 놓여 있다는 사실은 여성들에게 꽤 스트레스로 작용합니다. 불확실한 것을 싫어하고 부끄러운 상황이 연출될까 미리 걱정하는 강박증 특유의 성향 때문입니다. 행여나 자신의 신체 부위가 사랑하는 남자에게 이상하게 보이진 않을까 하는 부적절한 두려움에서 좀처럼 벗어나지 못합니다. 그래서 전 성 관계 자체를 마다하는 분들에게 이런 조언을 드립니다.

'불확실한 신체 일부가 노출될 위험을 감수하지 않고서는 사랑을 나눌 순 없다!'

성 관계를 맺는 자신의 모습 전체를 아예 머리에서 지우라고 말이죠. 대신 마치 손을 잡거나 키스를 하는 것처럼 순간순간의 설렘과 안락감을 느끼라는 조언도 함께 드립니다. 그러면 어느 정도 마음 편히 사랑을 느낄 수 있습니다.

불감증을 앓는 여성들의 상당수는 불안, 특히 섹스 중에 통제할 수 없는 상황 또한 두려움의 대상입니다. 그래서 강박적인 여성들은 섹스가 끝난 뒤에야 비로소 만족이 아닌 안도의 한숨을 쉽니다. 그제야 진짜 황홀경을 맛볼 수 있는 셈인데 매번 버스 지나고 손 흔드는 격이니 남편과 속궁합이 맞질 않다며 불평을 늘어놓기도 합니다. 적어도 이런 분들에겐 술김에 관계를 가졌다는 말이 어느 정도 타당합니다.

수많은 남자들은 〈개그 콘서트〉의 남하(남자는 하늘이다)당 식의 사고방식으로 똘똘 뭉쳐진 채 남성이 모든 걸 리드해야 한다는 강박에 사로잡혀 있습니다. 굳이 스킨십의 목표가 있다면 그건 서로의 '즐거움'이지 순서나 원칙이 아닌데도 말이죠. 더군다나 통제권이 남자에게 있다는 암묵적 합의가 이뤄졌다면 상황은 최악으로 치닫게 됩니다. 예컨대 그들에게 '여성 상위'란 당최 하늘이 두 쪽 나도 있을 수 없는 일입니다. 영화 〈색. 계.〉에서 본 장면 중 일부를 시도해볼까 치면 양쪽 모두 얼굴을 붉힙니다.

그래서 이들의 끓어오르는 성적 판타지는 언제나 억압된 채 아쉽게도 '바른 생활'만 답습하게 됩니다. 남자는 하늘이요 여자는 땅이어야 한다는 지배 관념과 아울러 일탈과 실험정신은 위험스런 것으로 간주하는 탓에, 연인 간에 마땅히 즐겨야 할 스킨십은 항상 숙제로 남습니다. 언뜻 이들은 꽤 차도남처럼 보이면서 마치 성性을 싫어하는 것처럼 보이지만 실은 상대방에게 거부당해서 자칫 모멸감을 느낄지도 모른다는 두려움으로 똘똘 뭉쳐져 있습니다. 그러다 보니 섣불리 위험한 고난이도(?)의 테크닉은 가급적 배제한 채 스탠더드하며 꽤 클래식한 양식만 고수하는 것입니다.

그러면서 사랑이란 호수가 있다면 마치 한쪽 발만 살짝 담근 채 빠질랑 말랑 반쪽짜리 헌신을 내줍니다. 마음이 다치지 않기 위해서입니다. 심지어 어떤 경우는 '그날'을 미리 정해놓는 분도 계십니다. 상대에게 거절당했을 때 느낄지도 모를 위험천만한 민망함을 미연에 방지하기 위함입니다. 다른 커플이 하는 대로 다 하는 것 같은데도 뭔가 밋밋하다는 느낌을 지울 수 없다면 육체관계가 너무 작위적이진 않은지 점검해봐야 합니다. 스킨십을 비롯한 대부분의 육체적 관계는 열정에서 즉흥적으로 우러나오다시피 해야 하거늘, 이들은 자칫 자존심에 생채기가 날까 노심초사하며 상처를 피하는 데 에너지를 쏟아 붓기 바쁩니다.

언젠가 연애로 총체적 난국에 빠져 있는 여성들을 도와주는 케이블 프로그램에서 전 이런 말을 한 적이 있습니다. "키스해도 되냐?"라고 물어보는 남자가 실은 나쁜 남자라고 말이죠. 남자의 이런 말은 얼핏 예의와 매너 그리고 배려에서 나온 듯 보이지만, 실은 자신이 거절당하는 상황이 너무나도 싫은 나머지 선택권을 주는 척하며 민망한 상황을 상대에게 임시로 떠넘기려는 의도가 묻어 있습니다.

사실 남녀 할 것 없이 강박은 상대로 하여금 미안한 감정을 부추기는 묘한 재주가 있습니다. 안면몰수하고 노골적으로 다가가야 마지못해 해준다는 식이니 스킨십을 제안하는 쪽은 잘못한 것도 없는데 뭔가 죄지은 것 같고 구걸한다는 모멸감까지 들게 만듭니다. 이는 강박적인 성향이 짙은 사람들에게 내재된 스킨십에 관한 공식, '누가 먼저 스킨십을 제안하느냐 = 누가 먼저 굴복하느냐'가 뿌리 깊이 박혀 있기 때문입니다. 거절에 대한 두려움, 더 정확히 표현한다면 모멸감에 대한 두려움으로 인해 이들은 상대방에게 좀처럼 먼저 다가가지 못하는 것입니다.

모든 관계에 경제 원칙을 적용하다

연극 〈이수일과 심순애〉에 등장하는 김중배의 다이아몬드에서부터 드라마 〈가을 동화〉의 원빈까지. 강박적인 분들이 공통적으로 믿는 신념 중 하나는 바로 '세상에 공짜는 없다'입니다. 그래서인지 이들은 정작 애정보다 물질을 중시 여깁니다. 정작 상대는 순간순간 진정 어린 애정만을 바랄 뿐인데도 말이죠.

힘들게 공들인 만큼 돌아올 사랑 또한 정비례할 것이라는, 있지도 않는 경제 원칙을 애정 관계에 적용시키기 때문에 강박적 성향의 사람들은 불만 가득한 연애 관계를 근근이 유지하곤 합니다. 그런데 문제는 자신만의 경제 원칙을 무고한 상대방에게도 덮어씌운다는 사실입니다.

상대방의 애정 어린 무조건적인 사랑에서 나온 행동 일거수일투족조차 뭔가 조건적인 배경, 특히 물질적인 요구가 깔려 있을 것이라 의심합니다. 순수한 동기 역시 자신을 통제하려는 수단으로 오해합니다. 무조건적인 헌신은 이들에겐 낯설기 때문에 자칫 오해의 소지만 증폭시키는 악의 씨로 번질 수 있습니다. 그래서인지 어김없이 오늘도 대기실엔 잿빛 가득한 얼굴을 한 주부님과 영문도 모르고 같이 따라온 남편의 조합으로 가득 차 있습니다.

착취적 궁합, 결혼 관계

저를 찾아오시는 주부님들 중 대부분은 거의 모두 남편에 대한 불만으로 가득 차 있습니다. 앞뒤 꽉 막혀 있고 도무지 말이 통하지 않는 자태에 화가 머리끝까지 치밀어 오른다는 것까지 상담 내용은 거의 같습니다.

그 말을 듣고 대체 어떤 분일까 궁금해하며 남편을 만나 뵈면, 거의 열에 아홉은 강박적인 성격의 소유자입니다. 실은 이들이 그럴 수밖에 없는 이유가 있습니다. 강박적인 성향의 분들에게 있어 결혼이란 언제나 법적인 관계이면서 동시에 인간적인 관계라는 애매모호한 이중 결합의 딜레마이기 때문입니다. 그러다 보니 결혼 전엔 단순히 착하고 수더분하다고 여겨졌던 그들이 결혼하고 나서는 '법적인 관계를 맺었으니 내게 행복할 권리를 존중하고 보장해달라'는 식의 메시지를 돌연 던지기 시작합니다. 연애 시절 마냥 착하기만 했던 그가 결혼식장을 나오는 순간부터 달라지는 것입니다. 주례사가 권리장전權利章典이었던 것마냥 사랑하는 그녀를 향해 따뜻한 애정보다 냉철한 권리를 따지기 시작합니다. 법적인 차가운 관계를 원하는 심리가 동시에 작동하기 시작하면서 이들은 신혼여행부터 삐거덕거립니다. 이런 성향은 결혼생활이 길어지면서 심화되어 배우자와의 불화가 발생하기 일쑤입니다. 하지만 이상하리만치 이혼은 쉽게 하지 못하는데 그 이유는 실수를 잘 인정하지 못하는 강박 특유의 성향 때문입니다. 게다가 감정을 격리하는 성향으로 인해 화가 나면 그 화를 상대방에게 표현하거나 스스로를 잘 달래는 대신 그저 수전노처럼 꾸역꾸역 모아놓기만 바쁩니다. 그러다가 결국엔 마치 댐에서 물이 터지듯 엄청난 압력 하에 있던 감정이란 물줄기가 터져 나옵니다.

하지만 강박적인 사람은 이미 소싯적에 이런 실수를 몇 번 해봤기 때문에 결혼할 정도의 나이가 차면 유치하게 끌어 모아서 대놓고 화를 내진 않습니다. 그 대신 화를 품었다는 사실만으로도 이미 부끄러워진 나머지 상대방에게 들킬까 봐 오히려 그 분노의 에너지에 절댓값 기호를 씌운 것처럼 어색한 천진난만함으로 알량하게 일관하면서 화난 상대에게 실실 웃거나 데면데면하게 반응합니다. 이런 애매모호한 태도는 이미 열 받을 대로 받은 상대방을 더 화나게 만들뿐 아니라, 스스로를 간신배처럼 굴욕적으로 만드는 자기 자신에게도 화가 나게 만듭니다. 그러다 보니 내면의 분노는 갈수록 더 커집니다. 상대를 통제해도 모자랄 판에 자신이 상대방에게 통제당하고 있다는 사실이 싫으면서도, 처음부터 잘못된 분노 처리 방식을 택해 이들은 이러지도 못하고 저러지도 못하며 지내는 것입니다.

  그렇다면 강박적인 성향이 짙은 사람끼리 만나서 결혼하면 그 이후의 결혼생활은 어떨까요. 남녀 관계는 주로 반대 성향이 끌린다는 옛말도 있지만 강박적인 성향의 소유자에게만큼은 유독 예외로 작용합니다. 다시 말해 상대의 고리타분함과 우유부단함에 진절머리를 내고 무릎을 치며 결혼을 망설이거나 후회하고 있다면, 당사자 역시 이런 성향을 가지고 있을 가능성이 농후합니다. 양쪽 다 불확실한 미래를 두려워하다 보니 결혼에 골인하는 과정부터 이미 주저하고 망설이기를 반복하는 통에 수많은 연기와 취소를 거듭하는 것이죠. 결혼이란 것 자체가 원체 헷갈릴 수 있는 잣대가 많습니다. 그래서 헷갈려 하는 그 시간 동안만큼은 어떠한 결정도 하지 않을 수 있으니 변화될 우려가 없어 안전하기 때문입니다.

  이들의 결혼생활은 거의 대부분 불행과 행복을 넘나들지만 '가늘고 길게' 살아간다는 것이 제가 내린 결론입니다. 앞서 말했듯 둘 모두에게 있어 이혼이란 또 다른 삶을 선택할 수 있는 기회가 아니라 '절대 있어서는 안 되는 실패'로 간주되기 때문입니다. 겉으로는 잉꼬부부처럼 행복하게 잘 사는 듯 보이지만 실은 결혼 초반에 이미 보이지 않는 기선 제압과 그에 따른 양자 간의 타협이 있었을 가능성이 농후합니다. 강박 성향은 인간관계 양상을 '군림하느냐 그렇지 않으면 굴복하느냐' 중 어느 하나로 귀결되게 만드는 편인데, 결혼 또한 그 원칙에서 예외가 될 수 없기 때문입니다. 그래서 이들의 결혼은 기선 제압으로 오랫동안 얼룩지기보다는 예상보다 일찍 정리되는 편입니다. 어느 한쪽이 상대방에게 지나친 요구를 하지 않거나 상대의 요구에 너무 불쾌해 하지만 않는다면 그나마 '법적인 유지'는 가능한 셈입니다.

그럼 강박적인 성향의 사람과 화려한 감성의 소유자와의 결혼은 어떨까요. 실제로 임상에서는 이런 조합의 커플과 부부를 꽤 많이 접합니다. 즉흥적이고 적극적이며 자유로이 감정을 표현하는 이른바 히스테리성 인격 성향의 여러 가지 면모는 강박적인 성향이 강한 사람에게 꽤 매력 포인트로 다가가기 때문이죠. 히스테리성 성격의 소유자 또한 강박적인 성향의 소유자가 내뿜는 진중함과 신중함 그리고 얼핏 보았을 때 사려 깊게 보이는 향취에 끌립니다. 이는 자신의 즉흥성을 메워 정신의 균형을 꾀하려는 보이지 않는 마음의 힘 때문입니다. 서로 적당히 강박적이고 적당히 감정적이면 이 궁합은 지극히 상생적입니다. 다소 원리 원칙적이며 고리타분하게 보이는 남자의 부인이 의외로 화려한 색깔의 소유자인 것도 바로 이 같은 이유입니다.

허나 강박적인 성향의 경직되고 비판적인 잣대가 인내의 한계를 넘어서면 즉흥적이고 감성적인 상대방은 잔인하게 공격당하기 시작합니다. 이를 잘 보여주는 단면 중 하나가 다름 아닌 의처·의부증입니다. 배우자를 향한 이들의 의심은 단지 전통적인 정신분석에서 바라보는 금기禁忌의 투사投射, 다시 말해 내가 바람피우고 싶은 소망을 받아들이지 못해 상대방에게 전가시켜 단정짓는 심리만으로는 잘 설명되지 않습니다. 어쩌면 원인 모를 분노의 까닭을 그저 상대방에게서 찾으려는 태도가 그 이유인지도 모릅니다. 그 증거 중 하나로 이들의 의처·의부 증상은 거의 '상대가 언제나 내 맘대로 따라주지 않는다'는 사실을 직면하면서 발생한다는 점입니다. 여기서 사랑을 잃어버릴 것 같은 두려움이나 배신감 등의 지극히 인간적인 감정은 좀처럼 찾아보기 힘듭니다. 이는 분노의 본질이 상대방이 아니라 상대를 시시각각 통제할 수 없다는 나의 무기력함에서 비롯되었기 때문이죠.

그 결과 이들의 결혼생활은 금이 갑니다. 무미건조하고 원리 원칙적인 자신에게 활력을 불어넣었던 상대방의 면모들이, 죄다 피상적이고 가볍다며 업신여겨지고 폄하되는 순간들을 기점으로, 상대방은 자신이 왜 사랑받지 못하는지 알지 못해 괴로워합니다.

그러나 놀랍게도 이 둘은 정작 쉽게 떨어지지 못합니다. 강박적인 성향의 소유자는 자신의 경직된 사고와 태도를 의심 하나 없이 죄다 옳다고 들이대며 비난할 수 있는 쓰레기통과 같은 존재를 옆에 두어야 마음이 편하고, 상대방 또한 평소 충동적이고 불안정하게 여겼던 자신의 모습을 나무라고 책망하며 고통을 안겨주는 상대가 옆에 있어야 비로소 마음이 편해지기 때문입니다. 이때부터 이 커플은 더 이상 상생적 궁합을 유지할 수 없습니다. 오로지 비난과 착취 그리고 파괴로 점철된 착취적 궁합만이 그들의 결혼을 이어가게 됩니다.

서열이 중심인 직장 관계

강박적인 성향을 가진 분들이 갖고 있는 인간관계 도식의 대부분은 '군림하느냐 아니면 굴복하느냐'로 귀결됩니다. 거의 모든 인간관계를 상하 수직적인 서열관계로 정리하기 때문에 초면에는 90도에 가까운 인사로 맞이하여 예의 바르다는 인상을 줍니다. 하지만 시간이 지나면서 특정 집단에서 우세한 서열 기준을 나름 뽑아놓고 그 기준에 따라 사람들을 대하는 태도를 달리합니다. 비록 획일화할 수는 없지만, 이들은 군대처럼 계급이나 서열 구분이 확실한 직장을 선호하는 경향이 있습니다. 윗사람에겐 거의 기다시피 아부하면서도 아래 직급의 사람에게는 인간의 존엄성마저 짓밟는 무자비한 태도로 일관하는 성격 유형의 대부분을 차지한다고 해도 과언이 아닐 것입니다.

순서를 향한 집착과 서열을 중시하는 성향을 잘 희화한 대표적인 경우가 바로 개그 콘서트의 인기 코너 〈비상대책위원회〉입니다. 10분 내에 100억을 송금하지 않으면 당장 건물을 폭파시키겠다는 테러리스트의 협박에 본부장 역할을 맡은 개그맨 김원효는 난색을 표하며 다음과 같이 얘기합니다.

100억 인출하려면 은행 가야지.
은행 가서 번호표 뽑아야지.
기다리다가 잡지 모델에 눈이 팔려
자기 차례 잊어버리지.
다시 번호표 뽑아 기다려야지.
여러 가지 서류 떼 오라 하지.
언제 10분 안에 다 끝낸단 말이냐.

저런 직장 상사들은 우리 주변에서도 쉽게 확인할 수 있습니다. 책임지기 싫어하는 점뿐 아니라 절박한 심정으로 테러 브리핑을 했는데 고작 돌아오는 건 군림하는 태도로 윽박지르기만 하고 그러면서도 대통령이 등장하면 언제 그랬냐는 듯 이른바 '굽신 모드'로 돌변하는 이들. 인간관계조차 자신만의 서열을 정해놓고 지내던 영업 사원 지훈 씨의 사례가 이들이 갖는 고충의 전형적인 예가 되겠습니다.

어느 외국계 기업 마케팅 부서에서 근무하던 그는 직속상관인 부장 때문에 직장생활이 힘들다고 고백했습니다. 그 부장은 평소엔 참 다정다감하다가도 정기적으로 급하게 돌변, 주변 분들을 꽤 당혹하게 만들었습니다. 아랫사람들은 그분의 상태를 마치 날씨 체크하듯 미리 파악한 뒤 만날 정도로 감정 기복 또한 매우 심한 분이었죠. 평소 꼼꼼했던 지훈은 철저히 준비하느라 하루 늦게 보고서를 제출하였는데 이것이 지훈에게 커다란 화근이 될 줄은 꿈에도 몰랐습니다. 실수에 비해 지나칠 정도로 욕에 가까운 야단을 받은 후 부장님에 대한 공포가 생길 정도로 부장은 너무나 심하게 오랫동안 지훈을 괴롭혔습니다. 평소 부장은 시간에 굉장히 철두철미했으며 보고서 작성 시 그가 정한 양식이 아니면 내용이 아무리 좋더라도 지훈 씨를 비롯한 대부분의 사원들에게 폭풍같이 화를 내곤 했습니다. 그런데 정말 황당한 건 이런 면모를 자신의 윗분들에게는 완전히 숨긴 채 여우처럼 굽실댄다는 점이었죠. 이런 모습은 지훈 씨를 더욱더 분노하게 만들었습니다.

위에서 언급한 지훈과 부장은 꼼꼼하다는 공통점이 있습니다. 실제로 강박적인 분들끼리 일을 하면 스트레스가 훨씬 큽니다. 서열 중심의 관계를 암묵적으로 동의해 이들의 가학-피학 관계가 점차 강화되기 때문이죠. 그리고 이들이 가장 두려워하는 건 굴욕감입니다.

인간관계에서 느껴지는 지독한 서열의식도 바로 이 지점에서 출발합니다. 이들은 윗사람에게 대하는 태도와 아랫사람에게 대하는 태도가 다릅니다. 윗사람, 아랫사람의 구분은 이분들의 시선으로 서술하자면 그렇다는 말입니다. 누구나 한 번쯤 경험했겠지만 방금 전만 해도 윗사람에게 선량한 얼굴로 대하던 상사가 나를 대할 때는 180도로 얼굴이 바뀌는 경우가 이에 해당합니다.

언제나 마냥 해맑고 착하기만 한 분들 역시 일부에선 강박 성향이 의심되기도 합니다. 지훈과 같은 이들 역시 마른하늘에 날벼락 맞듯 상사에게 야단을 맞아 굴욕감을 느끼는 상황이 두려운 나머지, 도덕적 기준이란 배수의 진을 높게 쌓아 올림으로써, 마치 자신이 처음부터 깍듯이 예의 바르고 공손하게 행동하려 했던 양 합니다. 그러나 언제나 착한 얼굴의 이면엔 일종의 자기기만적인 요소가 담겨 있습니다.

그런데 이와 같은 방어적인 도덕적 기준엔 가시가 달려 있습니다. 도덕적 기준을 지나치게 높여버리는 바람에 수동적으로 느낄지 모를 굴욕감을 피하는 것까진 좋았으나, 굽실거리지 않아야 할 상황도 미리 굽실거리며 이미 목표액을 초과달성하고 있음에도 불구하고 상사나 보스에게 더 잘하지 못해 부끄러워하고 미안해하는 등 이른바 '심리적 자해'를 하는 것입니다. 이들이 상사에게 항상 낮은 자세로 일관한다 해서 진실한 존경심을 기대하면 안 됩니다. 그저 상사로 하여금,

"이토록 제가 알아서 기고 있으니 제발 건드리지 말아주세요."

라는 메시지를 전달하는 것뿐입니다. 알아서 길지언정 누가 시켜서 기지는 않겠다는 나름 단호한 의지를 간접적으로 표명하는 것이죠.

아랫사람에게 보이는 권위적이고 잔인한 태도는 약간 다른 차원의 설명이 필요합니다. 불필요할 정도로 아랫사람들을 차갑게 대함으로써 그들은 자신이 그토록 두려워했던 내면의 가해자를 비로소 정복했다는 안도감을 얻게 됩니다. 사실 그분들은 부하 직원들이 몰래 내 등 뒤에서 틈틈이 욕을 한다는 사실을 잘 알고 있습니다. 믿기 힘드시겠지만 이들은 오히려 부하 직원들이 자신을 욕해주길 무의식적으로 바라고 있습니다. 강박 현상과 늘 함께 가는 원칙 중 하나가 바로 '죄와 벌'의 논리입니다. 가식적인 행동을 하면 응당 그에 맞는 비난을 받아야 한다고 생각하는 것이 바로 그것이죠. 이왕 욕을 얻어먹을 요량이면 윗사람보다 아랫사람에게 얻어먹는 것이 그나마 안전하다고 여기기 때문에 상기에 언급했던 행동 양식들은 점차 더 굳어지게 됩니다.

강박적인 사람들은 자기 자신이든 상대방이든 간에 내 손아귀에 있어야 편하다는 느낌을 갖습니다. 인간관계가 힘든 이유도 바로 이런 연유 때문이죠. 인간관계는 모름지기 논리와 논리의 만남이 아닌 감정과 감정의 만남입니다. 완벽할 수도, 결코 통제될 수도 없습니다. 허나 그럼에도 불구하고 이들은 관계마저도 완벽하게 통제하길 바랍니다. 그래야만 마음이 편해지기 때문이죠.

그런데 이런 미션을 애당초 불가능하게 만드는 또 다른 인간의 본성이 있었으니 그건 바로 의존심입니다. 의존심은 나의 존재 전체를 다른 사람을 통해 확인받고 싶은 욕구입니다. 정도의 차이는 있더라도 사람이라면 누구나 가지고 있는 지극히 정상적인 감정입니다. 하지만 강박적인 성향을 가진 분들은 좀처럼 남에게 신세지는 법이 없습니다. 또 다음과 같은 사실을 인정하길 꺼려합니다.

누군가를 의존한다는 것 = 스스로를 통제할 수 없다는 굴욕스런 사실을 인정하는 것

이란 공식이 내재되어 있기 때문입니다. 어느 정도의 독립심과 선을 넘지 않는 의존심이 서로 맞물리며 잘 돌아갈 때에 비로소 우린 건강한 인간관계를 잘 맺을 수 있습니다. 실제로 다른 사람들에게 도움을 잘 청하지 않는 분들 중 일부는 그러한 행동이 고매하고 성숙한 인격에서 우러나왔다기보다는 의존심에 대한 두려움에서 나왔을 경우가 높습니다. 그 결과 의존심을 부정하려 들고 도리어 상대방을 의존적이라고 힐난하는 수가 많습니다. 그러면서 동시에 자신의 의존적인 모습은 애써 감추며 합리화하기 바쁜데, 그 이유는 바로 자신 내면에 '의존심이 있다'는 사실을 앞에서 살펴본 '완벽하지 못하다'고 받아들이기 때문입니다.

감정을 격리하는 사람들이 집착하는 것

돈과 예의

소유에 몰입하는 사회

십여 년 전 부산 국제 영화제에서 본 영화 중 〈머니 토크〉란 영화가 특히 기억에 남습니다. '돈이 있다면 거래를 하자. 대신 없으면 총알 나간다'는 살벌한 은어인 'Money talks, Bullshit walks'에서 유래된 제목처럼, 영화에 나온 등장인물들은 하나같이 다이아몬드를 찾기 위해 모든 걸 마다하며 쫓고 쫓기는 사투를 벌였지요. 십여 년이 지난 뒤 개봉한 영화 〈사랑보다 황금〉도 마찬가지였습니다. 원제는 〈Fool's Gold〉, 쫓는 대상이 다이아몬드에서 황금으로 바뀌었을 뿐, 황금 만능주의에 빠진 사람들을 바보처럼 묘사한 건 비슷합니다. 아마도 돈이 중요하긴 해도 반드시 행복으로 가는 지름길은 아니라는 뜻이겠지요.

실은 프로이드 또한 비슷한 생각을 갖고 있었습니다. 그는 돈과 황금을 각각 똥과 쓰레기를 상징한다고 보았습니다. 그의 말대로 우린 누구나 자신이 싼 똥에 집착하는 시기를 거쳤습니다. 이른바 항문기라고 하는 시기가 바로 그때입니다. 만 2~3세 때 우린, 엄마가 지정해준 장소에만 변을 보고, 그렇지 않은 공간에선 변을 꾹 참고 배 안에 품어야 했습니다. 그렇게 자신을 통제했을 때 비로소 성취감에 가까운 쾌락을 느낄 수 있었습니다. 그래서 이 시기에 고착된 사람들은 물질적 자산을 소유하고 아끼는 데만 온 힘을 다하고, 그 노력이 결실을 맺었을 때에야 비로소 만족을 느끼는 것입니다.

항문기 성격이라 일컫는 이른바 강박 성향은 이렇게 탄생이 됩니다. 지나치게 원리 원칙적이고 고리타분하며 인색하기 그지없는 성격의 본질이기도 하죠. 물질 만능주의와 경제 원칙을 중시하는 현대 사회는 그래서 지극히 항문기적이라 할 수 있으며, 이는 곧 미성숙하며 다분히 신경증적인 사회라는 것을 의미합니다. 그래서 프로이드의 말을 빌려,

소유에 몰입하는 사회는 병든 사회

라고 추론한 심리학자 에리히 프롬의 말은 지극히 타당합니다.

저 역시 죽어라고 경제 원칙에만 따라 사는 사람들을 안타깝게 생각하는 편입니다. 물론 하루하루의 생계가 어렵고 위태한 분들은 예외입니다. 남이 봤을 때 꽤 넉넉하지만 오히려 더 악착같이 돈에 집착하고, 거지 근성이야말로 우리가 가져야 할 최우선의 덕목이라고 주장하시

는 분들을 두고 한 말입니다. 따지고 보면 우리 대부분은 몇 번의 큰 소비를 제외하고는 통장의 잔고와 큰 상관없이 살아갑니다. 물론 약간의 차이는 있겠지만 통장에 돈이 아무리 많아져도 칼국수와 된장찌개를 즐겨 드시던 분이 푸아그라를 즐겨 드시진 않습니다. 돈을 쓰는 범위는 조금씩 달라질 수 있더라도 우리의 취향은 돈에 따라 잘 바뀌지 않는다는 말입니다.

그럼에도 불구하고 우린 마치 잔고가 삶에 매우 큰 영향을 미치는 것처럼 착각하며 살아가곤 합니다. 물론 다 그런 건 아니겠지만 돈에 집착할 때의 우리를 잘 살펴보면 크게 세 가지 유형으로 나뉘는데, 비참한 노후를 맞이할지도 모른다는 걱정이 바로 그 강박의 실체로 작용할 때가 바로 그 첫 번째 경우입니다. 걱정은 언제나 마음을 궁핍하게 만들 뿐 아니라 오늘을 희생하고 내일에 집착하게 만드는 가장 흔한 이유가 되기 때문입니다. 그리고 두 번째로 돈이 그리 궁하지 않음에도 불구하고 그렇게 살지 않으면 바보라는 소리를 들을까 봐 할 수 없이 경제 논리를 신봉하며 살아가는 이들 역시 상당수를 차지합니다. 이런 분들은 물질적으로 부유富裕하지만 진정한 자신을 찾지 못해 방황한다는 점에서 마음 역시 부유浮遊한 편입니다.

마지막 유형은 행복 원칙이란 것도 있다는 걸 아직 발견하지 못한 분들입니다. 이분들은 '얌체'라는 말을 들을 때 화를 내기보다는 오히려 쾌감을 느낍니다. 경제 원칙에 부응해서 잘살고 있다는 데에서만 유독 안정감을 얻기 때문이죠.

이처럼 물질을 착취하는 데 있어서만큼은 유난히 절박한 이들의 경제 행태를 혹자는 '꼽사리'라고 부르기도 합니다.

얌체 혹은 꼽사리끼고 싶은 마음은 사실 어느 정도는 우리 누구에게나 존재하는 의존심의 한 형태입니다. 늘 강조해서 말하는 것이지만 모든 문제의 발단은 정도의 차이에서 비롯되는데, 얌체 심리가 발동하는 가장 큰 이유는 바로 돈과 지위가 그 사람의 심리를 안정시켜주기 때문입니다. 그래서 사랑이 밥 먹여주냐는 질문이야말로 얌체족들이 가장 선호하는 화두입니다. 그러면서도 막상 공공장소에서 돈 이야기를 꺼내면 이들은 꽤 불편해하며 조용한 곳에서 얘기하자고 제안합니다.

강박 성향이 짙은 사람들에게 있어 돈은 자존심의 토대이자 전부일 때가 많습니다. 어떤 여성들은 사랑을 얘기할 때는 별로 감흥이 없으면서도 물질에는 유달리 인색한 남성을 결혼 상대자로 꼽는 경향이 있습니다. 사랑에 흔들리지 않으니 바람피우지 않을 것 같고 물질에는 인색하니 함부로 돈을 쓰지 않고 알뜰하게 잘살 것 같은 믿음을 주기 때문입니다.

어떤 여성들은 히스테릭하고 충동적인 남성은 연애 상대로는 삼을 수 있어도 결혼 상대로 생각지는 않습니다. 감정에 충실한 남자는 여성과 자주 싸우고 잘 헤어집니다. 그 결과 예의 바른 남성은 그녀들에게 묘한 매력을 안겨줍니다. 강박 성향이 강하면 강할수록 그에 수반되는 페로몬 또한 많이 분출되는데 그 페로몬의 이름은 바로 '호기심'입니다. 호기심을 불러일으키는 태도는 강박적인 사람들의 일반적인 특징 중 하나입니다. 정작 뚜껑을 열어보면 안에 별것이 없는데도 이들은 마치 뭔가 큰 것을 숨기는 것 같은 느낌을 줍니다. 그래서 목석같은 이들의 태도는 감정적으로 다투는데 지친 여성들이 잠시 쉬어갈 만한 오아시스가 되어줍니다.

그런데 이런 믿음은 이내 실망으로 바뀌기 십상입니다. 어떤 부인들은 화병을 앓으면서 진료실을 두드리기도 합니다. 위에서 말한 바와 같이 돈에 집착하는 이들에게 있어 돈은 옵션이 아니라 삶의 필수적인 전부이기 때문입니다. 게다가 감정을 격리시켜 생활하는 탓에 공감적인 소통 역시 잘 되지 않습니다. 여기에다 부인을 향한 피해의식까지 겹치면 최악입니다. 그래서 결국 사랑은커녕 돈 한번 제대로 받지 못한 채, 남편의 돈을 친정에 몰래 빼돌리기나 하는 못된 아내로까지 의심받는 수가 허다합니다.

감정을 격리하는 사람들

다음은 어느 공기업 간부인 김 과장이 어떤 사람을 만날 때마다 취하는 태도입니다.

웃는 표정을 만든다.
악수를 건넨다.
하.하.하. 를 세 번 외친다.
반갑게 맞이하는 것처럼 보인다.
멍한 눈빛으로 일관한다.
날씨 얘기처럼 의미 없는 근황을 늘어놓는다.

악수를 강요한다.

등 떠밀듯 집으로 돌려보낸다.

보다시피 이 과정에서 상대를 공감하거나 친밀함을 느낄 수 있는 대목은 거의 찾아볼 수 없습니다. 이들은 인간관계조차도 순서도를 만들어놓고 그 틀 속에 끼워 맞추려 하기 때문이죠. 감정을 뚝 떼어놓고 사람들을 대하기 때문에 이들은 착하고 예의 바르다는 평가를 많이 듣기도 합니다. 하지만 엄밀히 말해 이들에게 있어 예의란 가슴에서 우러나온 것이 아니라, 상대방에게 본의 아닌 피해를 입히지 않고 자신이 얻을 수 있는 최대한을 얻고자 고안된 일종의 외교 도구입니다.

몇 년 전 미국 대통령 오바마가 일본 천황과 만날 당시의 태도를 놓고 언론에서 꽤 시끌벅적하게 반응했던 적이 떠오릅니다. 90도로 허리 굽혀 인사했다고 미국 일각에선 굴욕 외교라는 말까지 오가곤 했었죠. 오바마는 일본 문화를 존중하여 그렇게 했다고 표명했던 반면 힐러리의 경우 뻣뻣한 태도로 일본 천황을 대했습니다. 여기서 중요한 점은 둘의 외양은 달라도 내용은 같다는 점입니다. 어떤 경우에 있어 지나친 예절 표현은 그만큼의 적개심을 뜻합니다. 그렇게 본다면 오바마는 깍듯한 예의를 지킴으로써 상대에게 표면적인 도리를 지킴과 동시에 적개심까지 꽤 신사적인 방법으로 전달한 셈입니다.

우리 역시 마찬가지입니다. 이해관계에 얽힌 관계일수록, 미묘한 감정의 앙금이 미처 소화되지 않을수록, 우린 과장된 동작을 취함으로써 혹시나 튀어나올지 모를 격한 감정을 통제하려 듭니다. 강박 성향은 분노와 친밀감 모두를 다루는 데 서툰 속성이 있기 때문에, 이런 관계 패턴에 익숙해지면 어느새 진실한 소통과 교류는 잊은 채 감정을 튀어나오지 못하게 만드는 껍질만 두껍게 만들어대느라 급급한 것입니다. 그렇게 되면 대인관계는 점차 유쾌하지 못하고 뭔가 어색하다는 느낌을 지울 수 없게 됩니다. 성공을 위해 취했던 인위적인 모든 것들이 도리어 물거품이 될 수 있는 것입니다.

모든 인간관계는 상대의 이해에서 출발합니다. 상대방의 입장을 이해하면 우린 굳이 노력하지 않아도 저절로 상대방을 대하는 나름의 태도가 우러나옵니다. 이때 보이는 내 모습이 자연스럽고 어색하지 않은 진짜 모습입니다. 진실은 자연스러움의 어머니이기 때문입니다.

해결되지 못한 경쟁심

어떤 경우에 있어 돈에 대한 집착은 해결되지 못한 경쟁심에서 비롯되기도 합니다. 이 상태에 빠지면 수치심에 대한 참을성 또한 약해집니다. 그래서 경쟁심을 들키지 않게 잘 포장할 수 있는 일종의 망토 같은 것을 입어야 하는데, 깍듯한 예의는 비록 임기응변이긴 해도 내면의 경쟁심과 수치심을 가려주는 좋은 가리개가 됩니다.

그런데 이 망토의 단점은 희한하게도 자신이 부끄러워하는 모습뿐 아니라 자신 전체를 가려버린다는 것입니다. 그 결과 다른 사람들이 자신을 아예 보지 못하게 만듭니다. 마치 해리포터에 나오는 투명 망토처럼 경쟁심이 들킬까 두려운 나머지 지나치게 자신을 보여주지 않게 만듭니다. 쉽게 양보하고 애당초 목표했던 지점보다 훨씬 하향지원하는 수험생이나 취업 준비생들이 이에 해당합니다. 물론 여기엔 부분적으로는 자신을 희생하고 남을 도우려는 이타주의가 작용했을 수도 있습니다.

그런데 우리 마음에는 진짜 이타주의가 있는가 하면 무언가를 선택하기 이전에 겪을 고통스런 불안을 피하기 위해 임의로 취하려는 '방어적 이타주의'가 있습니다. 이 둘은 구분이 되어야 합니다. 경쟁을 피하며 양보하는 분들을 잘 보면 의외로 지나친 경쟁으로 인한 합병증을 두려워할 때가 있습니다.

성공과 경쟁심은 떼려 해도 뗄 수 없는 관계입니다. 그러고 보니 저만 해도 유치원 시절부터 경쟁하지 않으면 안 되는 상황을 겪었습니다. 선생님 눈에 들기 위해 손을 들었는데 다른 친구를 발표시키는 바람에 화가 나서 도중에 집에 와버렸던 기억, 초등학교 시절부터 작년 시험지, 소위 족보를 돌려 보며 시험 준비했던 기억 등등. 얼핏 떠올려도 우린 아주 어렸을 적부터 경쟁적인 환경에서 자랐음을 알 수 있습니다.

허나 따지고 보면 우린 기억할 수 없는 지점부터 이미 경쟁을 해왔습니다. 믿기 힘드시겠지만 우리를 따뜻하게 보살펴주신 엄마가 바로 그 첫 번째 대상입니다. 편하게 먹던 젖병을 떼게 하고 낮밤 구별해서 자게 만들며 밥도 삼시 세끼 정해준 때와 장소에서만 주고 똥오줌도 아무데서나 못 누게 하던 엄마. 비록 기억 저편에 있는 이야기이긴 하지만 엄마는 물리적인 힘으로, 유아는 정서적인 힘으로 서로를 제압하려 들며 자라왔습니다. 언제나 엄마는 아이의 무기인 침, 밥풀, 똥오줌에 대항하기 위해 턱받이 수건과 물티슈로 따라다녀야 했습니다. 생후 2년간의 '행주대첩'은 이렇게 꽤 지리멸렬하고 피곤하게 진행됩니다. 5분 예쁘고 50분 미운 만 2세는 그래서 소위 힘겨루기의 시기라고도 합니다. 심한 경우 자아가 약한 엄마들은 산후 우울증을 겪으며 본의 아니게 아이를 방치하거나 해를 끼치기도 합니다.

아이 입장도 마찬가지입니다. 우리나라나 일본의 공포영화에 등장하는 귀신을 보면 하나같이 긴 손톱에 소복을 입고 머리를 풀어헤쳐 나옵니다. 꼭 그런 건 아니겠지만 어쩌면 유아기에 따로 저장해둔 무서운 엄마의 시각적 이미지가 〈전설의 고향〉에 자주 등장했던 귀신의 모양새와 비슷해 우리의 머릿속에 깊이 각인되어 너나 할 것 없이 누구나 공포감을 느끼는 건 아닐까 생각합니다. 유아와 엄마와의 마찰은 언제나 욕실에서 일어난다는 점을 고려해보면 더욱더 그럴지도 모릅니다.

언제나 머리를 푼 속옷 차림의 엄마와 함께 강제로 때를 밀리고 벌거벗겨진 채로 머리를 감기는 치욕(?)을 겪으며 생겨난 분노가 자칫 엄마에게 보복당할지 모를 공포로 뒤바뀌어 무의식에 깊이 저장된 셈입니다. 그래서 어찌 보면 귀신이란 엄마를 향한 복합적인 공포를 대변하는 이미지가 아닐까란 생각을 해봅니다.

이렇게 엄마와의 사투가 끝나고 만 3세경이 되면 그다음 기다리는 진짜 전사는 바로 아빠입니다. 아빠는 엄마와 달리 만만치 않은 상태입니다. 요즘 하는 말로 자칫하다간 정말 한 방에 훅 가는 수가 있습니다. 그리고 이때쯤 되면 엄마에 대한 이미지는 어느 정도 통합이 된 상태라 엄마를 독차지하고픈 마음이 생겨나는 게 정상입니다.

경쟁은 이때부터 본격적인 모드로 들어가며 그 마음이 격화되면 후 한이 두려워질 정도로 강도가 세집니다. 앞서 말한 대로 과도하게 '쫄게' 되는 심리의 대부분은 바로 이 지점에서 출발합니다. 하지만 건강한 사람들 대부분은 이 과정에서 엄마를 사이에 두고 아버지와의 경쟁을 벌이다가 점차 체념하고 아버지를 닮아가게 됩니다. 양자관계에서 삼자관계에 익숙해지는 것입니다. 그러면서 점차 아버지와 친구가 되어갑니다. 이 지점에서 우린 친밀감을 유지함과 동시에 건강한 경쟁을 할 수 있는 토대가 마련됩니다.

하지만 강박적인 이들의 경쟁심은 꽤나 강렬하며 집요합니다. 오직 밟고 올라서는 서바이벌에만 관심을 둘 뿐, '친밀한 경쟁'이란 개념은 가히 상상조차 할 수 없습니다. 자칫 어떻게 될지 모르는 불확실함은 이들로 하여금 삼자관계나 아버지를 닮아가는 과정 대신, 오로지 굴욕과 설욕만이 존재하는 '엄마와 힘겨루기' 단계를 선택하게 만듭니다. 엄마와 나눴던 원초적인 경쟁만이 그나마 궁극의 안전을 제공하기 때문입니다.

초인적인 힘을 느끼기 위한 몸부림

스펙 쌓기

따뜻한 감정을 혐오하다

발음은 비슷하게 들릴지 몰라도 '강박'과 '감정'은 사실 상극입니다. 강박은 감정을 부끄럽게 여긴 나머지 가까운 사람에게조차 자신의 느낌을 죄다 비밀로 부쳐버리려는 경향이 있습니다. 그 결과 잔디밭에서 평화롭게 휴식을 즐기다가도 뜬금없이 잔인한 장면이 머릿속에 떠오르거나 교회나 성당 같은 신성한 장소에서조차 음란한 상상을 하게 만듭니다.

이는 성적인 흥분이나 미움과 같은 격한 감정을 한쪽으로 억누르려 하기 때문에 발생한 결과인데 정신의학에선 이런 현상을 격리라고 합니다. 그래서 무의식적으로 감정을 격리하는 사람들 중 일부는 진지한

드라마 채널보다 감정이 잘 이입되지 않은 뉴스 채널을 좋아합니다. 감정적인 엄마가 드라마에 빠지고 무뚝뚝한 아빠가 신문을 선호하는 일반적인 모습의 이유가 됩니다. 아니면 차라리 모든 걸 다 웃음으로 희화화시켜버릴 수 있는 개그 채널을 좋아합니다.

이는 감정적 격리와 더불어 자신의 감정을 부정해버리고 반대의 감정을 취해버리는 심리가 작용하기 때문인데 이를 반동 형성이라 합니다. 이 역시 강박의 주요 특질 중 하나인데 쉽게 말해 분노와 같이 통속적으로 부정적이라 일컬어지는 감정에다 마치 수학시간에 배웠던 절댓값 기호를 덧씌운 것과 같은 이치입니다. 그래서 모든 감정 에너지가 양의 값을 띠게 됩니다. 긍정적으로 치환되는 것이죠.

견디기 힘든 노여움 -〉 [노여움] -〉 웃음

감정 기복이 심하거나 약간 우울한 사람들은 이런 상대에게 매혹되기 쉽습니다. 그러나 매사 명랑해 보이는 이들에게서 '감정의 빈곤'이 탄로가 나면 이들의 관계는 깨지기 쉽습니다. 친밀감은 공감에서 비롯되기 때문입니다.

흔히 사람들은 성공하려면 '쿨'해지라고 합니다. 그래서 그런지 '쿨'해지려고 노력하는 분들 또한 성공 강박증에 걸린 사람과 몇 가지 공통점을 나타냅니다. 감정을 격리시켜버림으로써 큰일을 겪어도 아무렇지도 않은 척 마치 자신이 호탕한 사람이라도 된 것처럼 행세합니다. 이들은 성욕에도 쿨합니다. 그래서인지 꽤 멋있고 그리 느끼하지 않고 담백하게 보일 수 있습니다. 차도남이지만 그리 까칠하진 않습니다.

그러나 이런 남성을 애인으로 둔 여성들은 왠지 모를 허전함에 속이 탑니다. 처음과 끝이 한결같은 관계 패턴 탓에 상대가 나를 사랑하지 않는다는 의구심에 곧잘 빠지기 때문입니다. 하지만 이들은 여전히 그녀들을 사랑하고 있습니다. 그저 변화를 싫어할 뿐입니다. 그래서 영화 보고 밥만 먹고 헤어져도 한참을 모른다는 〈사랑은 move〉 노래 가사처럼 무미건조하고 식상한 연애 방식을 반복합니다.

게다가 이런 남자들과 헤어질 때 여자들은 뭔가 희롱당한 것 같은 느낌을 지울 수 없습니다. 이런 사람들은 배우자와 사랑을 나눌 때 반드시 필요한 친밀감은 배제된 채 상대를 그저 자위행위의 도구로 전락시켜버리기 때문입니다. 일반적으로 강박에 사로잡힌 사람은 자신이든 타인이든 간에 통제에 향한 욕구가 하늘을 찌릅니다. 허나 불행히도 이러한 통제 욕구를 시험하는 데에 제일 만만한 상대는 바로 제일 가까운 사람이 됩니다. 한 예로 어떤 남성에게 있어 침대는 그저 자신이 얼마나 상대 여성을 만족시켰는지를 확인하는 무대였습니다. 그러다 보니 애정관계에 있어 반드시 필요한 사랑과 애정, 감정 표현 등등의 필요성을 얘기해주면 굉장히 낯설다는 반응을 보입니다. 특유의 '감정 혐오증' 때문입니다. 이들이 혐오하는 건 놀랍게도 따뜻한 감정입니다. 분노와 친밀감 모두에 서툰 탓에 일단 꾹꾹 눌러놓고 봅니다.

그런데 댐에 물이 차올라 넘치면 결국 물난리가 나듯 이들의 감정 또한 묵혀두면 막연한 불안과 함께 두통과 소화불량 같은 신체적 증상, 심하면 건강 염려증과 같은 증상으로 넘어가게 됩니다. 게다가 나이가 들면 곧잘 외로움, 고립감, 우울과 같은 정신 증상을 겪을 가능성이 높습니다. 늘 드리는 말씀이지만 사람은 온혈 동물이기에 쿨해지려야 쿨해질 수 없는 존재입니다. 이렇게 지극히 단순한 진리를 우리는 모르고 살아가는 것입니다.

존경에 대한 갈망이 남긴 것

또한 강박은 나눔의 미학을 잘 깨닫지 못하게 만듭니다. 그 덕에 주변 사람들에겐 언제나 베일에 싸인 것 같은 모호한 인상을 줍니다. 적절치 못한 수치심과 불신 또한 이들이 갖고 있는 아킬레스건입니다. 그래서 이들은 타인에게 쉽사리 도움을 요청하지 못합니다. 혼자서 모든 일을 처리해야 직성이 풀리는 사람 중 일부가 이에 해당합니다. 의존을 경멸할 뿐 아니라 착취와 상생을 구분하지 못하기 때문입니다. 그래서 이들은 나눔이 살아 있는 건강한 의존과 상생 대신 차선책을 추구하게 되는데 그것이 바로 존경입니다.

존경에 대한 갈망은 사람이라면 누구에게나 있는 심리입니다. 하지만 어느 정도의 의존심조차 거부하면서까지 존경을 갈망하면 우리 마음은 예외 없이 탈이 납니다. 더럽다며 땅에 발 한 번 못 디디고 항상 고공비행을 해야 되는 결벽증에 걸린 새처럼 되어버립니다.

이들의 딜레마는 모든 욕구를 단지 존경받음으로써 풀려는 데 있습니다. 그 결과 놀랍게도 가장 존경받을 수 없는 수단을 동원하는 역설이 발생하곤 하는데 자신과 상대방을 기만하는 태도가 바로 그것입니다. 이런 아이러니가 발생하는 이유는 존경받고자 했던 이유가 자신의 심리적 안정을 위한 것이었을 뿐, 이타利他와 희생犧牲과 같은 덕목은 마음속에 두지 않았기 때문입니다.

이는 도덕적으로 완벽하게 보이는 사람들 중 일부에서 보이는 고리타분한 까칠함의 본질이기도 합니다. 얼핏 보면 존경받을 만한 행동이 주변 사람을 향한 것처럼 느껴지지만 실은 내면의 또 다른 자신으로부터 인정을 받아 우월감을 느끼는 것에 보다 무게를 싣습니다. 이는 우리나라처럼 입신양명의 가치관이 뿌리박힌 유교 문화권에서는 꽤 자연스레 각인된 현상입니다. 그 덕에 이들은 몸과 마음이 형언할 수 없이 고통스러워도 그간 받아온 찬사와 존경을 유지하기 위해 참습니다. 그것이 곧 미덕으로 간주되기 때문입니다.

존경을 향한 갈망 이면에는 바닥이 보이지 않을 정도로 뿌리 깊은 무력감을 회피하려는 노력이 숨어 있습니다. 그 노력 중 일부는 바로 자신 전체를 스펙으로 메우는 것입니다. 스펙 강박 이면에는 자신이 어떤 분야에서 모든 걸 다 해낼 수 있어야 한다는 소위 전능함에 대한 열망이 깔려 있습니다. 전능함이란 단어가 좀 생소하다면 요즘 인터넷 게임에서 지존의 능력을 갖춘 최고라는 뜻인 '만렙(찰 만滿 + level의 합성어)'에 대한 열망이라고 이해해도 좋습니다. 이제는 종영한 〈개그 콘서트〉의 간판 코너, '달인'이 이러한 열망의 좋은 예가 됩니다.

초인에 가까울 정도로 월등하려는 노력은 사실 무엇이든지 척척해주었던 전지전능한 엄마와의 공생관계를 지속하려는 의존심의 변형에서 우러나온 것입니다. 그런 의미에서 언제나 전문가적인 기질을 고수하려고 노력하는 사람들 중 일부는 역설적이게도 의존심의 노예일 수 있다는 반증입니다(저 또한 이 명제에서 그리 자유롭지 못할지도 모르겠습니다).

우리 주변의 달인들을 보면 스스로를 부풀려 과장시키는 모습에 헛웃음이 나오기도 하지만 정작 스스로를 바라보는 그들의 시선은 오히려 진중하고 절박하기까지 합니다.

상위 1퍼센트의 성적, 토익 만점, 서울 강남 아파트, 주식 펀드 등등의 스펙을 가지려 들지만 엄밀히 말하면 그런 것들은 초인적인 힘을 느끼기 위한 몸부림의 대가입니다. 그 이면엔 완전무결하고 전능한 무언가와 떨어질 것에 대한 불안인 분리 불안이 요동칩니다. 그래서 어쩌면 이들에게 있어 스펙이란 그들을 안심시키는 엄마의 품이요, 포만감을 느끼게 만드는 젖병이자 몸을 따뜻하게 보호해주는 담요입니다.

미래에 대한 패배감을 부정하는

시간 강박

강박에게 시간의 의미

제각기 처해진 물리적 환경에 따라 다른 속도로 흘러간다는 시간의 '상대성 원리'는 우리 마음에도 고스란히 적용됩니다. 한 예로 감정적이고 즉흥적인 양상을 보이는 소위 히스테리성 성격이 짙은 분들에게 있어 '내일'이란 단어는 꽤 낯선 개념입니다. 미래를 위해 오늘의 결과물을 차곡차곡 쌓아가며 지금 이 시간을 묵살하다시피 살아가는 분들과 달리, 이들은 '지금 여기에' 매우 충실하며 현재 내가 취하는 행동이 즉각적으로 미치는 영향에만 관심을 쏟기 때문입니다.

반면에 우울한 분들에게 있어 시간이란 오로지 과거를 뜻합니다. 현재와 미래를 불투명하다고 생각할 뿐만 아니라 현재와 미래에서 큰 의미를 찾지 못합니다. 마치 시간이 멈춰버린 것처럼 이들은 과거 속에 삽니다. 마음속 시계가 고장 난 탓에 이들은 분당 60초씩 일정한 속도로 흘러가는 시간에 제대로 맞추지 못할 것 같은 두려움에 휩싸이기도 합니다. 아침에 눈뜨자마자 긴긴 하루를 어떻게 보내야 할지 겁부터 납니다. 그런가 하면 늘 해왔던 일상의 스케줄조차도 버거워하며 시간이 얼른 지나기만을 바라기도 합니다.

우울이 우릴 과거에 가둬 현재는 물론이요, 미래조차 암흑으로 만들어버린다고 한다면 강박은 우릴 미래라는 감옥에 가둡니다. 또 현재의 시간을 불안한 노후와 미래를 설계하는 데 온통 소비하게 만듭니다. 그런데 여기서 주목할 점은 그나마 우울증에 걸린 분들은 과거라도 붙잡고 있지만 강박 성향에 사로잡힌 분들은 과거조차 제대로 활용하지 못한다는 것입니다.

다시 말해 강박은 과거, 현재 그리고 그토록 필사적으로 갈구해온 미래 모두를 무의미하게 만들어버립니다. 강박증에 걸린 이들이 언제나 쫓기는 듯 지내며 시간의 노예가 되는 이유이기도 합니다. 이들에게 있어 과거는 '이미 사라져 없는 것'으로, 현재는 '점차 소멸되고 있는 것'으로 인식됩니다. 그런데 강박이 제일 혐오하는 것 중 하나가 바로 죽음이나 소멸과 같은 불가항력적인 힘입니다.

언제부터인지는 몰라도 삶의 중심에서 통제할 수 없다고 판단되는 대상은 모조리 다 마음에서 쳐내기 때문에 결국 이들에겐 거의 아무것도 남아 있지 못합니다. 시간뿐 아니라 세상의 모든 만물은 가만히 놔두면 점차 질서를 잃어가 결국 소멸하고 마는 '엔트로피 법칙'이 버젓이 우릴 지배하는데도 그들은 애써 이 물리학적인 진실을 부정하려 듭니다. 그 결과 이들은 특단의 대책을 강구하게 되는데 강박 행동이 바로 그것입니다.

강박 행동은 비단 자주 손을 씻거나 몇 번이고 반복적으로 확인하려 드는 전형적인 강박 증상에 국한되지 않습니다. 중독과 폭식뿐 아니라 〈미션 임파서블〉에서 협곡이나 빌딩 낙하, 급기야는 지구상 가장 높은 타워에 매달리며 죽음이란 현실에 승부를 거는 위험천만한 시도를 통해서 부정하고프나 마음만으로는 지워지지 않는 통제 불능의 대상들을 다스리려 하는 것도 강박 증상입니다.

흔히 예상하길 강박적인 사람은 시간도 철두철미하게 잘 지킬 것 같이 보이나 실은 전혀 그렇지 않습니다. 약속시간보다 일찍 등장하면 불안한 사람, 늦게 나타나면 적개심이 많은 사람, 꼭 맞춰 나오면 강박적인 사람이란 우스갯소리가 있지만 실은 약속 장소에 늦게 나타나는 경우가 훨씬 많습니다. 주섬주섬하며 나서는 바람에 이미 도착해도 모자랄 시간에 가까스로 집에서 출발하는(?) 일을 꽤 자주 경험합니다.

모두가 알다시피 시간은 앞으로만 갑니다. 잔인하리만치 우리의 소망을 가볍게 무시하며 흘러갑니다. 한편으로 생각하면 시간은 뒤로 가지는 않기 때문에 비록 이전에 잘못을 저질렀을지라도 앞에 펼쳐진 수많은 기회를 선택하며 살아갈 수 있으니 다행인지도 모릅니다. 그러나 시간의 흐름조차도 정복해야 한다는 강박에 빠지면 그 순간부터 시간은 우릴 철저히 외면합니다. 우리가 어찌 할 수 없는 시간인 크로노스의 개념을 상실하면 매사에 지나치게 의미를 두라는 시간을 뜻하는 카이로스의 노예가 되어 영원히 살아갈 것처럼 허황된 내일을 향해 오늘을 희생시킵니다. 성공제일주의를 주창하며 시간조차 자신의 손아귀에 넣으려 드는 사람들에게 몇 가지 공통점이 발견되는데 우선 시간의 본성을 인정하기 싫은 교만이 바로 그것입니다. 시간에 패배감을 느끼기 싫어 그 존재를 부정하며 사는 부류인데 시간에 순응하며 사는 걸 마치 종속된다고 여기며 나아가 자신의 결함으로 자각하기까지 합니다.

하지만 그들이 시간이란 축에서 거의 유일하게 중요시하는 것이 있는데 그건 바로 '내일'입니다. 그들에게 있어 '오늘'이란 그저 내일을 맞이하기 위한 발판일 뿐입니다. 그래서 지금 현재는 이들에게 별 의미가 없습니다. 내일을 위해 오늘을 희생하며 살아가는 이들의 내면엔 오늘에 대한 무례함뿐 아니라 시간에 대한 오만이 자리 잡고 있기 때문입니다. 그렇기에 이들에겐 우울한 사람들이 소중히 여기는 과거 따위는 감히 명함도 못 내밉니다.

오죽하면 프로이드조차도 과거를 경시하는 강박 성향의 태도로 인해, 하마터면 유아기에 받은 심리적 상처와 현재 겪는 증상과의 관계를 설명하는 이론을 포기할 뻔했던 일화도 전해집니다. 사실 강박적인 성향이 심한 분들에겐 프로이드가 겪은 것처럼 유년기의 경험과 현재의 증상을 연결 짓는 식의 기법은 그리 효과적이지 못할 때가 많습니다. 과거의 감정 기억 따위는 별로 의미 있지 않으며 현재와 미래가 과거의 연장선상에 놓여 있다는 사실 또한 잘 받아들이려 하지 않습니다. 이는 과거와 현재를 중요시하지 않는 태도에다 원체 감정을 혐오하는 성격적 특성까지 겸비하고 있기 때문에 과거(?) + 감정(??) = ???

라는 상황이 머릿속에서 발생합니다.

언제나 시간의 신, 크로노스는 이런 그들에게 차가운 복수를 감행합니다. 제 풀에 제가 지치게 만들어버리는 것이 그것입니다. 원대한 계획과 포부를 세웠다가 결국 뜻대로 되지 않는 현실에 분노하게 만듭니다. 자신에게 실망한 나머지 제 시간에 먹고 자는 규칙적인 일상의 습관마저 무참히 깨지게 만듭니다. 그럼에도 불구하고 강박적인 사람들 중 일부는 이런 교훈을 좀처럼 깨닫지 못합니다. 시간과 부질없는 자존심 대결을 반복하길 좋아하기 때문입니다.

칼같이 시간을 잘 지키는 사람들은 얼핏 시간과의 자존심 싸움을 접고 순응하는 듯이 보이지만 그들 또한 속은 그렇지 않습니다. 이는 굳이 시간이란 변수를 제외하고도 설명이 가능합니다. 이들이 보이는 치밀한 '준법정신'은 약속한 상대를 향한 깊은 배려의 표현이 아니라, 약속을 위반하면 그에 상응하는 벌을 받을 것이라는, 그저 자기 내면의 기준을 지키기 위한 것일 뿐입니다. 물론 약속의 본질에는 어느 정도의 구속이나 속박의 의미가 내포되어 있는 것 또한 사실입니다. 여기서 말하는 구속은 건강한 의미의 구속으로 친밀감과 상호 신뢰라는 관계의 틀 속에서 맺어집니다.

그러나 상대를 믿지 못한 채 맺는 일련의 약속들은 비현실적인 두려움을 모태로 삼습니다. 싫은 소리 듣지 않기 위해 수동적으로 행동하는 모양새가 될 수밖에 없습니다. 그래서 행여나 누군가가 그들에게 먼저 약속 시간을 물어봐준다면 그들은 굉장히 고마워합니다. 그들에게 있어 약속은 언제나 수동적인 구속이었을 뿐, 단 한 번도 능동적으로 다가간 적이 없었기 때문에 지극히 당연한 배려조차도 마치 VIP 대접을 받은 것마냥 들뜨고 흥분됩니다.

위에서 살펴보았듯 강박이란 블랙홀에 빠지면 우린 그곳에서 벗어나기 위해 안간힘을 쓰며 자유를 갈망하기보다는 그 틀 안에서 안주하려 합니다. 진정한 자유는 느껴본 적이 없었기에 부자연스럽기 짝이 없고 에누리가 없는 딱딱한 구속을 자유라고 착각하는 것입니다. 어쩌면 그건 '내일'이란 신기루를 따라가지 못할 것이란 일종의 패배감을 부정하기 위해 만들어진 것이 아닐까 추측해봅니다.

나는 늘 잘해야 한다고 생각한다
part 3

나 는   항 상

전 지 전 능

해 야 만 한 다

과거에 해결되지 못한 패배감의 보상

성공

아우슈비츠의 미스터리

1944년 폴란드 아우슈비츠 수용소 안 어느 집무실. 나치 장교로 보이는 한 남자는 열 살도 채 되지 않아 보이는 사내아이에게 하켄크로이츠 문양이 새겨진 동전을 보여주며 움직여보라 합니다. 단 조건이 있습니다. 절대 손을 써선 안 됩니다. 다른 어떠한 도구들도 일체 사용할 수 없습니다. 수용소에 들어올 때 철조망을 휘게 만들고 수많은 독일 병사들을 넘어뜨렸던 다소 믿기 힘든 능력을 그 아이는 사용해야 합니다.

음흉한 미소를 짓는 장교 앞에서 아이는 동전에 집중합니다. 열심히 애를 쓰며 움직여보려 하지만 아까와 같은 기적은 당최 일어날 생각을 하지 않습니다. 그 순간 갑자기 문이 열리며 병사 두 명과 같이 누군가가 들어옵니다. 남루한 포로복을 입은 채 야윌 대로 야윈 그녀는 바로 아이의 어머니였습니다. 어머니를 재회한 기쁨도 잠시, 아이는 아까 휘둘렀던 초능력을 발휘하게끔 강요당했습니다. 일이 뜻대로 잘 되지 않자 독일 장교는 플랜 B를 결심했습니다. 불길한 예감대로 그는 곧 최악의 플랜을 개시합니다. 그의 입에서 셋을 세는 카운트다운이 시작되면서 손에 들고 있던 총부리는 어느새 아이의 어머니를 향해 있었습니다. 극도로 불안에 빠진 아이는 어떻게든 안간힘을 써서 동전을 움직여보려 했지만 어머니의 목숨을 담보로 벌인 초능력 시연은 불행히도 셋을 세는 동안에 이루어지지 않았습니다. 아이의 어머니는 단 한 마디 절규도 외치지 못한 채 그저 땅바닥에 힘없이 쓰러지고 말았지요.

놀라운 일은 매정한 동전 위로 총알이 날아간 뒤부터 시작됐습니다. 싸늘히 식어가는 엄마를 뒤로한 채, 분노에 가득 찬 아이의 절규는 장교의 책상 위에 곱게 놓여 있던 철제 장식과 서랍을 뭉개기 시작하더니 고문 기구로 보이는 수많은 기구들을 엿가락처럼 휘게 만들고 급기야는 두 병사가 쓰고 있던 헬멧마저 무참히 구겨지게 만들어 두 병사는 그 자리에서 즉사했지요.

하지만 정작 놀랄 일은 아이의 초능력만이 아니었습니다. 두 보초병을 살해하고 주변을 온통 아수라장으로 만들 정도의 파괴력이었지만 정작 엄마를 죽인 원흉인 독일 장교는 버젓이 살아남은 것이었지요. 마치 자신은 죽이지 못할 것이란 사실을 예측이라도 했듯 여유롭게 웃으며 그는 아이에게 다가갔습니다.

죽을 기세로 달려들어도 모자랄 판이었지만 이상하게도 아이는 마치 순한 양처럼 장교 옆에 서서 부들부들 떨기만 했습니다. 오히려 다정하게까지 느껴질 정도로 꽤 어색한 분위기 속에 장교는 아이에게 무언가를 건네는 친절까지 베풉니다. 엄마가 죽고 난 뒤에야 눈물과 땀으로 뒤범벅이 된 아이의 손에 들어온 건 그렇게 노력해도 들어오지 않았던 바로 그 동전이었습니다.

이 기묘한 상황 속에 미스터리가 있다면 비단 그 아이가 지녔던 초능력만이 아닙니다. 그 아이는 남다른 힘을 갖고 있었으면서도 왜 엄마를 구하지 못했을까요. 그리고 엄마를 죽인 원수를 왜 죽이지 못했을까요. 이 미스터리야말로 오늘날 우리가 너나할 것 없이 성공을 좇는 이유를 풀 수 있는 열쇠가 됩니다.

성공을 좇는 건 독이 든 사탕을 먹는 것

21세기를 살아가는 우리에게 더욱더 비참한 현실은 비단 위에 언급된 영화 〈엑스맨 : 퍼스트 클래스〉 속에 나타난 아우슈비츠 수용소에 국한되지 않았다는 사실입니다. 세기말적 비관론자들이 철석같이 믿었던 바와 달리 1999년이 지나도 보란 듯이 지구의 종말은 일어나지 않았습니다. Y2K조차 무사히 넘기며 21세기에 들어서자 세계는 마치 약속이라도 한 듯 새로운 꿈과 비전을 향한 뉴 패러다임을 강조했습니다.

인터넷은 그 갈증이 보편적이라는 현상을 각인시키는 데 앞장섰을 뿐 아니라 많은 오피니언 리더들은 앞다투어 온·오프라인의 서점가에 떡밥을 풀기 시작했습니다. 그중 《마시멜로 이야기》는 단연 돋보이는 떡밥이었지요. 이야기 형식을 빌려 제목만큼이나 달콤함을 더했던 이 성공 지침서는 2005년에 발매되자마자 베스트셀러에 등극했을 뿐 아니라 어린이들을 위한 마시멜로 이야기까지 확장되어 출간된 희대의 베스트셀러가 되었습니다. 게다가 여러 동화책뿐 아니라 모 방송국 유아 프로그램에서도 수없이 회자되어 오고 있습니다. 만 다섯 살 된 아들 녀석도 맛있는 사탕은 집에 갖고 와서 천천히 음미하며 먹는 쾌락의 효용성을 익히 잘 알고 있었는데도 말이죠.

그러나 마시멜로 이야기가 주는 메시지의 후유증이 여기저기서 나타나기 시작했습니다. 뜻밖에도 저는 제일 먼저 진료실에서 체감할 수 있었습니다. 이 책이 나오기 훨씬 이전부터 이미 많은 사람들은 내일을 위해 오늘의 자신을 희생하며 살아왔었습니다. 하지만 내일을 위한 희생의 대가는 때론 너무나도 가혹할 때가 있습니다.

자살률 1위의 오명은 이미 몇 년째 범접할 수 없는 정점을 찍고 있으며 알코올 의존이나 우울증과 같은 정신건강의학과 질환이 갈수록 늘어가 정신건강의학과 병원마다 입원실이 모자랄 지경입니다. 잘될 거라는 긍정의 한 마디는 우울한 이들에게 오히려 비수가 되어 일부는 목을 매거나 투신하게 만드는 역설적인 상황까지 연출했습니다. 책대로 했는데 나는 왜 안 되는지 고민한 끝에 시스템의 결함을 무시한 채 결국 모든 결함이 내게 있다고 단정지어버린 결과입니다.

우연인지는 몰라도 심지어 이 책을 번역했던 모 아나운서도 어찌 된 영문인지 직장에 사표를 쓰고 8천여 만원에 가까운 수익금 전체를 사회모금 단체에 기부하며 사실상 이 책과 인연을 끊었습니다. 그럼에도 불구하고 우린 여전히 이런 자기계발 서적에 열광합니다. 거기에는 지푸라기를 잡아도 결국엔 물속에 가라앉고 말 것이라는 사실을 너무도 잘 알지만 절박한 심정 때문에 어쩔 수 없이 잡는 심리에서 비롯되었을지도 모릅니다.

'기다리면 복이 온다'는 식의 단순한 메시지는 '긍정'이란 가시를 갖고 있습니다. 낙관론에 대한 지나친 신념엔 긍정 심리학의 열풍이 일조했다고 봐도 과언이 아닐 듯싶습니다. 24마리의 개와 오랜 시간 동안의 실험 끝에 얻어진 우울증의 주요 가설인 '학습된 무기력' 개념을 주창한 마틴 셀리그먼 박사가 어느 날 돌연 '학습된 낙관주의'를 표방한 것이 바로 그 발단이었지요. '학습된 낙관주의' 내용은 꽤 간단합니다. 생각을 낙관적으로 하고 말하는 습관을 낙관적으로 하면 그 사람은 낙관주의자가 되고 원하는 성공과 행복을 손에 넣을 수 있다는 것입니다. 물론 유용한 치료 도구이긴 합니다만 아래 내용과 꽤 비슷하게 보이는 건 어쩔 수 없습니다.

1. 냉장고 문을 연다.
2. 코끼리를 집어넣는다.
3. 냉장고 문을 닫는다.

그러나 긍정 심리학의 탄생과 발맞추어 언론과 학계의 반응은 달랐습니다. 낙관주의 내용을 담은 셀리그먼의 저서가 나오자마자 각종 매체는 호평 일색이었습니다. 〈뉴욕 타임스〉는 "일상에 의기소침하던 내게 힘을 주었다. 여러분도 나처럼 비관적인 사람이라면 당장 가서 이 책을 사기 바란다"라고 했으며 〈필라델피아 데일리 뉴스〉는 "확고부동한 비관주의자도 바꾸어줄 체계!"라며 대서특필하기 바빴습니다. 이후 우리나라에도 긍정 심리학을 공부하며 연구하는 학회가 생기고 늘어나기 시작했습니다. 그러나 이 열풍도 바버라 에런라이크가 쓴 《긍정의 배신》에서 잠시 식게 됩니다.

그녀가 제기한 긍정 심리학이 남긴 여러 가지 숙제와 템플턴 재단 혹은 부시 대통령 일가와의 커넥션 의혹은 세간의 관심을 끌기 충분했습니다. 그러나 사람들은 여전히 기적이 일어나길 바라며 달콤한 유혹을 참고 기다리면 언젠가 성공하리라는 마시멜로의 이야기 또한 그저 뻔한 스토리라고 치부하지 않습니다. 마치 메시아라도 강림할 기세로 사람들은 저마다 성공을 향한 자기 최면을 걸기에 바쁩니다.

이런 열기는 당장 서점가를 방문해보면 느낄 수 있습니다. 여자라면 반드시 어느 대통령 영부인처럼 살아야 된다, 어느 정도 경쟁에서 벗어나 나를 찾아야 할 스무 살에도 절대 지면 안 된다고 하는 책도 있습니다. 카네기의 성공담론이나 누가 치즈를 옮겼는지조차 제대로 알지 못하면 마치 인생을 대충 사는 사람처럼 불안해질 것만 같습니다.

하지만 서점가를 기웃거리며 뭔가를 깨닫고 싶어 하는 몇몇 취업 준비생과 방황하는 지식인 들은 일부 자기계발 서적의 맹점을 보기 시작했습니다. "성공한 사람들이 살아온 거취와 습관을 따라하기만 하면 된다"는 전제가 바로 그것이었지요. 이들은 개개인의 다양성보다 획일화된 그 무언가를 강요하는 서적에서는 뭔가 부족하다는 느낌을 받기 시작했습니다. 저 또한 이런 부류의 책만 보다가는 성공은커녕 이미 성공한 사람들의 뒤만 따라가다 죽을 것만 같았습니다. 그래서 대중은 점차 성공한 사람들만이 갖고 있는 소신, 즉 그들만이 갖고 있는 마음가짐 내지는 삶의 철학이 궁금해지기 시작했습니다. 눈에 보이는 습관이 아닌 '비밀'이 있을 거라고 믿고 싶어진 것입니다. 그런 의미에서 호주의 TV 프로듀서인 론다 번이 '통속적인 의미에서 성공한' 사람들을 관찰한 뒤 출간한 《시크릿》이 인기를 얻은 건 어찌 보면 당연한 일일지도 모릅니다.

이 책을 한 마디로 요약하면 바로 끌어당김의 법칙, 즉 생각이 현실을 끌어당긴다는 것입니다. 무엇이든 믿기만 하면 원하는 것을 끌어당길 수 있다는 메시지는 당시 현실이 답답했던 독자들에게 텔레토비 동산으로 가는 황홀한 익스프레스 티켓을 선사하기에 충분했습니다. 사실 끌어당김의 법칙을 주장한 사례는 《시크릿》이 처음이 아닙니다.

독일계 미국인이자 성형외과 의사였던 맥스웰 몰츠 박사가 제창한 사이코–사이버네틱스Psycho-Cybernetics가 바로 그 시초입니다. 인간의 뇌는 미사일의 자동유도장치와 같아서 목표를 정해주면 그 목표를 향해 자동으로 유도해나간다는 설이 바로 그것이죠. 가령 '나는 잘생겼다'라고 하면 정말 잘생기게 되고, '나는 못생겼다'라고 하면 정말 못생기게 된다는 설명입니다. 몰츠 박사의 이러한 견해는 이미 1960년에 3천만 부 이상이 팔린 베스트셀러가 되었고 그 정신을 여러 후학들이 이어받았는데 《시크릿》 또한 이런 정신에 입각해서 나온 책입니다.

'하면 된다'는 정신을 좋아하는 우리나라 국민들에겐 이런 부류의 책들이 참 위로가 됩니다. "그래, 나의 신념이 옳았어"라며 많은 이들은 무릎을 치며 이런 서적을 읽어내려 갑니다. 물론 이분들의 믿음대로 모든 일들이 잘 풀리면 좋겠지만 불행히도 우리 주변의 환경은 그리 녹녹치 못합니다. 게다가 우리의 뇌 또한 우리 편이 아닐 때가 있습니다.

무슨 말인고 하니 일종의 하면 된다는 식의 일시적인 자기 최면은 그리 오래가지 못합니다. 프로이드가 최면이란 쉬운 길을 버리고 난해하고 버거운 정신분석이란 방법을 고수했던 이유도 바로 여기에 있습니다. 물론 최면 요법은 담배 중독이나 공포 증상을 치료하는 데 탁월한 효과가 있습니다. 하지만 삶을 바라보는 자세나 인격을 성장시키는 데 있어서는 근본적인 대안이 되지 못합니다. 이 점만 잘 생각해봐도 우린 백 년 전에 누군가가 이미 끝내버린 고민을 21세기에 다시 하고 있는 건 아닌지 되짚어볼 필요가 있습니다. 오늘의 달콤함에 현혹되지 말라는 어느 사탕 이야기의 최대 아이러니는 그 이야기 자체가 곧 즉흥적인 달콤함을 선사한다는 데 있기 때문입니다.

우리가 통속적인 성공에 매달리는 이유

그럼 대체 우린 왜 그동안 '하면 된다' 식의 달콤함에 매료되고 만 것일까요? 그건 바로 동경하는 그 누군가와 닮고 싶은 욕구 때문입니다. 그 뿌리에는 무력감을 보상할 수 있는 힘에 대한 갈망이 있습니다. 공신력과 힘을 가진 자들을 닮고자 하는 건 발달심리학적인 측면에서 보면 꽤 보편적인 현상입니다. 힘에 대한 갈망은 우리도 모르는 사이에 그들과 닮고 싶게 만듭니다. 그러면서 우린 스스로가 원하지도 않았던 세속적인 성공을 좇게 된 것입니다.

실제로《시크릿》을 포함한 수많은 성공 철학 저서들은 성공하길 도전하는 사람들의 사례가 아니라 이미 성공한 사람들의 사례를 차용했습니다. 세속적인 성공이라 함은 다름 아닌 돈과 명예입니다. 돈과 명예야말로 이 세상에선 우리에게 파워, 즉 힘이 되어주는 가장 빠른 수단입니다. 따지고 보면 우린 성공이란 이름으로 변장해온 '힘'을 추구하고 있었던 셈이죠.

이뿐만이 아닙니다. 우리의 몸과 마음뿐 아니라 외부 환경까지도 통제할 수 있는 능력까지 갖추어야 비로소 통속적인 성공이 완성될 수 있습니다. 힘과 통제력이 우리에게 중요한 이유는 바로 인간의 발달과 생존에 필수적인 조건이기 때문입니다.

《인간의 발달과 생존》을 쓴 조수철 교수에 따르면, 힘에는 두 가지의 종류가 있습니다. 독선, 욕심, 야욕, 이기주의, 배타주의, 1등주의 등과 같은 힘이 그 한 종류를 차지한다면 사랑, 봉사, 감사, 희생, 신뢰와 같은 힘이 또 다른 한 종류를 차지합니다. 하지만 우린 주변에서 성공했다 하면 이웃을 사랑하고 봉사하며 사는 박애주의 가득한 시민들보다는 부자에다 무소불위의 권력을 휘두르는 1등을 곧잘 떠올립니다. 왜 이런 걸까요. 이런 불편한 진실에 대답하기 위해서 저는 다시 처음에 언급했던 아우슈비츠의 미스터리로 돌아가려 합니다.

비단 돌연변이는 영화 〈엑스맨〉 속에서나 벌어지는 기현상이 아닙니다. 우린 진화의 큰 흐름 속에서 양 부모의 유전자를 받아 나름의 새로운 조합을 통해 태어난 존재입니다. 그래서 제각기 타고난 기질과 특질이 있는 것이지요. 어쩌면 리처드 도킨스가《이기적인 유전자》에서 얘기한 것처럼, 유전자가 추구하는 생존의 힘과 또 다른 특질을 살리려는 자아실현 간의 균형을 끊임없이 추구하는 것이 지구에 태어나서 누릴 수 있는 진정한 성공일지도 모릅니다. 하지만 마치 아우슈비츠의 어린 꼬마처럼 우린 자신만의 힘을 자각하지도 못할 뿐 아니라 오히려 엉뚱한 곳에 열정을 쏟는 일이 허다합니다.

비약으로 들릴지 모르지만 사실 우리 모두는 아우슈비츠의 어린 꼬마와 같은 경험을 했던 때가 있었습니다. 주 양육자로부터 떨어져 나의 힘을 꺼내주고 키워주는 이와 모종의 동맹을 맺어야 했던 만 3~5세의 오이디푸스 시기가 바로 그때이죠. 전통적인 정신분석에서 그 대상은 주로 아버지가 되지만 실제로는 우리의 힘을 자각하게 만드는 그 누구라도 상관없습니다.

한 예로 엄마가 강하고 아빠가 약한 집에서 자란 한 30대 검사는 마음속엔 엄마를 닮으려는 마음과 아버지를 무시했다는 죄책감이 동시에 자리 잡고 있었습니다. 성공에 관한 가치관은 죄다 어머니의 것이었습니다. 그 결과 엄격한 어머니의 소망을 담고 자신의 죄책감을 타인에게 정죄할 수 있는 검사를 직업으로 선택함으로써 자신의 갈등을 해소할 수 있었습니다. 또한 국회의원으로 활동하던 한 여성의 경우, 어렸을 적부터 할머니가 항상 바깥 사회 활동을 열심히 했던 기억을 갖고 있었습니다. 그녀의 부모님은 자상했지만 평범했습니다. 그녀의 국회 진출은 부모가 아닌 할머니가 갖고 있던 소망을 고스란히 받은 것이었죠.

이렇듯 영화에서처럼 그리 극적이진 않더라도 우린 더 강한 양육자를 닮으려 하는 속성이 기본적으로 내재되어 있습니다. 이를 정신의학에서는 동일시라는 표현을 씁니다. 비록 독일 장교처럼 추악한 사람일지라도 그로 인해 아이가 여태껏 모르고 있던 내면의 힘을 끄집어낼 수 있었던 것처럼 말이죠. 그뿐 아니라, 우리에겐 엄마처럼 '약하지만 내게 꼭 필요한' 사람을 포로로 잡아 통제할 수 있는 힘까지 가질 거라는 환상이 있습니다. 이런 욕구는 동일시 과정을 더욱더 강화시킵니다. 그래서 어찌 보면 동일시의 원동력은 힘과 통제력일지도 모릅니다.

비극적인 사실은 여기에 도덕적인 잣대가 미처 끼어들어갈 틈이 없다는 점입니다. 그 이유는 도덕과 윤리의 심리 발달이 동일시의 대상을 선택하는 시기보다 간발의 차이로 나중에 이루어지기 때문입니다. 그만큼 동일시는 정신분석가 밸린트Balint의 말대로 외부 현실을 자각하는 가장 원시적인 과정입니다.

과거의 해결되지 않은 감정이 성공을 좇게 한다

하지만 곧이어 도덕적 가치관이 속도를 내어 이내 형성되면 어릴 적 얼떨결에 동일시된 자신의 모습과 괴리를 느끼게 됩니다. 이 지점이야말로 분노와 죄책감의 노예로 전락할 수 있는 심리적 출발점입니다. 대표적으로 1945년에 안나 프로이드가 말했던 '적대자와의 동일시' 현상이 바로 그 예입니다. 영화 〈스타워즈〉에서 흑가면을 쓴 채 괴이한 호흡을 내는 다스 베이더의 경우 자신의 부모를 죽인 원수에 앙갚음을 하려다 오히려 그 분노에 압도당한 나머지(영화에선 다크 포스 - 어둠의 힘이라고 표현한다) 자신이 그토록 증오했던 원수와 전혀 다를 바 없이 되고 말지요. 임상에선 술 먹고 행패 부렸던 아버지를 그토록 원망하며 자랐지만 그 또한 아버지처럼 되어가는 내담자의 사례가 이에 해당합니다.

비슷한 예로 '박해자와의 동일시'라는 현상도 있습니다. 정신분석가 오토 페니셸Otto Fenichel이 주목한 이 기이한 현상은 말 그대로 자신을 박해했던 사람과 동일하게 변화한다는 뜻입니다. 여기서 변화의 원동력은 아이러니하게도 다름 아닌 힘과 죄책감입니다. 박해자로부터 주변 사람을 구해내지 못했다는 죄책감은 그로 하여금 더욱 힘에 대한 갈망을 부추기는데, 힘으로 죄책감을 상쇄시키려다보면 결국 더 큰 불협화음이 생길 수밖에 없습니다. 결국 힘과 죄책감이 서로 영향을 주고받으며 눈덩이처럼 불어나 점점 자신과 타인을 괴롭혔던 사람과 닮아간다는 것이죠. 영화 〈엑스맨〉에서 나치 장교에게 어머니가 죽임을 당한 그 아이가 훗날 자라서 결국 복수를 하고야 말지만, 그 또한 자신이 처단한 장교의 헬멧을 머리에 쓰고선 '매그니토'라는 엑스맨 시리즈 사상 최고의 악당이 될 수밖에 없는 운명은 바로 박해자와의 동일시라는 인류 보편적인 코드로 설명할 수 있습니다.

지구를 정복하려 했던 실존 인물인 제2차 세계 대전의 전범인 아돌프 히틀러 또한 박해자와의 동일시의 희생양이 아닌지 조심스레 짐작해봅니다. 그는 아마 유대인들을 향한 피해의식이 있었을지도 모릅니다. 고리대금업으로 게르만족들보다 상대적으로 부를 축적했던 유대인들이 히틀러의 아버지가 부채에 시달려 이혼을 하게 만드는 데 전혀 영향을 주지 않았다고 말할 수는 없을 겁니다. 게다가 자신이 좋아하던 여인 또한 유대인 남자에게 빼앗겨버립니다. 우연히도 지병의 어머니가 사망할 당시 주치의 또한 유대인이었으며 비엔나 미대에 세 번이나 지원했지만 그를 낙방시킨 사람들 또한 유대인 교수들이었습니다. 트라우마는 부분을 전체로 보게 만드는데, 몇몇 사람들에게 받은 뼈아픈 경험은 그 사람들의 속성을 담은 집단 전체를 매도하게 만들기도 합니다. 그가 유대인들에게 강한 적개심을 품었던 것도 그래서인지도 모릅니다. 여기에다 어머니를 지켜내지 못했다는 죄책감 또한 히틀러로 하여금 힘의 논리를 빌어서라도 보상하게끔 하게 만들었는지도 모릅니다. 그러나 조절되지 않은 힘은 모이면 모일수록 오히려 죄책감만 커집니다. 시간이 흐르면 죄책감을 상쇄시키기 위해 자신의 분노를 상대에게 전가시켜 불가피하게 피해의식마저 생깁니다. 그 결과 잔인한 살육을 스스럼없이 집행하게 됩니다. 죄책감을 뿌리치고 자신의 행동을 정당화하기 위해 무고한 타인들에게 학살을 저지르면서까지 자신의 힘을 확인하고 싶었던 것입니다.

　두말할 필요 없이 우린 이런 식으로 권력을 얻은 사람을 두고 성공했다고 칭하지는 않습니다. 비록 극단적인 경우를 예로 들긴 했지만 유독 성공이란 화두에 목숨 걸고 도전하는 사람들 중 일부는 이처럼 과거에 해결되지 못한 감정과 연관되어 있습니다. 누군가를 향한 죄책감 이면에 자리 잡은 무기력했던 경험과 그에 따른 패배감을 보상하기 위해 우리 중 일부는 지금도 어딘가에서 무소불위의 권력에 갈증을 느껴 달려가는지도 모릅니다.

완벽을 향한 지나친 정복욕

리더십

높은 산을 오르는 CEO들

임종이 얼마 남지 않은 아버지의 회사 상속을 눈앞에 둔 피셔. 어느 날 그는 아버지를 찾기 위해 꿈속에서 스키를 신었습니다. 꿈속 아버지는 눈이 쌓인 험준한 산을 타고 올라가야 찾을 수 있는 요새 속에 있었기 때문입니다.

영화 〈인셉션〉에 등장하는 피셔는 늘 불안했습니다. 대기업 회장이었던 아버지에게 늘 인정받지 못한다고 여겼기 때문이었죠. 그는 언제나 아버지를 대신해 회사를 이을 그릇이 못 된다고 생각했습니다. 면전에서 아버지가 직접 "아들인 네게 실망했다"라고 했으니 자신을 비하할 법도 합니다. 그래서 피셔는 고민에 빠졌습니다. 아버지의 회사를 고스란히 물려받을 것인지, 아니면 따로 자신만의 회사를 차릴 것인지.

그즈음에 피셔 앞에 나타난 이들이 있었으니 바로 '인셉션' 팀이었습니다. 꿈을 조작해 행동을 변화시킨다는 그들은 피셔의 꿈속에 들어가서 무의식에 각인된 아버지의 모습을 변형시킵니다. 꿈속에서 그들이 천신만고 끝에 마주친 공간은 다름 아닌 눈으로 가득한 산등성이. 피셔의 아버지는 바로 그곳, 설원을 배경으로 한 산꼭대기 요새 안에서 조용히 임종을 기다리고 있었습니다. 꿈이 무의식의 반영이라면 왜 피셔는 굳이 아버지를 접근하기 힘든 산꼭대기에 있다고 여겼을까요.

이 의문이 풀리려면 먼저 우린 산의 심리적 상징에 대해 알 필요가 있습니다. 산은 비단 대기업 아들이자 회사의 리더였던 피셔만의 것이 아닙니다. 낚시, 골프, 등산, 스킨 스쿠버 등등…. 오늘날의 리더들은 다양한 취미에 빠져 있지만 그중 반드시 하는 취미 중 하나가 바로 등산입니다. 재미있는 건 부하 직원을 다루는 것, 회사를 경영하는 것과 산을 오르는 것은 몇 가지 공통점이 있다는 점입니다. 예를 들면 다음과 같습니다.

정상을 향한다.
도태되거나 낙오되는 것이 짜증난다.
떨어지는 것이 두렵다.
자꾸 위를 쳐다보며 올라가려 한다.
힘든 여정의 끝을 보고 싶다.

에베레스트 등산가들의 심리를 분석한 어느 연구에 따르면 이들은 일반인들에 비해 보다 더 외향적이고 활발합니다. 섬세하고 부드러움을 나타내는 지표는 일반인에 비해 낮게 나타나 흔히 진료실에서 마주치는 신경성 노이로제에 걸릴 가능성은 낮습니다. 그런데 흥미로운 점은 일반인에 비해 지극히 현실주의적인 태도를 갖고 있다는 점입니다. 상기 언급한 특징은 등산을 좋아하는 CEO들의 일부에서도 나타난 결과와 매우 유사합니다. 지극히 현실적이며 냉철한 태도와 함께 스릴에 대한 추구와 이를 금지했을 때 나타나는 금단 현상 또한 이들이 공유하는 공통점입니다.

목표를 달성하기 전 발생하는 짜릿한 스릴은 중독성이 강한 내인성 호르몬이 분비될 때 느낄 수 있습니다. 스릴이 없는 시간은 이들에겐 술과 담배를 일시적으로 끊었을 때 느껴지는 허전함과 초조함만 안겨줍니다. 이런 현상이 반복되면 될수록 결국 더 큰 자극을 갈망하는 결과를 얻는 셈이죠.

등산가들이 느끼는 스릴의 정도는 우리의 예상을 훨씬 뛰어넘습니다. 네덜란드의 한 대학에서 시행한 연구를 보면 고작 5미터 높이에 매달린 사람들의 불안은 시험을 눈앞에 둔 수험생이 느낀 불안보다 훨씬 더 높았습니다. 그 불안의 정도는 스케이트 선수가 올림픽 1500미터 경주를 앞두고 스타트 라인에 섰을 때와 견줄 정도였습니다. 하물며 몇 백 미터의 험준한 산을 등반하는 사람들이 느낄 스릴과 희열은 자그마치 어느 정도일까요.

높은 산을 오르는 그들처럼 경영의 목표치가 높을수록 그리고 그 목표에 점차 다가갈수록 회사를 경영하는 최고 책임자들의 불안 역시 더욱 심해질 것입니다. 이럴 때 등산은 경영을 하며 미처 해소되지 못한 불안을 대신 해소할 수 있는 좋은 대안입니다. 경영에 관한 불안이 산을 마주할 때 느끼는 불안으로 전치되었다고 생각하면 이해가 빠를 것입니다. 등정은 곧 자신의 목표가 정복되길 바라는 소망의 표현인 것입니다. 산봉우리는 길고 긴 경영이란 마라톤의 엔딩을 보고 싶은 경영자의 지친 마음을 잠시나마 쉬게 해주는 쉼터가 됩니다.

리더는 따로 있다?

주말에 등산을 하며 정복했다는 쾌감을 느껴본 것도 잠시, 다시 한 주가 시작되면 매일매일의 수입에 촉각이 곤두서는 것이 평범한 자영업자부터 큰 기업을 경영하는 책임자의 하루일 것입니다. 직장생활을 하거나 회사를 운영해본 사람들이라면 리더십 프로그램이나 관련 특강 한 번 안 들어본 사람은 아마 거의 없을 것입니다. 그 정도로 우리 사회엔 리더십이란 단어가 화두가 된 지 이미 오래입니다.

한 취업 포털 사이트에 따르면 우리나라 기업에서 가장 많은 리더의 성격 유형은 높은 성취욕을 갖고 "할 수 있다! 내가 책임진다"라고 얘기하는 '강한 자의식의 소유자'였습니다. 이 외에도 사람 중심의 "복잡한 건 딱 질색"이라 말하는 '낙천적 소유자', 완벽함을 중시하는 "생각할 시간이 필요하다"라고 말하는 '분석형 소유자' 순으로 나타났습니다. 더 많은 유형들이 있지만 너무 많아 열거하기도 숨이 찰 정도입니다. 정말 리더의 성격 유형이란 게 따로 있는지 의문조차 듭니다.

그나마 몇 가지 차이를 밝힌 연구의 공통분모를 보면 일반인이 '내향-감각-사고-판단' 형이 다수를 차지한다면 리더들은 '외향-감각-사고-판단' 형이 다수를 차지합니다. 상식적으로 생각해도 갑을관계에서 벗어나 사업을 시작해야겠다는 발상은 당연히 외향적인 사람들에게서 나올 가능성이 높겠지요.

대부분의 리더들이 궁금해하는 건 그다음의 문제입니다. 내가 남들보다 좀 더 외향적이란 사실은 당장 이 회사의 경영에 아무 도움이 되지 않습니다. 하지만 많은 CEO들은 리더의 자질에 대해 끊임없이 연구하고 공부합니다. 특유의 자질 혹은 성격이 따로 있을까 봐 노심초사하며 말입니다.

재미있는 건 대부분의 리더들은 저마다 다양한 성격을 갖고 있으며 심지어는 내향적인 성격의 소유자도 상당수를 차지한다는 사실입니다. 그러니 성격과 리더의 관계는 굳이 알 필요가 없는 일종의 소모적인 논쟁인 셈이죠. 코에 걸면 코걸이요 귀에 걸면 귀걸이입니다. 게다가 다행인지 불행인지는 몰라도 각 성격에 따른 고유의 특질은 노력한다고 해서 닮아갈 수 있는 것이 아닙니다. 너그럽고 사교적인 사람이 외골수의 날카로운 직관을 닮고 싶어 아무리 노력한들 그저 비슷하게 보일 수는 있어도 뼛속까지 같아질 수는 없습니다.

타고난 특질에서 우러나오는 장점은 다른 사람이 따라한다 해서 발휘될 수 없으며 그 반대의 경우도 마찬가지입니다. 혼자 있길 좋아하며 직관을 중시하는 사람이 오지랖을 자랑하며 사교적인 사람의 성향으로 변모할 수는 없는 것입니다. 굳이 최고책임자뿐 아니라 중간 직책에 있는 회사 간부도 이 고민에서 자유로울 수 없습니다. 소통을 강조하는 교육을 받긴 하지만 과연 어떤 모습이 제대로 된 모습인지 몹시 헷갈립니다. 30대 중반의 송 과장님 역시 헷갈리고 있었던 차에 어떤 책을 골랐습니다. 책 표지에 적힌 혼魂. 창創. 통通이 다소 낯설긴 했지만 말이죠.

리더십 좋아하는 사람들의 잘못된 경영

경영의 구루라 불리는 말콤 글래드웰의 1만 시간의 법칙, 크리슨 앤더슨 '와이어드' 편집장의 프리미엄론, 애플 리더 스티브 잡스의 성취비결 등 수많은 대가들의 메시지와 성공 키워드를 총 3부로 나누어 정리한 《혼魂. 창創. 통通. 당신은 이 셋을 가졌는가?》는 한 일간지에 게재되자마자 큰 파장이 일었습니다. 저자의 통찰은 꽤 예리했고 많은 분들이 그의 의견에 공감했습니다. 하지만 '혼. 창. 통'이란 키워드에 열광하게 된 본질적 이유까지는 잘 알진 못했습니다. 그저 비전과 창조, 소통이 21세기의 가장 중요한 화두일 것이란 추측이 주변 분들이 얘기한 대부분의 이유였습니다.

혼. 창. 통의 중요성은 정신의학적으로도 꽤 타당합니다. 펜실베니아 경영대학원 교수 제레미 리프킨이 쓴 저서《공감의 시대》와 경제학자 댄 애리얼리의《경제 심리학》에서도 언급했듯, 소비 행태의 핵심은 비합리적이라고 외면되어 왔던 인간의 '감정'입니다. 고로 경영 역시 사람의 감정을 이해하지 않고선 이루어질 수 없습니다. 가슴을 벅차오르게 만드는 비전을 뜻하는 혼魂, 남들이 가지 않는 새롭고 어려운 길을 가는 도전 정신을 담은 창創, 큰 뜻을 공유하며 상대를 이해하고 인정하여 서로의 차이를 존중하는 통通. 마음 문을 열고 상대방의 마음을 받아들일 때 성공할 수 있다는 저자의 말을 의학적으로 짧게 요약한다면 "우뇌를 활용하라"는 메시지가 됩니다. 대부분의 우리는 '일에 몰두하는 뇌'만 쓰는 경향이 있습니다. 구체적으로 말하면 오른손잡이의 경우 논리와 판단에 관계된 좌측 전전두엽의 일부와 학습 및 기억에 연관된 좌측 측두엽의 극히 일부만 사용하고 있습니다. 나머지 98퍼센트에 가까운 뇌는 거의 휴면 상태라고 해도 과언이 아닐 것입니다. 뇌의 활용 측면만 보자면 잉여 뇌가 넘치는 것이죠.

회사 내에서 기획·아이디어 팀에 적극적으로 합류해서 먼저 창조적인 아이디어를 도출하려 애를 쓰는 분들은 그나마 낫습니다. 비슷한 맥락으로 인력개발부에 속한 팀원들과 매주 집단 심리 치료를 하거나, 그런 부서조차 없는 직장이라면 술자리에서라도 인간적으로 교감하려 들지 않는 한 우린 나머지 뇌를 활용할 기회는 거의 없습니다.

앞서 인용한 경제심리학자 댄 애리얼리가 지적했듯 인간은 비합리적인 존재입니다. 마치 뉴턴의 물리법칙에 아인슈타인의 상대성 이론이 고려되어야만 위성항법장치GPS가 제대로 작동하듯, 인간의 비즈니스와 소비 행태는 단순한 한계효용의 법칙만으로는 설명이 곤란합니다. 시공간을 초월하고 감정을 좌지우지하는 우뇌의 원리를 같이 고려해야만 비로소 인간의 행동을 제대로 파악할 수 있습니다. 인간을 제대로 이해하려는 태도는 고객관리와 인력개발에 그치지 않습니다. 모든 의사 결정의 원천인 내가 변하는 계기가 될 수 있습니다. 나의 불안을 잘 헤집어보면 상대가 보이고 바이어의 감정이 읽히며 시장의 흐름이 보입니다.

그래서인지는 몰라도 언제부터인가 고위 경영자들을 위한 심리코칭 프로그램이 생겨나는 것은 아주 바람직한 변화라고 생각합니다. 마음의 휴식은 물론이요, 무엇보다 내가 왜 이 사업을 하고 있는지에 대한 근원을 깨달음으로써 막연한 불안에서 벗어날 수 있기 때문입니다. 게다가 직원과 외부 바이어 그리고 나아가 고객들과 진솔하게 소통할 수 있는 추진력을 얻을 수도 있습니다.

리더십의 노예는 리더가 될 수 없다

언제부터인가 우린 리더십이란 단어에 저절로 익숙해지게 되었고, 리더십은 어느새 꼭 가져야 하는 필수덕목으로 자리매김하였습니다. 이런 현실은 당장 근처 서점에 널려 있는 어마어마한 양의 리더십 관련 서적들만 보아도 여실히 체감할 수 있습니다. 허나 이런 부류의 책에는 큰 함정이 도사리고 있습니다. 마치 '리더십의 배신'이라 해야 할까요.

자신뿐 아니라 대량으로 리더십 관련 책을 구매해 사원들에게 책을 읽히는 행동 또한 마찬가지로 그리 좋지 않습니다. 물론 이러한 방침엔 나름 장점이 있긴 합니다. 사원들은 리더십 트레이닝을 통해 평소 잘 고민해보지 못했던 자신의 단점을 명료하게 확인할 수 있습니다. 그래서 좀 더 분발할 수 있는 기폭제가 되기도 합니다. 중견·고위 간부 역시 미처 몰랐던 부분들을 알 수 있는 기회가 됩니다.

그러나 지나치게 리더십만 강조하다보면 뜻밖의 결과가 발생합니다. 인간이 유기체로 이루어진 기계라고 불리긴 하지만 로봇과 다른 성질이 있다면 그건 앞서 말했듯 감정이란 비합리적인 원칙에 의해 움직이는 존재라는 것입니다. 그래서 리더십이든 회사 강령이든 그 내용 자체보다 더 중요한 건 이를 강조하는 관리자의 태도입니다. 어떤 이데올로기든 간에 근본은 사람이어야 합니다. 사람에 대한 존중이 없는 태도는 처음 얼마간은 그 카리스마로 인해 사람들이 열광할지 몰라도 시간이 지남에 따라 점차 회의와 분노, 심지어는 반란과 탈퇴를 꿈꾸게 합니다. 인간은 매우 불안정하고 당최 종잡을 수 없는 존재이기 때문입니다.

그럼 어떻게 하면 나부터 올바른 리더십을 가질 수 있을까요? 어떻게 하면 회사 간부와 평사원들이 적절한 리더십을 가져 회사의 아웃풋이 최고에 이를 수 있을까요? 결론부터 말하자면 회사가 리더십 강사 양성 학원이 아닌 다음에야 이 고민만큼 무의미한 질문은 없습니다. 리더십 노이로제에 빠져 있는 리더들의 환상이 있다면 그건 바로 저 멀리 어딘가 분명히 획일화된 정답이 있을 거라는 믿음입니다.

그리고 그 이면엔 어떤 뾰족한 묘책을 통해 내가 모자란다고 생각한다고 느끼는 부분들을 채울 수 있을 것이라는 기대 심리가 도사리고 있습니다. 사람들은 흔히 어떤 실수를 하면 그 실수를 그 실수 자체에 국한시켜 상황을 해석하지 못하고 자신의 전체에서 문제 혹은 결함을 찾는 데 급급해하는 경향이 있습니다. 우리는 너나 할 것 없이 원인의 뿌리를 제대로 찾지 못하는 귀인 오류의 천재기 때문입니다.

다행스럽게도 최고 경영자가 지덕노체를 모두 갖출 필요는 없습니다. 직장은 말 그대로 직장일 뿐이기 때문에 완벽한 사람이 될 필요 또한 없습니다. 사원들은 리더의 성격이 다소 까칠해도 참을 수 있습니다. 어느 연구 결과를 빌리면 약 34퍼센트의 사원들은 그저 리더의 경영능력만을 중시한다고 합니다. 지나친 모멸감을 주지 않는 한, 사원들은 관리자의 모난 성격은 참을 수 있어도 부진한 경영능력만큼은 참지 못하는 것입니다. 프로페셔널이 되어 회사를 건재하게 유지하는 것. 리더는 이것만으로도 이미 할 일을 다하고 있는 셈입니다.

그럼에도 불구하고 리더들은 왜 항상 불안할까요. 그건 어쩌면 더 이상 통제할 수 없는 조건까지 통제하려 들기 때문은 아닐까요? 자신이 노력해서 할 수 있는 것과 노력해도 안 되는 것-이를테면 IMF 사태나 일본 지진과 같은 사태로 인한 손실과 피해-을 구분하며 언제나 플랜 A 대신 플랜 B를 활용할 태세를 마련해야 하는데도 말이죠. 어쩌면 그것이 리더의 본분이요 리더가 할 수 있는 전부일지도 모릅니다. 완벽을 향한 지나친 욕구는 오히려 독이 될 수 있으니까요.

내 자신과 문제 자체를 분리하는 연습

어떤 학생은 성적이 떨어진 이유를 자신의 공부 방법에서 찾는 대신 자기 자신 그 자체에서 찾으려는 경향이 있습니다. 자신의 공부 방법과 자기 자신이란 말은 얼핏 보면 비슷하게 보이지만 결과는 확연히 다릅니다. 실패의 이유를 자신의 공부 방법에 국한해서 골몰히 연구하는 아이는 방법에 문제를 찾을 뿐, 자기 자신 그 자체에는 하등 의심을 품지 않습니다. 반면 실패의 이유를 나 자신에서 찾으려 하는 학생은 문제가 꽤 심각합니다. 공부 방법 혹은 전략을 결정하는 것도 자신이요, 바뀐 전략으로 다시 성적을 올려야 하는 이 또한 자신이기 때문에 근본이 흔들리는 불안을 겪습니다. 그래서 매사에 의구심을 갖게 되며 추진력이 떨어질 수밖에 없습니다. 곧잘 공부 자체를 포기해버리기도 합니다. 해마다 언론 지면상에서 보듯 몇 명은 그만 스스로 목숨을 끊고 마는 극단적인 선택을 하고 맙니다.

반면 현명한 학생은 성적 저하의 원인을 자기 자신으로 확대 해석하는 건 어리석다고 생각합니다. '성적은 성적이고 나는 나'라는 심리적 경계선을 뚜렷이 구분합니다. 똑똑하지는 않더라도 성적이 좋은 학생과 천재 소리를 들으며 자랐지만 성적이 잘 오르지 않는 학생과의 차이가 바로 여기에 있습니다.

경영 실적이 악화되는 이유를 찾는 태도 또한 이와 마찬가지여야 합니다. 경영 실적이 급격히 나빠져 불안에 빠진다면 그건 리더로서 너무도 당연한 심리적 변화입니다. 마음이 약한 게 아니라 정상적인 생리적 반응이요 신호인 것입니다. 문제는 지극히 정상적으로 발생하는 불안에 휩싸일 것이 아니라 이러한 불안을 도대체 어떤 생체 신호로 받아들이고 해석하냐에 달려 있습니다.

어떤 경우에 있어 불안은 자신의 직함과 진정한 자신을 분리하라는 신호가 됩니다. DJ. DOC가 〈나 이런 사람이야〉에서 부르짖는 랩처럼, 집이 내 명함이고 차가 내 존함이 되어서는 안 된다는 뜻입니다. 지역의 한 중견업체를 운영하는 김 사장님도 그랬습니다. 웃음보다 짜증이 앞서고 불안에 쫓기듯 살던 그분의 이면엔 진정한 자신의 모습과 최고 관리자로서의 자신의 모습이 서로 분리되지 못하고 늘 엉켜 붙어 있었습니다.

하지만 회사에서만큼은 스트레스가 적었습니다. 대부분의 시간을 보내는 회사에서만큼은 자신이 곧 최고였기 때문입니다. 자신의 그림자만 봐도 깍듯이 인사를 표하는 회사 사원들만 봐도 의기양양했습니다. 하지만 집에만 가면 사정은 달랐습니다. 과거에 한눈판 죄(?) 때문에 의심의 눈초리로 퇴근한 그를 맞이하는 부인, 공부엔 영 관심이 없는 듯 태만하기 짝이 없는 아들, 부인과의 불화에 질려 일찍 집을 나가버린 딸 등등을 생각하면 집은 그리 유쾌한 장소가 되지 못했습니다.

돌이켜보면 김 사장님이 불안했던 이유는 하나였습니다. 남에게 굽히지 않는 겉치레 혹은 품위를 뜻하는 '자존심'은 높아질 대로 높아진 반면 있는 그대로의 자신을 스스로 존중하는 태도인 '자존감'은 그대로였기 때문입니다. 그러다 보니 집에만 가면 회사처럼 대접해주지 않는 가족들이 야속하게 느껴졌습니다. 너무 서운하고 화가 나 회사 직원 대하듯 말해보기도 했지만 오히려 역효과만 났고 가족과는 점점 더 거리가 멀어졌습니다. 가족들은 아버지와 남편에게 통 큰 사랑을 원하지, 통 큰 권위나 복종을 원하지 않았습니다.

회사의 직급을 떠나 우리 모두는 화가 나면 다른 곳에서 보상받으려 합니다. 김 사장님은 집에서 당한 수모를 회사에서 보상받으려 했습니다. 하지만 부적절하게 화만 내는 상사를 좋아하는 사람은 아무도 없습니다. 그 결과 김 사장님은 순조롭던 회사 내에서의 소통까지도 점차 어려워졌습니다. 직언을 하는 부장에게는 쉽게 표정 관리가 안 되고 자신도 모르게 부장에게 화를 내는 일이 잦아졌습니다. 그 부장의 얼굴에서 집사람의 얼굴이 겹쳐 보이기 시작하면서 부인에게 받은 모멸감의 화살이 부장에게 날아간 것입니다.

참고로 인간관계에서 제일 좋지 않은 영향을 주는 것 중 하나가 일관적이지 못한 태도입니다. 일관성 없는 태도가 극에 달하면 두 가지 모순되는 명령을 동시에 할 때가 있습니다. 회사를 위해 허심탄회하게 얘기해보라고 해놓고선 정작 자신의 경영의 치부를 지적하는 간부가 나오면 자신도 모르게 화를 내거나 그 간부를 간접적으로 비아냥거리기도 합니다. 이를 두고 정신의학에선 이중 구속이라고 합니다.

말 그대로 서로 양립할 수 없는 두 가지의 태도로 사람을 구속하기 때문에 붙여진 용어인데 이런 태도는 상대방의 정서에 심각한 악영향을 주며 심지어 정신의학에선 정신 분열증의 후천적 요인으로 꼽기도 합니다. 비일관성이야말로 리더뿐 아니라 사람을 대할 때 피해야 할 가장 조심해야 할 점입니다.

비경제적인 비교 중독

"남들이 하는 대로 하면 된다고 생각한 적이 한 번도 없다"

영국, 캐나다와 함께 세계 3대, 아시아 1등의 마케팅 담당자로 선정된 아우디 코리아 이연경 이사. 그녀가 본 마케팅의 주체는 언제나 소비자였습니다. 경영의 최종 목표가 이윤 창출이긴 해도 이윤을 위해 소비의 주체가 가려진다면 그 전략은 오래가지 못합니다. 하지만 경영이 불안정해지면 이런 기본적인 명제조차 머릿속에서 쉽게 지워지고 맙니다. 순간 비슷한 업종에 종사하는 주변 리더들이 어떻게 하고 지내는지, 다시 말해 그들의 최근 트렌드가 유독 궁금해집니다. 자신이 다른 리더들에 비해 무엇이 빠지거나 부족하면 안 될 것 같은 두려움이 올라오기 때문입니다. 저는 이를 두고 '비교 중독'이라고 진단합니다.

물론 내가 잘나가야 회사도 잘나갈 수 있다는 믿음은 그다지 손해 볼 것이 없습니다. 하지만 누가 어울린다고 생각해서 사준 옷을 무심코 입고 나갔는데 다른 사람으로부터 실컷 망신만 당하고 온다면 과연 그 책임은 누구에게 있을까요. 옷을 선물로 사준 사람은 그저 성의를 표현한 것일 뿐, 받은 옷을 입고 안 입고의 선택은 결국 본인의 몫입니다. 그러니 보편적으로 돌아다니는 각종 재계의 루머들과 트렌드에 너무 현혹되면 안 됩니다. 자칫 나도 모르는 사이에 어울리지 않는 옷을 입고 낭패를 볼 수 있기 때문이죠.

1등을 위한 노력은 적어도 심리학에서 보면 그리 경제적이지 못합니다. 경제적인 관점에서 보면 경쟁심이란 불필요한 마음속 중간 유통업자와도 같습니다. 경쟁심으로 인해 창조적이며 획기적인 발상이 생겨야 할 머릿속이 온통 혼란스러워집니다. 비록 뼈아픈 실패를 했다손 쳐도 그 실패는 말 그대로 그 사업의 실패일 뿐이요, 나 자신이 실패한 것은 아닙니다. 그리고 더욱 다행스런 점은 그건 이미 과거의 일일 뿐이라는 점이죠. 나와 사업 간의 시간적, 공간적 경계를 긋는 것은 호시탐탐 우릴 넘보는 적군처럼 경영 부진 혹은 사업 실패에 대한 두려움을 떨쳐버릴 수 있는 든든한 이중막을 형성해줍니다. 뚝심 있고 능력 있는 나의 모습과 변화무쌍한 경영 실적과의 경계를 뚜렷이 구분하려는 노력을 지속하면, 더 이상 부진한 경영 실적을 갖고 나의 전체를 자학하거나 무고한 남들을 탓하지 않을 수 있습니다. 여태껏 남들만 보고 살아온 자신이 부끄러워질 수 있습니다.

허나 그 부끄러움은 좋은 부끄러움입니다. 한 차원 더 성숙한 리더를 향한 변화의 신호이기 때문입니다. 그 신호를 잘 소화시킬 수만 있다면 만일 큰 환란이 오더라도 휘청거리긴 하겠지만 뿌리째 뽑히진 않을 것입니다. 부진한 경영의 결과가 언제나 다시 시작할 수 있는 우리 본연의 존재와는 별개이기 때문입니다.

양적인 매출 성장만을 목표로 삼다가는 일에서 참다운 만족을 누릴 수 없습니다. 소비자의 진심에 호소하는 이른바 진정성 마케팅은 그나마 괜찮은 축에 속합니다. 허나 진정성이란 단어가 마케팅이란 단어와 만나면 마케팅은 곧 희생이란 단어로 치환되어야 합니다. 희생 없는 진정성은 있을 수 없기 때문입니다. 진정한 인간성을 바탕으로 어느 정도의 희생은 감수하겠다는 마음가짐이야말로 책임자나 직원 모두에게 있어 필요한 정신입니다. 그런 마음가짐이 갖춰진다면 그는 단순한 리더가 아닌 멘토가 될 테니까요.

이 글을 쓰는 일요일 아침, 김 사장님은 오늘도 열심히 등산에 매진

하고 있을 것입니다. 자신의 능력을 확인하기 위해, 힘든 고통의 끝을 맛보기 위해, 늘 자신을 나무라며 회사를 물려준 아버지에 대한 그리움과 원망을 정복하기 위해. 마치 영화 〈인셉션〉 속 피셔가 꿈에서 그랬던 것처럼 말이죠.

시간을 끌게 만드는 생각

숫자 중독

숫자의 노예가 된 사람들

강박증 영화의 대명사가 된 〈이보다 더 좋을 수 없다〉의 멜빈. 영화 속 그의 생활은 온통 숫자 5를 중심으로 돌아갑니다. 문도 다섯 번 잠그고, 불도 다섯 번 켜고, 어떤 행동이든 무조건 다섯 번을 해야 직성이 풀립니다.

    모든 증상은 무의식적인 의미가 있는데 숫자에 대한 집착도 예외가 아닙니다. 멜빈이 추앙해온 5라는 숫자 역시 예부터 여러 가지 분야에서 신비한 뜻을 담고 있다고 알려져 있습니다. 예컨대 동양철학에서 말하는 음양오행설의 5는 화성, 수성, 목성, 금성, 토성의 다섯 행성을 뜻하며 여기서 말하는 5는 우주의 기운을 이룬다는 의미를 담고 있습니다. 또한 먹을 수 있는 열매를 맺는 식물의 꽃잎 개수는 대부분 다섯 장이기 때문에 5를 생명의 숫자라고 여기기도 합니다. 영화 속 멜빈이 일상생활의 기준점 마냥 삼고 있었던 숫자 5에 대한 집착은 이런 시각에서 본다면 나름 활력 있는 삶에 대한 소심한 갈망이었을지도 모릅니다.

이 밖의 숫자들 역시 그 나름의 상징적 의미를 내포하고 있습니다. 예컨대 1은 숫자의 시작인 첫 번째를 의미합니다. 그래서 모든 일의 시작이나 새롭게 출발한다는 의미를 갖습니다. 새해 첫날인 1월 1일을 우리가 특별한 날로 생각하는 근원이기도 합니다. 1은 더 나아가서 어떤 집단의 처음이 되는 우두머리를 뜻하기도 하며 왕이나 아버지를 가리키기도 합니다.

1이 선함을 의미한다면 2는 고대 어느 지역에서는 나쁜 수라고 여겼습니다. 선과 악 그리고 흑과 백처럼 반대 또는 대립의 의미가 있어 싸움을 의미하기도 합니다. 학교 괴담에서 빠지지 않는 전교 2등의 물구나무 괴담 역시 이런 연유에서 비롯되었는지도 모릅니다. 그럴 수밖에 없는 것이 2는 내면의 갈등을 상징하는 수이기 때문입니다. 그래서 꿈에 두 개의 무언가를 보았다면 그건 꿈을 꾸는 자아와 또 다른 자신과의 갈등을 뜻하기도 합니다.

하지만 2가 꼭 불편한 뜻만 있는 건 아닙니다. 고대 이집트에선 2를 세계를 완성하는 의미로 신성시하기도 했습니다. 당시 고대 이집트는 현재 우리나라처럼 남북이 갈라져 있었는데 서로 대립각을 세우지 않고 두 땅이 세계를 완성한다고 여겼습니다. 그래서 2는 어떤 경우에 있어 결합이나 동반관계를 상징합니다. 마치 남과 북이 화해하듯 의식과 무의식의 결합이나 내면의 남성적인 면인 아니무스와 여성적인 면인 아니마의 통합을 의미할 수도 있는 것입니다. 남성과 여성이 만나면 그 다음 이어지는 현상은 출산입니다. 그래서 2는 창조의 상징이기도 합니다.

3은 완전함을 뜻합니다. 1이 선을, 2가 악을 뜻하는 숫자라 치면 선과 악을 더한 3은 어느 한쪽으로도 치우치지 않는 완전한 숫자입니다. 성부, 성자, 성령의 삼위일체 사상이나 불교의 삼존불, 우리나라의 삼신할머니 등 3을 완전한 수라는 의미로 사용한 것은 결코 우연이 아닙니다.

6은 물, 건강이나 아름다움 혹은 사랑을 의미합니다. 육각수를 최고의 물로 쳐주는 이유이기도 합니다. 게다가 주사위에서 제일 큰 숫자가 6이기 때문에 서양에서는 6을 가장 강한 수라고 생각합니다. 때로는 3과 동일한 뜻인 완전함을 상징합니다. 3의 배수인 9 역시 3을 두 번 곱하면 나오는 수입니다. 그래서인지 중국의 경우 9를 신성하게 여겨 음력 9월 9일을 명절로 정했지요. 실제로 중국의 문화 유적에서 9의 흔적을 찾아볼 수 있으며 오래될 구舊와 발음이 같아서 장수를 의미하기도 합니다. 실제로 우리나라나 중국의 도로를 뽐내며 달리는 고급차종의 번호판을 살펴보면 유달리 9가 많음을 어렵지 않게 확인할 수 있습니다. 이렇게 3의 배수는 모두 3과 동일하거나 비슷한 의미를 지닙니다.

이렇듯 숫자가 갖는 보편적인 상징성이란 꽤 다양하고 우리의 내면과 직접적인 관계를 가집니다. 그래서 숫자 그 자체만으로도 우리 마음에 아주 강렬한 힘을 발휘할 수 있으며 우린 부지불식간에 숫자의 노예가 되는 거지요. 40대 중반 여성인 윤희 씨도 그랬습니다. 그녀는 수를 세는 행동에 구속된 채 꽤 고통스런 삶을 살고 있었습니다. 그녀는 남들이 봤을 땐 그동안 별 탈 없이 잘 지냈을 것처럼 보였지만 실은 가난하고 형제 많은 집의 장녀로 태어나 어렸을 때부터 소녀 가장의 역할을 맡아야만 했습니다.

부모는 생계를 유지하기에 바빠 윤희 씨는 거의 동생들의 부모 노릇을 도맡아 해야만 했습니다. 그녀의 학창 시절을 기억하는 주변 사람들은 하나같이 그녀를 밝고 쾌활하며 매사 적극적인 아이로 기억했었지요. 그럴 수밖에 없는 것이 그녀는 가난한 집안을 탓하기는커녕 자신이 스스로 돈을 벌어 취업 학원을 다녔고 그나마 번 돈조차 남동생 대학 자금으로 부쳤습니다. 배우자로도 연애 기간 동안 자신이 사랑했던 남자보다 현실적으로 안정적인 남자를 선택했습니다.

하지만 결혼한 이후 행복해도 모자랄 판에 그녀는 왠지 모를 불편감에 시달리기 시작했습니다. 영업 부서에 몸담고 있던 그녀는 실적도 꽤 좋아 상사에게 한 몸에 인정을 받았지만 정작 자신은 그다지 만족스럽지 못했습니다. 오히려 불만이 가득했습니다. 남들은 비록 명랑하고 자유로운 영혼이라며 그녀의 진취적인 모습을 추켜세웠지만 실은 늘 긴장하고 자유롭지 못했습니다. 스스로의 변화를 위해 나름 심리학과 철학을 공부하며 인생관을 바꾸려 노력하기도 했었고 어릴 적 부모에게 받았던 상처를 씻으려 이래저래 자존감 회복 프로그램에도 참여해보았지만 불안은 쉽게 사라지지 않았습니다.

그러던 어느 날 문득 그녀는 자신의 이상한 모습을 발견했습니다. 언제부터인지는 몰라도 계단을 오를 때마다 숫자를 세고 부엌에서 칼

질을 할 때나 무언가에 집중할 때마다 숫자를 세는 것이었습니다. 심지어 마늘 꼭지를 따면서 하나, 둘 마늘의 수를 세고 있는 자신을 보고선 화들짝 놀라 '내가 왜 이러나'며 고개를 절레절레 흔들어보지만 어느덧 다시 처음부터 숫자를 세게 됩니다. 이런 습관은 부지기수로 생겨나 심지어 횡단보도를 건널 때에도 흰 선을 세며 건너기도 하고 보도블록의 칸수를 세며 걷기도 했습니다. 필경 그 현상은 〈이보다 더 좋을 수 없다〉의 관람 후유증만은 아닌 듯했습니다. 그녀에게 내려진 숫자의 저주, 왜 생겼던 걸까요.

불안을 잠재우기 위한 습관

생각이 우릴 못살게 괴롭히고 있다면 흔히 생각이 담고 있는 메시지나 내용 때문이라고 추측하기 쉽지만 사실은 그렇지가 않을 때가 더 많습니다. 4나 13이 불길하고 7이 행운을 안겨다줄 거란 생각은 미신을 믿지 않는 사람을 포함해 우리 모두의 무의식 속에 잠재되어 있지요. 그러나 이 생각을 갖고 있다 해서 우리 모두가 숫자 강박의 노예가 되진 않습니다. 심지어 어떤 경우엔 이런 생각들이 병적으로 치부되지 않을 뿐더러 오히려 자신이 몰두하는 일에 도움을 줄 수도 있습니다. 한 예로 유명한 미국 메이저리그 선수인 웨이드 보그스Wade Anthony Boggs를 보면 알 수 있습니다.

타격하기 전 그는 수십 번 자신의 장갑을 꼈다 벗었다 하는 건 기본이요, 버릇이라고 칭하기에는 너무나 독특하고 꽤 거추장스러운 습관을 갖고 있었지요. 매일 아침 같은 시간에 일어나 정확히 150개의 땅볼 수비 연습을 실시했을 뿐 아니라 매 경기 전 닭고기를 먹어 '치킨 맨'이라는 별명이 붙기도 했습니다. 야간 경기 전에는 항상 5시 17분에 타격 연습을 시작했으며 전력질주 연습은 반드시 7시 17분이 돼서야 감행했습니다. 이렇게 그가 특정 숫자나 음식에 집착한 이유는 의외로 단순했습니다. 7을 고수함으로써 7타수 7안타를 칠지도 모른다는 기대가 바로 그 이유였지요.

실제로 '7의 습관'은 놀라운 위력을 발휘했습니다. 다섯 번의 타격왕, 3000 안타 달성 및 월드시리즈 우승으로 가볍게 명예의 전당에 안착하게 했을 뿐 아니라, 국내에서도 이런 습관을 나열하던 국내 스포츠 방송 여성 앵커로 하여금 웃음을 참지 못하게 만들어 방송 사고를 내게 만들기까지 했으니 말이죠.

보그스의 경우처럼 특정 목표를 이루기 위해 자신의 행동을 다듬는 반복적인 습관을 흔히 징크스라 합니다. 징크스는 원래 불길한 징후를 뜻하지만 사람의 힘으로는 어쩔 수 없는 운명적인 일을 의미하는 포괄적인 뜻을 나타내기도 합니다. 특히 앞에서 살펴본 웨이드 보그스처럼 직업적으로 승부를 겨루는 사람들에겐 징크스를 갖는 것이 그리 나쁜 것만은 아닙니다. 정신 건강 측면에서 보면 승패에 대한 심리적 부담을 덜어주는 완충제 역할을 하기 때문입니다.

그러나 어떤 이들에게 있어서 징크스는 일상생활의 모든 영역에 관여할 뿐 아니라 마치 규율처럼 자리 잡아 삶의 일부가 되기도 합니다. 멜빈과 윤희 씨의 경우가 그랬지요. 그들은 공통적으로 반복적인 행동을 마치 의식처럼 거행하고 있었습니다. 정신의학에선 이런 반복적인 의례 혹은 의식을 리추얼Ritual이라 합니다. 리추얼은 본래 상징적인 가치를 지닌 일련의 행동을 뜻하는데 천주교의 세례나 추석과 설에 많은 주부님들을 곤란하게 만드는 차례 의식이 이에 속합니다. 집단적인 리추얼은 매우 다양한 목적을 가집니다. 종교적인 관점에서 리추얼은 절대자에 대한 감사함이나 의무감의 표시 혹은 영적인 만족감을 얻기 위해 거행됩니다. 특정 가문 집단에서 행해지는 리추얼은 가족과 종친 간의 결속을 다지고 집안 내의 도덕 규범을 지켜내는 데 상당한 힘을 발휘합니다.

그런데 집단뿐 아니라 지극히 개인적인 리추얼을 갖고 있는 사람도 최근 들어 많이 눈에 띕니다. 소위 '셀프 리추얼족'이 그들이죠. 몇 해 전 방영된 드라마 〈결혼 못하는 남자〉에서 지진희 씨가 연기했던 주인공 '조재희'의 모습이 대표적입니다. 배려라고는 전혀 없이 혼잡한 고깃집에서 테이블을 독차지하고선 아주 천천히 음미하는 '싸가조(싸가지 없는 조재희라는 의미의 줄임말)' 장면이 바로 그것입니다.

조재희와 같은 인물은 비단 드라마 속에 그치지 않습니다. 우리 중 일부는 절대 양보할 수 없는 원칙 한두 가지쯤은 갖고 있습니다. 이 원칙은 마치 철옹성과 같아 조금이라도 이 경계를 넘으려는 사람에게는 무참히 응징하고 싶은 마음이 올라옵니다. 아주 심한 분들의 경우 삶의 진가는 반드시 지켜야 할 원리와 원칙 그리고 순서에서 샘솟는다는 공통적인 믿음이 발견되기도 합니다.

몇 해 전 비엔나 학회차 묵었던 호텔에서 목격한 어떤 할머니를 떠올려봐도 그렇습니다. 조식을 하러 들른 뷔페 라운지에서 저는 흠칫 놀랄 만한 광경을 발견했습니다. 프랑스 칸 영화제에서나 볼 법한 드레스를 입고 요리 하나하나를 꽤 꼼꼼하게 주문하며 우아하게 드시던 노파는 단연 아침 식사 장소에서 대번에 눈에 띄었습니다. 처음엔 그저 새벽에 체크인을 했거나 좀 특이한 관광객이려니 했습니다.

그런데 실은 그렇지가 않았습니다. 사실을 알고 보니 그분은 거의 몇 년 동안의 아침을 그 호텔 조식으로 우아하게 시작했던 것입니다. 가까이서 지켜본 그녀의 식사습관은 더 흥미로웠습니다. 실례를 무릅쓰고 며칠을 유심히 지켜본 바 그녀가 마시는 와인의 브랜드는 물론이요 마시는 횟수, 메뉴를 먹는 순서, 심지어 브레드를 먹는 횟수까지 매일 똑같습니다. 만약 '세계 셀프 리추얼 대회'라도 있다면 분명 금메달감이었습니다. 물론 이런 리추얼에도 순기능이 있습니다. 스스로를 사랑하고 아끼는 태도가 약간이나마 섞여 있기 때문에 걸핏하면 자살이네 우울증이네 하는 얘기가 일상이 되어버린 시대에 그나마 내 모습을 친히 보듬고 섬길 수 있습니다.

드라마 속 조재희와 비엔나 호텔의 할머니. 이들에게 있어 리추얼의 목적은 단 한 가지입니다. 그건 바로 불안이란 포화 속에서 자신을 보호하는 것입니다. 의식을 거행하며 몰입함으로써 우린 다른 생각을 잠시나마 지울 수 있습니다. 그렇기 때문에 불안할 틈이 없는 것입니다. 하지만 여전히 문제가 있습니다. 리추얼이 불안을 잠재우는 데 걸리는 시간이 지극히 짧다는 점입니다. 그러다 보니 불안을 지속적으로 잠재우기 위해 우린 술과 담배에 중독되듯 리추얼에 중독되는 것입니다.

리추얼에 빠지면 빠질수록 결국 어느새 삶의 주체는 내가 아니라 리추얼이 되어버리고 맙니다. 불안을 잠재우기 위한 목적으로 가졌던 습관이 나중엔 습관을 위한 습관으로 변질되고 마는 것입니다.

시간을 끌게 만드는 의식

이렇게 리추얼이 품고 있는 아이러니의 중심엔 대체 무엇이 있는 걸까요. 의학에서 '발작'이라고 불릴 만한 격정적인 현상은 그리 많지 않습니다. 정신건강의학과 영역의 경우 '경련 발작'과 불안의 극한 상황을 일컫는 '공황 발작' 정도가 아마 거의 전부일 듯합니다. 그러나 드물지만 강박증에서도 발작 증상이 존재합니다. 소위 '강박 발작'이 바로 그것입니다.

헝가리 출신 정신분석가 산도르 라도Sandor Rado는 어릴 적 공공장소에서 땅에 드러누워서 '땡강' 부리는 만행으로 부모의 인내심을 시험케 하는 분노 발작에서 강박 발작의 씨앗을 보게 됩니다. 강박 발작이 분노 발작과 다른 점이 있다면, 분노 발작에 비해 그리 격정적이지 않다는 것입니다. 하지만 분노 발작보다 훨씬 '가늘고 길게' 갑니다. 강박 발작은 생떼를 부리며 토해내는 아이의 분노에 비해 방출되는 속도가 훨씬 느릴 뿐 그 본질이 분노라는 공통분모는 같습니다. 게다가 그 분노의 표현 또한 충분치 못합니다. 찔끔찔끔. 표현하는 듯 마는 듯합니다.

갑작스럽게 몰아치는 공황 발작과 막무가내식의 분노 발작에 비해 강박 발작이 이런 소심한 모습을 보이는 까닭은 분노와 동급의 에너지를 갖는 무엇 때문입니다. 원색적인 분노 표현에 맞서는 바리케이드 같은 그 무엇을 라도 박사는 '죄책감'으로 보았습니다. 마치 시위대가 전경에 맞서듯 죄책감은 그만큼 분노 표현을 두렵게 만듭니다. 이런 현상을 가리켜 그는 '욕구 방출의 간섭 현상'이라 했습니다. 물리학에 뿌리를 둔 이 용어는 원래 두 개 이상의 파동이 한 점에서 만날 때 중첩되어 진폭이 합해지거나 상쇄되는 현상을 뜻합니다. 숫자를 세기 싫은데도 불구하고 자기도 모르는 힘에 이끌려 횟수에 집착하여 결국 중요한 일이 지연되어버린 이면에는 서로 다른 에너지가 마음속에서 끊임없이 충돌하고 있다는 뜻입니다.

서로 반대되는 방향의 긴장이 첨예하여 대립의 각을 세울 때, 우린 결국 긴장의 근원을 번갈아가며 방출해낼 수밖에 없습니다. 이때 유일한 변수로 작용하는 것은 바로 시간입니다. 불에 달구어진 강철을 너무 빨리 급랭하면 날의 강도가 너무 높아져 쉽게 깨지고 말지요. 반대로 천천히 식힌다면 쇠의 유연성이 증가하게 됩니다. 화상을 입은 피부도 마찬가지입니다. 얼음을 화상 부위에 직접 대는 것은 피하는 것이 좋은데 너무 급작스럽게 열기를 식히면 혈관이 수축하면서 염증성 물질이 생겨 상처 부위가 더 악화될 수 있기 때문입니다. 숫자 혹은 횟수의 노예가 됨을 자청하며 매사를 느리게 풀어나가는 사람들 또한 이런 원리들이 복합적으로 작용하는 것입니다.

강박의 원리는 생존의 원리입니다. 그래서 우린 스스로도 모르게 시간이 걸리더라도 안전함을 먼저 선택하려 듭니다. 하지만 비효율적인 업무의 종국은 결국 미완성으로 끝나버리고 맙니다. 안전한 일 처리를 위해 신중함을 선택했건만 결국 일 자체가 무산이 돼버리는 것. 이것이 숫자 강박이 빠지는 자가당착입니다.

산도르 라도 박사는 이처럼 시간을 벌기 위해 강박적으로 치중하는 행동 양식에 이름을 붙였습니다. 시간을 끌게 만드는 생각을 '브루딩 스펠 : 곱씹는 주문'으로, 그로 인해 느려진 행동을 '리추얼'로 칭한 것이 바로 그것입니다. 그런데 리추얼의 노예가 된 이들 중 일부는 왜 하필 그 도구로 숫자를 선택하는 걸까요?

실제 임상에서 숫자 강박에 빠진 사례는 굉장히 많은데 아마도 그건 의식을 반복적으로 행함에 있어 번거롭지도 않고 시간적으로도 꽤 효율적이기 때문입니다. 그리고 또 한 가지 이유는 앞서 말한 숫자가 갖고 있는 상징에 대해 지나치게 가치를 부여하려는 심리적 성향 때문입니다. 이것이 굳어지면 우리의 사고 체계는 너나 할 것 없이 딱딱한 돌처럼 관념화되어버려 우릴 지배하는 이데올로기로 변모하고 맙니다. 강박을 설명함에 있어 가장 중요한 개념, 앞서 언급했던 지배 관념이 바로 그것입니다.

숫자 강박이 알려주는 불편한 진실

자기를 둘러싼 모든 것이 특정 숫자와 연관이 있고, 우연히 읽은 소설책이 자기가 살아온 과거와 똑같다고 여겨진다면 세 가지 가능성을 추론할 수 있습니다. 첫째, 그저 우연의 일치로 여기는 경우. 둘째, 자기를 아는 누군가가 쓴 책으로 생각하는 경우. 마지막으로 나와 전혀 관계없는 것조차 나와 관계있다고 믿어버리는 관계 망상에 빠진 경우.

개봉 날짜까지 2월 23일로 잡는 섬세함을 보였던 영화 〈넘버 23〉에 얽힌 숫자 강박의 비밀은, 비단 영화감독 조엘 슈마허와 짐 캐리의 이름 스펠 수의 합이 23이란 것 말고도 더욱더 많은 인간의 본성을 담고 있습니다. 숫자 강박에 빠진 영화 속 월터는 엄밀히 말해 좁은 의미의 강박 장애의 선을 넘어 망상에 빠져 있었습니다. 강박 장애에 걸린 사람은 적어도 그 강박을 불쾌하게 여기고 벗어나고 싶어 합니다. 자신이 집착하기 싫은데도 자꾸 신경이 쓰여 괴롭습니다. 정신의학에선 '자아 이질적'이라는 용어를 씁니다. 이를테면,

"23이란 숫자에 신경 쓰며 살기 싫은데.
안 그러면 뭔가 찜찜해.
할 수 없이 23에 맞춰 살아야겠어.
잠도 23시에 자고 양말도 23켤레 사고.
아! 이젠 더 이상 지긋지긋해."

라며 자신의 고통을 토로하면 이는 자아 이질적인 증상을 갖는 강박 장애입니다. 하지만 영화 속 월터의 모습은 달랐습니다. 별 연관도 없는 자신의 생일, 주소 등등 자신을 둘러싼 거의 모든 것들에 대해 어떻게든 23이란 숫자로 귀결시키기 위해 급급했습니다. 그뿐 아니라 누군가가 자신의 삶을 지켜보았으며 자신도 23의 '저주'에서 헤어날 수 없다는 생각에서 단 하루도 벗어나지 못했습니다. 23에 지나친 의미를

부여하며, 또 강력한 피해의식에 사로잡힌 채 자신의 삶이 담겨 있다고 믿고 있는 책을 보며 하루 종일 자신만의 세상에서 살았습니다. 최악의 가능성만을 생각한 채 너무도 잘못된 신념 하에서 하루 종일 동분서주 하고 있었던 셈이죠. 이쯤 되면 강박 장애가 아니라 망상 장애에 준해 치료가 들어가게 됩니다.

월터는 소설책 내용처럼 자신의 부인 역시 다른 남자와 은밀한 관계를 맺고 있는 건 아닌지 의심의 생각이 꼬리에 꼬리를 물었습니다. 질투 망상, 소위 의처증을 겪는 분들에게 이러한 망상에 대해 물어보면 그들은 하나같이 "의심하는 상대들이 자꾸 의심하게 만든다"라고 얘기합니다. "빌미를 제공한다"며 한목소리를 냅니다. 그러나 망상 장애를 겪는 이들은 실은 이런 '빌미'를 빌미 삼아 자신들만의 은밀하고 무서운 공상들을 정당화시킵니다. 보고 싶은 것만 보고 믿고 싶은 것만 믿는 '망상적 지각'은 우리 누구에게나 있기 때문입니다.

그런데 여기서 의문이 생깁니다. 위의 말이 사실이라면 당연히 아름답고 예쁜 것, 사랑스런 애인 목소리, 푸른 초원, 그림 같은 집이 보고 싶을진대, 영화 속 월터처럼 우리 주변엔 극단적인 염려나 걱정에 빠져 하루하루 괴로운 나날을 보내는 사람이 많은 건 왜일까요. 심지어 건강 염려증이 심한 분들은 인터넷이나 TV에서 제공하는 건강 관련 정보에서 자신이 두려워하는 병을 미리 생각해놓은 뒤 그 병에 맞는 증상만 끼어 맞추며 벌벌 떨며 살아갑니다.

그런데도 불구하고 검진을 받으러 바로 병원으로 가지는 않습니다. 이런 분들은 현실 판단 능력의 대부분이 건강하기 때문에 자신이 특정 질환을 두려워하고 있다는 사실이 부적절하다는 사실 또한 잘 알고 있습니다. 부적절감은 대부분 수치심과 직결되어 있는데 그러다 보니 병원에 가서 자신의 증상을 얘기하고 정확한 진단을 받는 걸 미룹니다. 결국 이러지도 못하고 저러지도 못하면서 세월만 흘려보내고 속병만 끙끙 앓습니다. 그중엔 아무 이상 없다는 말을 들을까 봐 오히려 염려하는 분도 계십니다. 마치 불길한 걱정이 우리 삶을 지탱하는 데 도움이라도 되는 것처럼 말이죠.

수數로 속죄하다

다소 김빠지는 얘기일지는 몰라도 사실 이 같은 논의는 이미 100년 전 프로이드에 의해 정리되었습니다. 진흙탕과 같은 삶을 미리 두려워하고 그 공상의 노예가 되고 마는 사람들의 심리적 근원은 다름 아닌 '꿈'에 있었습니다. 1900년에 내놓은 《꿈의 해석》에서 그는 꿈이야말로 무의식으로 가는 지름길이라고 역설합니다. 두뇌를 컴퓨터로 비교하면 꿈은 일종의 컴퓨터 고유의 언어, 다시 말해 기계어인 '어셈블리 언어'인 것입니다.

꿈은 소망 충족의 기능을 담고 있습니다. 그래서 마치 암호를 해석하듯 꿈을 잘 해석하면 그 사람의 숨은 심리와 소망이 무엇인지 알 수 있습니다. 그런데 정신병적 증상 역시 무의식의 발현이란 점에서 꿈과 매우 유사합니다. 얼핏 들으면 지리멸렬한 내용을 담고 있는 공상이나 망상 혹은 환청까지도 그 사람의 은밀한 소망을 알 수 있는 단서가 됩니다. 내면에서 들끓는 갈등 구조를 간접적으로 보여주는 셈이죠.

그렇게 가정하면 〈넘버 23〉 속 월터의 소망은 비극적으로 저주받는 것을 바랐다는 것인데 프로이드 역시 이 부분을 놓치지 않았습니다. 마치 콜럼버스가 신대륙을 발견한 것처럼 그는 자신이 이전에 내어놓은 마음의 이론에다 '자기 징벌'을 관장하는 부분을 발견하였으며 마음의 이런 구석을 일컬어 '초자아'라고 칭했습니다. 그리고 무의식 속에 자기 징벌을 관장하는 부분이 있다는 내용을 포함한 '구조학적 모델'을 1923년도에 발표하기에 이르렀습니다.

자, 여기서 또 하나의 의문이 생깁니다. 이런 자기 징벌적인 욕구가 월터의 마음속에서 활개친 이유가 무엇이었을까요. 부인과 아들 하나를 두고 취미로 유기견이나 잡으며 살던 평범한 집배원 월터가 대체 뭘 잘못했기에.

일반적으로 현재 우릴 지배하는 정서는 과거의 감정 경험과 깊은 관련이 있습니다. 영화 속 월터는 여덟 살 무렵 어머니가 죽고 아버지가 자살하는 끔찍한 일을 목격했습니다. 아버지의 외도와 연관되는 장면이 잠깐 비춰지는 걸로 봤을 때 그의 어린 시절은 온통 가정불화의 기억으로 얼룩지어졌을 가능성이 높습니다.

응당 받아야 할 사랑을 받지 못해 굶주림을 느껴왔거나 가정불화에 만성적으로 노출된 분들은 분노 조절과 연관된 뇌 부위인 전전두엽의 신경망 발달이 늦어집니다. 심리학적으로는 화가 났을 때 따뜻하고 부드럽게 자신을 달래는 부모의 모습이 미처 내면화되지 못한 까닭이기도 합니다. 잠재의식 속에 쌓여 있던 월터의 분노는 영화 속에서 무고한 연인을 향해 결국 끔찍한 일을 저지르게 하고 맙니다. 부모에 대한 분노가 연인에게 폭발한 것이지요.

끔찍한 얘기지만 누군가를 죽이고 싶은 마음을 품은 것만으로도 대부분의 사람들은 편히 지낼 수 없습니다. 보통 사람들은 '살의'만으로도 이미 살인을 저질러버린 것 같은 죄책감과 동일한 고통에 시달리기 때문입니다. 월터는 이미 버림받은 심리적 상처로 인해 원망과 적개심이 만성적으로 곪아 있었습니다. 여기서 미움과 죄책감은 실과 바늘처럼 같이 다니며 우리 마음속을 헤집기 마련입니다. 그리고 죄책감이 우리 마음을 엄습하면 어김없이 '불안'이란 신호탄이 발사돼서 자아로 하여금 미움과 죄책감을 그럴듯하게 해결할 궁리를 찾게 만듭니다.

하지만 요령 없이 너무 무거운 짐을 메고 가다간 결국엔 쉽사리 발목을 삐고 마는 것처럼 자아는 그렇게 조금씩 멍들기 시작합니다. 독한 사람이 한을 품으면 서리를 내리고 착한 사람이 한을 품으면 제 머리 위로 번개를 때립니다. 자기 징벌이란 이름의 번개는 정수리에 이유 모를 공포, 불안, 자책이란 흉터를 남깁니다. 특히 착한 사람들이 더 힘들어 하는 이유 중 하나는 이 흉터가 대체 어디서 온 지도 모른 채 또 언제 번개가 떨어질지 두려워하며 지내기 때문입니다.

숫자 중독은 스스로에게 내린 징벌일 뿐이다

영화 말미에 월터는 결국 자신이 지은 죗값을 치르기 위해 부인과 아들을 떠나 감옥으로 갑니다. 하지만 정작 그의 마음은 오히려 평화로

웠습니다. 저주는 23이란 숫자가 내리는 것이 아니라 나 자신이 스스로에게 내린 것임을 깨달았기 때문입니다. 비록 몸은 유치장 신세를 질 수밖에 없었지만 역설적이게도 마음의 감옥은 그를 죄책감이란 무기징역에서 석방시켜주었던 셈입니다.

서두에 언급했던 윤희 씨, 그녀 또한 자신보다 남을 위해 살았던 꽤 착한 여자였습니다. 40대 중반이 되어서야 그녀는 비로소 인생이 그리 길지 않고 유한하다는 사실을 어렴풋이 깨달았습니다. 자신을 향한 불만은 바로 이러한 깨달음을 알리는 신호탄이었습니다. 마음의 평화를 느끼기 위해 여러 가지 노력을 했지만 자신에게 가혹하기만 했던 내면의 가치관은 좀처럼 그녀를 쉽게 놓아주지 않았습니다.

게다가 변화에 대한 두려움은 양파 쪽을 세거나 행운의 수를 세며 문단속을 하는 일련의 리추얼을 안겨줌으로써 최대한 변화를 더디게끔 만들었습니다. 강박적인 증상을 통해 그녀는 내면의 무의식에서 강력하게 요구하는 급격한 변화를 미룰 수 있었습니다. 게다가 그러한 증상을 취함으로써 '생활 속 불편'이란 고통을 치를 수 있었고, 이 고통은 훗날 자신에게 다가올 건강한 자유와 맞바꿀 수 있는 대가이기도 했습니다. 변화라는 자유를 만끽하려는 것 자체가 너무나 죄스러웠던 나머지 증상으로 속죄한 셈이죠. 수를 세는 것은 스스로에게 내린 징벌이요, 변화를 지연시키는 브레이크였습니다. 마치 영화 속 월터처럼 자유를 갈망하는 욕망에 대한 저주를 스스로에게 내렸던 것입니다.

숫자에 집착하는 이들은 하나같이 공통적인 지배 관념을 갖고 있습니다. 자신을 그저 '살아 있는 기계'로 보려 한다는 점이 바로 그것입니다. 자신은 기계이기 때문에 모든 생각과 행동을 수數로 환원하려 듭니다. 이런 생활신조는 어쩌면 인간은 곧 기계라는 설을 펼쳤던 철학자 데카르트나 소설가 마크 트웨인에게는 꽤 환영받을지 모릅니다. 그러나 잘 알다시피 이런 관념은 일상생활에 심각한 어려움을 낳습니다. 디지털 라이프를 신봉하며 살아가기엔 세상은 다행히도 지극히 아날로그적이기 때문입니다.

현실에서 자기 확장을 회피하는 수단

게임

게임 중독

게임 중독에 빠진 사람들에게 좋아하는 게임을 물어보면 십중팔구는 월드 오브 워크래프트, 리니지 등과 같이 중독성이 강한 온라인 롤플레잉게임MMORPG : Massive Multiplayer Online Role-Playing Games을 얘기합니다. 중독성이 강한 이런 게임 소프트웨어를 속칭 '헤로인웨어heroinware'라고 하는데, 이는 '아편(헤로인)이나 마약과 같은 게임 소프트웨어'라는 뜻입니다.

  온라인 게임은 실시간으로 게임이 진행되기 때문에 현실적인 경쟁심과 사회성을 자극하기에 충분하고 대인간의 상호작용이 가능하여 현실 사회의 대체 공간이 되기 쉽습니다. 요즘 인터넷 공간에서 게임 중독 자조모임 홈페이지를 쉽게 찾을 수 있는 것도 온라인 게임의 중독성이 그만큼 강하다는 반증입니다.

만 열여덟 살이 된 은수는 지난해 대입시험에서 실패하여 재수 학원을 다니고 있었습니다. 그러던 중 지나치게 컴퓨터에 매달려 하루 종일 게임만 하게 되었습니다. 어려서부터 조용하고 혼자 잘 놀았으며 학교에서도 수줍어하여 친구도 한두 명만 사귀는 등 꽤 내성적이었습니다. 말이 없고 자기표현을 잘 하지 못 해 학교에서 혼자 지내는 일이 많았습니다. 운동을 싫어하여 밖에서 놀기보다는 집안에 있는 것을 더 좋아했는데, 컴퓨터에 취미를 붙인 것이 그만 컴퓨터 게임에만 몰두하게 된 것입니다. 예전에 비해 신경이 예민해지면서 짜증을 많이 내고 머리가 아프다, 배가 아프다는 등 신체 증상을 호소하는 일도 늘어났습니다.

밤과 낮이 바뀌어 낮에는 잠만 자거나 늦게 일어나고, 밤에는 학원 다녀와서 컴퓨터에만 매달려 밤을 꼬박 새우는 일도 있었습니다. 가톨릭 신자였던 은수는 우연히 인터넷에서 본 포르노 동영상을 보며 자위행위를 한 일을 몹시 수치스러워 했고, 이후 오랫동안 종교적인 죄책감에 시달리기도 했습니다. 은수는 온라인 롤플레잉게임 세계에 푹 빠진 나머지 정작 그의 내면은 외부 세계와 차단되어 있었습니다. 원하는 것이라면 반드시 하고야 만다며 부모가 컴퓨터를 못하게 하거나 컴퓨터에서 게임을 삭제하면 기똥차게 어디 가서 다시 게임을 구해왔습니다. 게임으로 인해 일상생활이 파괴되어도 아랑곳하지 않았습니다. 이런 면들을 보면 그는 확실히 게임으로 인한 '중독 내지는 의존성 질환'을 앓고 있었습니다.

게임 중독은 질환보다는 의존

현재까지 학계에서는 게임 중독의 발생 빈도나 진단 기준에 대해 명확하게 의견 일치를 보이고 있지 않습니다. 소위 인터넷 게임 중독은 인터넷 게임의 자기 조절 능력을 상실함으로써 현저한 고통과 기능장애를 초래하는 경우에 국한해서 설명합니다. 의존성 질환의 특성 중 하나는 일상생활에 어려움이 야기됨을 자각하고 있음에도 불구하고 반복적으로 자행하는 자기 파괴적인 행동과 특정 행동을 반복하게 하는 신경회로망의 이상입니다. 실제로 어느 연구에서 반복적인 게임 플레이가 뇌의 측좌핵의 도파민 분비를 증가시킨다고 하였는데, 이는 알코올 의존과 같은 물질 의존 질환에서 보이는 유사한 신경 병리 현상입니다. 그 외에 직업을 잃거나 학업성적이 떨어지고 결석이 잦아지는 등의 일상생활에서 기능 수행의 장애가 동반되는 것 등이 온라인 게임 중독을 의존성 질환으로 보아도 무리가 없다는 증거가 될 수 있습니다.

그러나 '게임 중독'이 기존의 물질 남용 및 의존 질환의 생물학적, 심리학적 특성을 모두 공유할 것이라는 의견에는 아직 찬반이 엇갈리고 있습니다. 물질 의존성 질환의 핵심 증상 혹은 핵심 징후를 게임 중독에 고스란히 적용하기에는 다소 무리가 있기 때문입니다. 만약 의존성 질환을 금단이나 내성과 같은 신체적 징후로 구분하고자 한다면 온라인 게임에 몰두하는 것은 물질이 아니라 행동이기 때문에 심각한 금단이나 내성과 같은 신체적인 징후를 보이는 경우는 드뭅니다.

그래서 물질 의존에 비해 심각한 증상의 빈도가 낮아 의존성 질환으로 보기 힘들다는 견해가 있습니다. 다른 연구에서는 온라인 게임 중독 성향을 보이는 사람들의 심리 검사 결과가 일반적인 중독 성향을 보이는 군과 다르며, 온라인 게임을 많이 하는 군에 강제로 게임을 못 하게 해보았더니 기타 물질 의존 질환에서 주로 나타나는 이자극성을 보이는 예가 드물었다고 합니다. 이런 점들은 온라인 게이머들은 단지 색다른 사회생활을 추종하고 경험하는 것이 아닌가 하는 생각을 들게 합니다.

게임의 심리적 의미

은수의 지나치다 싶을 정도의 게임 사랑은 또래와의 친밀함과 현실적인 자기의 확장을 회피하는 수단이었습니다. 그래서 때로는 폐인처럼 살아가며 자신감을 잃어 현실이 두려운 나머지 가상세계나 판타지를 선택한 것이기도 합니다. 은수는 가상현실 속에서 누군가와 긴밀히 연결되어 공동체의 소속감도 느끼긴 했지만 이런 제한된 관계 속에서 인격 발달에 필요한 진실한 친밀함을 충분히 경험하기에는 역부족이었습니다. 사람은 적절한 상호간의 정서가 교류되어야 하는데 이 부분이 막히면 인격이 발달하는데 정체가 생겨버립니다.

그러나 의존성 질환이냐 아니냐 하는 기술적 진단의 패러다임에서 한발 물러서서 본다면 게임은 은수와 같은 사람들에게 현실세계의 자신의 모습에서 비치는 부적절감에서 벗어나게 해줍니다. 또 멋진 캐릭터로 나타나 물위를 걷거나 다른 사람들을 치유하거나 번개를 던지고 다니는 등 새로운 모습으로 재탄생해주게 해주는 신세계입니다. 은수에게 있어 게임은 자신의 이면을 표현하게 해주는 심리적 보상 기능을 제공해주고 있었던 것입니다.

은수의 지능은 상위에 속했습니다. 그러나 정서적·사회적 발달 수준은 그 나이 또래를 감안하면 다소 늦은 편이었습니다. 은수의 부모는 평소에 자주 불안을 호소해왔으나 병원을 찾은 적은 없었으며 은수를 주로 과잉보호하며 양육하는 편이었습니다. 이런 불안한 부모 밑에서 자란 아이들은 은연중에 '바깥세계는 믿을 수 없으며 위험한 곳'이라는 부모의 불안이 투사된 메시지를 받으며 자라는 경우가 많습니다.

분리 불안 및 학교 거부증을 표현하는 아동의 내적 상황이 이와 별반 다르지 않습니다. 이렇게 형성된 은수의 불안은 대인관계를 더욱 힘들게 하여 관계를 향한 욕구 해소의 어려움은 더욱 커졌습니다. 하루하루가 재미없고 견디기 어려웠습니다. 그러다 은수는 차선책으로 온라인 게임이라는 매체를 선택했던 것입니다. 그 안에서 은수는 어떤 행동이든 간에 모니터라는 안전한 틀 속에서 위험 부담 없이 마음껏 대인관계를 즐기고 경험해볼 수 있었습니다.

온라인 게임은 자기감이 막 응집되어 가야 할 발달과제를 안고 있는 청소년 후기에서 초기 성인기에 큰 영향을 미칩니다. 은수처럼 일상생활에서 실제 얼굴을 보며 대화하는 면-대-면 상호관계를 회피한 채 가상공간에서 만들어진 이미지로 또래 관계를 즐기는 것은 어찌 보면 '양날의 칼'인지도 모릅니다. 인터넷 환경은 사회 공포증이 있는 젊은이들에게 쉽게 또래 관계를 맺을 수 있는 기회를 제공해주기도 합니다. 실제로 임상에선 가상현실을 보여주는 전자 헬멧을 쓰고 술을 제안했을 때 거절하는 연습을 할 수 있는 가상현실 치료를 알코올 의존 환자에게 활용하고 있습니다.

하지만 가상현실만으로는 진실한 친밀감의 형성이나 경험을 제공하기에는 많은 한계가 있지요. 미국의 저명한 정신분석 전문의 가바드Glen. O. Gabbard는 온라인 롤플레잉 판타지 게임들이 미처 성장하지 못한 자신의 심리적 발달을 꾀하는 데 긍정적인 역할을 해줄 수도 있다고 했습니다. 온라인 게이머들은 가상현실 속에서 현실세계에서의 자신의 모습과 180도 다른 모습의 게임 캐릭터를 선택하며 자기의 이상화 욕구를 마음껏 표현할 수 있습니다. 온라인 게임은 면-대-면 상호관계를 박탈하여 사회 기술과 적응력 발달을 저해하며 공부하고 일할 시간을 빼앗는 단점이 있지만, 나름 의미 있는 또래 관계 기회를 제공하는 주 통로이며 자기의 응축과 발달과정을 촉진시킬 수 있는 순기능 또한 있습니다.

심리학자 터클Turkle은 굳이 완전한 자기가 되지 않고서도 자존감을 느낄 수 있다고 말했습니다. 가상현실은 정신분석학에서 얘기하는 내적 세계와 외부 현실의 중간에 위치한 전이 공간과 유사합니다. 온라인 게임을 할 때면 현실에 있으면서 또한 현실이 아닌 공간에 있는 것이지요. 온라인 롤플레잉 게임은 은수에게 자기 내면의 여러 가지 모습 중 위협적인 자신의 모습을 안전하게 경험할 수 있는 기회를 제공했습니다. 여러 가지 캐릭터로 게임을 해봄으로써 은수는 폭력적인 자신과 이타적인 자신의 내면을 통합할 수 있었고, 게임에 빠지는 건 단지 본질의 일각일 뿐이란 사실을 깨달으면서 자연스럽게 게임을 줄일 수 있었습니다.

내면의 결핍을 메우는 공간

트위터

140자가 결핍을 채우다

사실 몇 년 전만 하더라도 140자로 제한된 소셜 네트워크가 그리 매력적으로 다가오진 않았습니다. 기존의 블로그나 싸이월드에 비해 턱없이 부족한 이 공간은 동영상은 고사하고 사진과 음악조차 제대로 올릴 수 없었기 때문입니다. 게다가 기가바이트 시대에 걸맞지 않게 텍스트마저 140자 이내로 써야 하는 황당하리만치 인색한 설정은 많은 이들로 하여금 이 시스템은 얼마 가지 못할 거라는 추측을 낳기에 충분했습니다.

하지만 언제부턴가 조금씩 상황이 달라졌습니다. 사람들은 조금씩 여태껏 알고 지내던 '친구'나 '이웃'에서 벗어나 점차 '리더'와 '추종자'

가 되기 시작했습니다. 영화 〈시스터 액트〉에서나 나올 법한 팔로우란 단어가 사람들을 묶는, 끈을 가리키는 단어가 되었습니다. 종전에 페이스북이나 블로그를 하던 사람들은 생소한 이 네트워크에 호기심을 가지면서도 나름 독특한 사용 방법 때문에 좀처럼 다가갈 수 없었습니다.

하지만 시간이 지남에 따라 페이스북을 하던 사람이 점차 트위터로 옮겨가는 현상이 목격되면서 언어학자 벤 지머가 트위터롤로지(Twitterology · 트위터학)란 이름을 붙이면서까지 트위터에 대한 연구가 활발해지기 시작했습니다. 실제로 2010년 10월 기준으로 조사한 어느 통계를 빌리면 페이스북을 비롯해 다른 소셜 네트워크 가입 추세는 비슷하거나 감소하는 데 반해 트위터만큼은 꾸준한 상승세를 보여 당월 하루 평균 50만 명의 가입자를 양산했다고 합니다. 상황이 이렇게 되자 과연 어떤 성격의 소유자들이 주로 페이스북을 하며 어떤 이들이 트위터를 하는지에 대한 연구도 쏟아졌습니다.

그중 한 연구를 인용하자면 외로움을 잘 타고 감정의 안정을 원하는 사람들이 주로 페이스북을 하며, 목적 지향적이며 개방적인 사람이 주로 트위터를 한다는 결과가 나왔습니다. 그러나 연구마다 제각각의 차이가 있을 뿐 아니라 설사 그게 사실이라 하더라도 다소 피상적이란 느낌은 지울 순 없어, 보다 근원적인 이유에 대해 이야기해볼까 합니다.

지금 이 글을 읽는 사이에도 트위터에선 몇 억 명의 사람들이 자신의 생각 혹은 느낌을 적고 퍼뜨리고 누군가를 따르고 있을 것입니다. 너나 할 것 없이 우리 사이를 스며드는 트위터. 이 소셜 네트워크의 본질은 무엇일까요?

타임라인은 또 다른 나

페이스북은 싸이월드와 마찬가지로 서로 친구가 되어야 상대방의 근황을 알 수 있습니다. 단 한쪽이 친구 요청을 하면, 받는 사람이 승인을 해야 하는 이중 절차가 필요합니다. 그래서 친구 혹은 이웃 요청을 해 상대방이 승인해주지 않는다면 그들은 서로 간의 연결 고리를 가질 수 없습니다. 그러나 번거롭긴 해도 상대방이 승인 버튼을 꾹 눌러주면 둘 사이의 관계는 비로소 동등해지며 서로의 메시지를 볼 수 있습니다. 말 그대로 '친구'가 되는 것입니다.

반면 트위터는 관계 자체가 일방적입니다. 한쪽이 다른 한쪽을 그저 추종(이하 팔로우: Follow)하는 버튼만 누르면 둘 간의 끈이 생깁니다. 게다가 팔로우 버튼을 누르지 않아도 단지 상대방의 이름을 검색하기만 하면 충분히 그가 올린 글과 사진을 볼 수 있습니다. 《불안》을 쓴 작가 알랭 드 보통이나 《퇴근 후 이기적인 반란》의 저자 윤정은의 최근 근황이나 메시지를 보고 싶다면 그의 이름이나 트윗 아이디를 검색해서 보면 됩니다. 그들을 마음먹고 검색한 사람들 대부분은 거기에 그치지 않습니다. 열에 아홉은 팔로우 버튼을 누릅니다.

여기엔 그만한 이유가 있습니다. 자신이 추종하는 사람의 아이디를 팔로우하는 순간, 여태껏 나만의 생각과 느낌을 담아온 공간인 '타임라인'에 놀라운 일이 펼쳐지기 때문입니다. 상대방의 공식적인 일정뿐 아니라 생각과 느낌, 다시 말해 상대방의 거의 모든 속성을 담은 타임라인이, 그동안 내가 끼적거려온 타임라인에 마치 접붙이기 되듯 그대로 삽입되어 들어오게 됩니다. 트위터에서 '타임라인'은 바로 자신을 대변하는 아바타, 가상현실 속 또 다른 자신 그 자체입니다. 자신의 타임라인에 다른 사람의 타임라인이 삽입되는 것은 마치 정자와 난자의 DNA가 서로 만나 재조합되는 것과도 같습니다. 그래서 친한 친구가 아니더라도 서로 팔로우를 하고 싶은 심리는 마치 서로 의형제를 맺을 때 피를 나눠 마시는 심리와도 유사합니다. 친해지고 싶은 사람을 팔로우하면 우린 그 사람과 합일하고픈 비의식적 소망을 실현할 수 있는 것입니다.

팔로우의 숨어 있는 두 가지 욕구

팔로우의 내면엔 인류 보편적으로 인격 성장에 필요한 두 가지 욕구가 작용합니다. 분신처럼 서로 닮은 사람을 찾아 교감함으로써 내면을 건강히 응집시켜 다지고픈 '쌍둥이 욕구'와 완벽하고 이상적인 사람과 합일하고픈 '이상화 욕구'가 바로 그것입니다.

먼저 '쌍둥이 욕구'는 소위 '뮤즈'라 해서 작가·화가 등에게 영감을 주는 관계를 떠올리면 이해가 쉬울 것입니다. 어릴 때부터 줄곧 사귀던 단짝 친구 한두 명은 누구에게나 있을 텐데요. 서로 닮았다는 느낌을 주는 관계는 단지 느낌으로 끝나는 것이 아니라 후기 아동기의 중요한 성장과정 중 반드시 거쳐야 할 경험입니다. 그 안에서 우린 서로의 반응을 보며 각자 타고난 재능과 기술을 펼칠 수 있기 때문입니다.

타산지석이란 말이 있듯, 쌍둥이 욕구가 건강하게 지속되었기에 우린 창조적인 마인드와 공감 능력뿐 아니라 인생의 유한성을 받아들일 수 있었고 유머와 지혜로 타고난 재능을 더욱더 유감없이 발휘할 수 있는 것입니다. 사람은 완벽할 수 없는 존재입니다. 그러기에 우린 살아가면서 친구 혹은 뮤즈가 필요합니다. 트위터에서 서로 팔로우를 한다는 뜻인 '맞팔'을 하거나 페이스북 혹은 싸이월드에서 '친구' 혹은 '서로 이웃'이 됨으로써 우린 각자 타고난 재능을 더욱 발달시킬 수 있는 쌍둥이 욕구를 만족하며 인격 성장을 꾀할 수 있습니다.

또 다른 인류의 보편적인 심리 욕구인 '이상화 욕구'는 출생 후 평생 나를 먹여 살리는 완벽한 누군가와 긴밀한 끈을 갖길 원하는 본성을 뜻합니다. 이상적인 그 누군가와 내가 모종의 끈을 나눠 갖고 싶은 본성이 중요한 이유는 나를 만든 사람이 완벽하면 그가 엄마든 아빠든 창조주든 간에 나는 그의 일부분이므로 나 역시 오토매틱으로 완벽해질 것이란 소망 역시 만족될 수 있기 때문입니다.

이상화 욕구를 만족시킬 수 있는 기능은 단연 트위터가 그 어느 소셜 네트워크보다 가히 압도적인 우위를 차지합니다. 마치 내가 필요한 음료를 자판기에서 골라 누르듯, 평소 내가 열광해온 아이돌 스타부터 존경하는 지도자, 작가, 논객, 언론인 중 내가 흠모하는 특정인을 그분의 동의 없이 그저 클릭 한 번으로 고를 수 있을 뿐 아니라, 클릭하는 순간 그가 남긴 과거와 현재 그리고 미래가 '가상의 내 몸'인 타임라인의 일부로 흡수될 수 있기 때문입니다. 특히 지치고 힘들 때 평소 따르던 사람이 남긴 트윗은 왠지 모를 위로와 든든함마저 느끼게 합니다. 실제로 자기 심리학에서 말하는 자기 위로 기능-나를 스스로 달랠 수 있는 능력-은 이상화 욕구에 굶주려 있는 사람이 절실히 원하는 능력이기도 합니다.

　일반 포털 사이트의 기사에 비해 트위터에 악플이 그리 많지 않은 이유 역시 이와 비슷합니다. 포털에 댓글을 쓰면 자신의 글이 온 세상에 펼쳐질 수 있는 노출증적인 욕구를 충족시킬 수 있는 반면, 트위터에서는 인용까지 하는 적극성만 보이지 않는다면 자신이 쓴 악플을 당사자와 자신의 팔로워들만 볼 수 있기 때문에, 누구에게나 자신의 글이 만방에 노출되길 바라는 키보드 워리어들의 영웅 심리를 자극하기엔 다소 한계가 있습니다. 게다가 팔로우한다는 자체가 이미 그 대상을 향한 이상화를 포함하고 있을 뿐 아니라 팔로우하는 사람을 욕한다는 것은 뒤에 언급하겠지만 인지 부조화 상태에 봉착하게 만들어 자신까지 욕을 보이고야 마는 심리적 모순을 야기합니다. 그래서 대부분의 우리는 그가 정 싫으면 '언팔'을 했으면 했지, 팔로우한 상태에서 악플을 달기가 힘든 것입니다.

　이상화 욕구가 건강하게 충족되면 우린 각자 추구하는 가치와 이상을 실현하는 데 한 발짝 나아갈 수 있습니다. 그뿐 아니라 자신을 진정시키고 달랠 수 있는 '자기 위로 기능'이 발달해 이상에 열중하고 헌신할 수 있는 능력을 갖추게 됩니다. 물론 상업적인 이유 등으로 아무나 무작위로 팔로우하는 사람도 있겠지만, 대부분의 유저들은 각자의 인격 성장에 필요한 대상이 다르기 때문에 저마다 팔로우하는 사람이 다 다를 수밖에 없습니다. 사람마다 결핍된 내면이 똑같을 수는 없기 때문입니다.

　트위터에서는 각자의 결핍을 메우며 스스로의 마음을 견고하게 만들 수 있는 멘토를 내 마음대로 고를 수 있습니다. 게다가 복수 지원도 가능합니다. 존경하던 사람의 아이디에 팔로우 버튼을 누른 순간 우린 그의 추종자라는 '끈'을 얻게 됩니다. 이것만으로도 이미 반은 마음이 성장할 수 있는 발판이 마련되는 것입니다.

왜 트위터인가?

언제부터인지 모르겠으나 수많은 정치인들이 여야를 가리지 않고 SNS 삼매경에 빠졌습니다. 그런데 선거철이 다가오자 이들은 점점 '친구'나 '이웃'보다 '팔로워' 숫자에 더 신경을 쓰는 분위기입니다. 심지어 어떤 집단에선 누구의 '팔로워'가 몇 명이냐로 공천 여부를 가늠하기도 했습니다.

혈안이 된 건 유명 논객과 시인, 작가를 비롯해 가수, 탤런트, 영화배우 등도 마찬가지입니다. 지금도 대부분의 소셜테이너들은 하나같이 약속이라도 한 듯 오로지 트위터를 통해 각자의 입장을 표명하기 바쁩니다. 트위터에 어느 작가가 무슨 말이라도 쓰면 온 나라가 들썩입니다. 같은 글을 페이스북이나 개인 블로그에 썼더라도 그렇게 화제를 불러일으켰을지는 잘 모르겠지만, 유독 트위터에 남긴 글이 엄청난 사회적 이슈가 되는 건 사실입니다.

셀러브리티Celebrity, 다시 말해 유명세를 띤 사람들이 인터넷에 가십거리가 되었을 때 그 대부분의 출처가 트위터로 판명 나는 요즘입니다. 쓸 수 있는 공간이라곤 고작 140자로 제한되어 있는데다 그것조차 시간이 지나면 다른 사람의 글에 묻혀버리는 데도 불구하고, 오바마를 비롯하여 전 세계 수많은 유명인들은 지금도 트위터를 통해 자신의 생각과 느낌을 올리기 바쁩니다. 대체 트위터의 어떤 면이 그들의 마음을 사로잡았을까요?

감정도 바꿔치기하는 트위터

아주 귀가 얇지 않다면, 우린 친구나 이웃의 말을 다 듣진 않습니다. 내 생각과 다르다면 제아무리 친구나 이웃이라도 한쪽 귀로 흘려듣습니다. 그런 여유는 바로 동등한 관계이기 때문에 가능합니다. 하지만 우리가 팔로우-비록 진심으로 추종하는 것이 아닐지언정 무의식적으로 각인되어버린-하려고 결심한 사람의 메시지라면, 그것이 인류에 크게 위배되지 않는 한 웬만하면 들으려고 하는 요상한 심리가 작용합니다. 꼭 그런 건 아니겠지만, 나와 다른 생각을 소유한 사람인데도 불구하고 내가 추종하거나 내가 추종하는 사람이 꼭 읽어보라며 리트윗한 메시지는 조금 생뚱맞더라도 수긍하려 노력하게 됩니다.

이런 심리의 이면엔 어떤 입장 혹은 태도를 취하고 나면 시간이 지나도 앞서 가졌던 입장을 고수하려는 마음의 힘이 숨어 있기 때문입니다. 마음은 일관성이 결여되어 모순된 우리 모습을 불안하게 여기는데, 이런 불안을 제거하기 위해 우린 '바로 지금' 내게 어울리는 모습을 찾으려 애쓰기보다 '과거에 이미 못 박은' 입장에다 현재의 모습을 뜯어고치려 드는 것입니다. 그렇게 하는 것이 정신 에너지가 덜 먹혀 물리·경제적인 측면에서 훨씬 효율적입니다. 이를 심리학에서는 '인지 부조화 이론'이란 용어로 설명합니다.

심리학자 페스팅거Festinger에 따르면 우린 누구나 인지부조화認知不調和에 직면하면 불안감을 느끼고, 이에 따라 부조화 혹은 불일치를 줄이려고 노력합니다. 마치 《여우와 신포도》라는 이야기에서 포도를 못 따먹으니까 아예 맛이 신 것이라고 단정해버리는 헛똑똑이 여우처럼, 대부분의 사람들은 합리적인 듯 보이지만 대부분은 비합리적으로 움직이는 셈이죠.

그런데 인지 부조화 심리가 정작 무서운 점은 바로 다음과 같은 사실에 있습니다. 그건 바로 자신의 결정된 행동을 변호하기 위해 우린 논리뿐 아니라 감정까지도 바꿔치기 한다는 점입니다. 단지 추종자의 신념 혹은 이데올로기만 우리 마음속에 '인스톨install'되는 것이 아니라, 내가 팔로우하는 그 사람의 심정心情까지 고스란히 내 마음의 일부가 되는 것도 가능하다는 뜻입니다. 이런 사실 하나만으로도 트위터가 페이스북에 비해 여론 형성에 유리한지도 모릅니다.

공감적 자극

트위터의 구조를 분석해보면 크게 이중 축으로 나뉩니다. 나의 생각과 느낌을 담은 나의 경험뿐 아니라 내가 이상화하는 상대방의 그것들로 가득 채워진 '타임라인'과 기타 소셜 네트워크에 있는 평범한 댓글 기능 대신 아예 별도의 페이지로 할애된 타인의 '반응' 메뉴가 바로 그

것입니다. 반응 메뉴는 크게 멘션과 관심글, 리트윗, 새로운 사람이 나를 팔로우한 소식으로 구성됩니다. 멘션은 말 그대로 나의 말에 따른 타인의 반응입니다. 비록 나를 추종하지 않는 사람도 나의 글에 멘션을 달 수 있어서 때로는 마음이 다칠 때도 있지만 그럴 땐 '블록' 기능을 쓰면 됩니다. 그래서 우린 대부분의 사람들과 나의 말 한 마디에 같이 즐거워하고 슬퍼할 수 있습니다. 데면데면한 사이가 아닌 다음에야 서로가 서로를 따르는 사이니까요.

트위터에선 아예 대놓고 이 메뉴 이름을 '친해지기 : 반응'이라 합니다. 실제로 우리 마음이 다져지는 가장 큰 힘은 다름 아닌 타인의 반응에서 생겨납니다. 차갑기만 한 이 세상에 갓 태어난 우리의 마음은 아주 약해서 매우 깨지기 쉽습니다. 갓 태어난 우리 마음을 단단히 응집시켜준 건 다름 아닌 우릴 응원해주는 엄마의 미소와 온기였지요. 유아와 엄마가 주고받는 공감적 응답은 심리학에서는 '거울 반응' 혹은 '반사 반응'이라고도 하며 이는 유아가 태어난 이후 평생 마음을 다져나가는 데 없어서는 안 되는 산소와 같습니다.

트위터에 글을 남기면 나를 따르는 누군가가 댓글 대신 나의 글과 동등한 크기의 멘션을 합니다. 그 멘션은 간간히 악플일 수도 있지만 대부분은 선플이 많습니다. 그건 바로 나의 글을 보는 대부분의 유저들은 나를 추종하기로 마음먹은 사람들이기 때문입니다.

리트윗 기능은 단연 트위터의 백미라 해도 과언이 아닐 것입니다. 내가 따르는 사람의 메시지 중 공감이 가는 글을 팔로워들과 공유하고 플 때 실시간으로 전파시킬 수 있는 이 기능으로 인해 우린 정보뿐 아니라 공감을 주고받을 수 있습니다. 게다가 자신의 글이 리트윗되었다는 사실은 내가 그동안 생각하고 느껴온 바에 인증을 받았다는 징표가 될 뿐 아니라 수많은 사람에게 전파됨으로써 건강한 과시욕까지 채워집니다. 이는 반사 반응 욕구에 굶주려 있던 사람들뿐 아니라 건강한 사람들의 마음 또한 한층 더 다져지며 성장할 수 있는 계기가 됩니다.

그래서인지 리트윗 횟수가 많아지거나 팔로워 수가 늘면 우리 마음에는 무시할 수 없는 변화가 발생합니다. 공감적 응답이란 즐거운 자극을 불규칙하게 받다보면 우리 뇌 속에선 '보상 회로'라고 일컬어지는 신경망이 자극됩니다. 그래서 더욱더 트위터에 글을 남기려는 욕구가 활성화됩니다.

타임라인을 자주 확인하며 내가 따르는 사람들의 현재 근황이 궁금한 이유도 마찬가지입니다. 이런 현상이 발생하는 이유는 똑같이 즐거움을 주는 자극이라 해도, 규칙적이고 예측 가능한 자극보다 불확실하고 불규칙적인 자극이 특정 행동을 강화시키는 데 더욱 유리한, 우리 마음의 보편적인 성질 때문입니다. 더 이상 트위터에 글을 쓰지 않겠다고 천명한 어느 소셜테이너가 얼마 가지 못해 또다시 트위터에 빠져든 것 또한 이런 연유에서 비롯되었는지도 모릅니다.

마음이 건강하게 성장할 수 있는 트위터

병적인 자기애 성향이 강한 사람의 경우 오로지 자신의 팔로워 수를 늘리는 데만 죄다 안간힘을 씁니다. 유명인에게 팔로우를 한 뒤 다짜고

짜 맞팔을 강요하는 분들 역시 이에 해당합니다. 이런 분들은 자신을 따르는 사람들이 많다는 것을 곧장 자신이 인기가 있고 유명하다는 사실과 동일선상에 놓고 싶어 합니다. 많은 사람을 거느리고 있다는 것으로 착각하며 일종의 권력으로 생각합니다. 팔로워 수를 자존감을 느끼는 수단으로 전락시켜버리는 것입니다.

하지만 레이디 가가, 브리트니 스피어스, 애시튼 커쳐에서부터 오바마 대통령까지. 소도시 인구에 육박하는 숫자의 팔로워를 자랑하는 이들의 자존감도 과연 그 수치에 걸맞게 올라갔을까요. 수많은 팔로워 수를 자랑하는 어느 트위터 사용자는 한 인터뷰에서 군중 속의 고독을 느꼈다고 고백하기도 했습니다. 그건 트위터 자체가 외로움을 채워주지 못한다기보다, 오로지 팔로워의 수로 자신의 굶주린 내면인 과대 욕구를 채우려고 했던 잘못된 시도가 문제였죠. 마치 외로움을 폭식으로 메우려는 강박 행위처럼 말이죠. 이런 분들에게 있어 트위터는 자칫 숫자 놀음의 노예가 될 수 있음을 주의해야 합니다.

유명한 사람과 관계를 맺고 싶은 소망 또한 누구에게나 보편적으로 있는 것이긴 하지만 이 소망에 너무 집착해버리면 퇴행의 길로 빠집니다. 내가 주인이 되어야 할 타임라인이 유명인의 멘션으로 장식되어버려 자칫 '가성假性 인격 상태'에 빠질 위험 또한 배제할 수 없기 때문입니다.

트위터는 우리 마음에 있어 정신분석가 위니콧이 말한 '안아주는 환경'이자 윌프레드 비온이 말한 '큰 그릇'이며, 하인츠 코헛이 논한 '이상적인 부모상'의 역할을 아주 성실히 수행해줍니다. 우리가 팔로우하는 대상은 내면의 결핍을 메우는 멘토가 됩니다. 마치 어린아이들이 블록을 쌓으며 자신의 내면을 다져나가는 것처럼, 타임라인이란 빈 공간에 타인과 나의 메시지가 서로 상생하면서 자기감을 다져나갈 수 있습니다. 현실에서 막혀 있던 과시 욕구가 건전하게 방출되고 만족되어 심리적 성장이 자연스레 유도됩니다. 이처럼 트위터엔 마음이 건강하게 성장할 수 있는 여러 요인들을 골고루 다 갖추고 있기에, 우린 오늘도 그 공간에서 서로 위로와 공감을 받고 나눌 수 있는 것입니다. 물론 너무 지나치게 빠져들면 곤란합니다.

2010년 미국 총선 때 트위터의 흐름을 연구한 결과만 봐도 그렇습니다. 보수와 진보 성향을 가진 양대 그룹은 너나 할 것 없이 자신의 정치 성향과 비슷한 내용을 담은 메시지만 리트윗했다는 사실은, 굳이 영국의 경험주의 철학자 베이컨이 말한 '동굴의 우상'을 얘기하지 않아도 이해가 될 것입니다.

이는 사람은 넓은 세계에서보다 좁은 세계에서 지식을 구한다는 고대 그리스 철학자 헤라클레이토스의 말과도 상통합니다. 실제로 트위터를 하다보면 서로 모순되는 메시지를 종종 발견합니다. 이럴 땐 헷갈리지 마시고 단 한 가지 명제만 떠올려본 뒤 잠시 쉬는 것도 좋습니다. 그 명제란 바로 다음과 같은 사실입니다.

'내 타임라인의 주인은 처음부터 나'

엄마와의 끝나지 않은 공생

착취

내가 엄마고 엄마가 나인 상태

하루는 몽셸통통을 맛있게 먹던 아들 녀석이 이런 말을 했습니다.

"몽셸통통을 먹고 있으니 통통한 엄마가 생각나!"

정신의학의 관점에서 보면 이 얘기는 굳이 엄마의 체형이 통통하지 않아도 타당합니다. 다들 알다시피 우린 눈보다 먼저 입으로 엄마를 만났습니다. 엄밀히 말해 만났다는 표현보다 느꼈다는 표현이 더 정확합니다. 흔히 마음이 허전하고 외로울 때 술을 마시거나 폭식에 빠지는 것 또한 이런 이유에서 유래되었습니다. 술병이 입술에 닿을 때 느낄 수 있는 부드러운 감촉이 마치 엄마의 젖을 빠는 것 같은 안정감을 주기 때문입니다.

생물학적으로도 포만감을 느끼는 부위와 안정감을 느끼는 부위는 지리적으로도 꽤 인접해 있을 뿐 아니라 본능과 감정 사이에서 우릴 힘들게 만드는 변연계란 시스템의 한통속이기 때문에 위의 언급은 결코 억지 주장이 아닙니다. 그런 의미에서 본다면 정신분석학파에서 입에 침이 마르도록 얘기하는 '구강기'라는 용어는 결코 이론적인 말이 아닙니다. 구강기의 핵심은 의존이요, 의존은 곧 엄마와의 공생을 뜻합니다. 공생은 나와 엄마의 구분이 없는 상태, 내가 엄마고 엄마가 나인 소위 '모아일체母我一體'의 상태를 말합니다.

엄마와 나와의 사이가 마냥 좋기만 하면 모르겠지만, 언제나 그렇듯 세상은 우릴 그리 편하게 놓아주지 않습니다. 세상을 움직이는 절대적으로 매정한 힘인 엔트로피 법칙은 엄마와 나 사이조차에서도 예외 없이 파고듭니다. 엄마의 모습이 내 비위에 거슬리거나 엄마가 아직 엄마 역할을 받아들이지 못할 때가 특히 그러합니다. 그녀의 모습이 아니꼽고 치사하더라도 어쩔 수 없이 굴복하고 순종해야 할 때가 있는 것입니다.

영화 〈블랙 스완〉에 등장한 발레리나 니나의 경우도 그랬습니다. 언제나 아름답고 순결한 백조의 모습에 충실해야만 한다고 믿었던 그녀에게 돌연 섹시하고 고혹적인 흑조를 연기해달라는 주문은 마치 혐오스럽고 경멸을 퍼부어도 모자란 매춘부가 되어달라는 것과 별반 다르지 않았습니다. 그러다 결국 니나는 자신보다 흑조 연기를 잘 소화해내는 동료이자 경쟁자인 릴리에게 애증의 감정을 느끼며 점점 정신적인 건강을 잃어갑니다. 결국엔 폭식과 구토, 간간히 보이는 환청과 환시, 종국엔 현실감을 잃어버리고 마는 정신 증상까지 발현하고 말지요.

획일화할 순 없겠지만, 니나와 비슷한 증상을 보이는 그녀들의 이면엔 엄마의 그늘이 제법 큽니다. 니나가 빠졌던 폭식증 역시 엄마에 대한 애증이 음식에 대한 애증으로 곧잘 치환되어 발생한 것입니다. 그녀가 릴리를 향해 잠시 가졌던 동성애적 환상 또한 어떤 경우에 있어선,

이성을 향해 성적인 동경을 품는 것 = 엄마를 배반하는 것

같은 느낌을 주기 때문에 곧잘 빠지는 현상입니다. 실제로 보이시한 매력을 풍기는 여성의 상당수는 '여성적인 매력을 풍긴다'라던가 '끼부린다'와 같은 명제를 엄마를 이기려는 나쁜 딸의 욕구와 무의식적으로는 대등하게 느끼곤 합니다. 여성으로서 응당 할 수 있는 아름다운 치장은 은근히 품어왔던 경쟁심이 들킬지 모른다는 위협으로 느껴지는 것입니다. 그래서 언제나 여성성을 억압해야 하는 지경에 다다르곤 하는데, 이는 영화〈블랙 스완〉에서 니나의 엄마가 자위행위의 감시자로 묘사되는 심리적 배경이기도 합니다.

그녀가 보였던 대부분의 증상들은 성을 바라보는 관점에서 비롯되었습니다. 실은 왕자를 유혹하는 백조를 흑색으로 묘사하는 시점부터 이미 그녀의 편향된 가치관을 나타내기에 충분합니다. 어두운 무대 뒤편에서 툭툭 튀어나와 관객과 그녀를 뒤에서 종종 놀랬던 괴물은 바로

그녀 내면에 자리 잡고 있던 건강한 성욕이 억울하게 흑색 페인트를 뒤집어쓰고 있었던 것뿐입니다.

이런 여성들의 엄마들은 매우 불안정한 자기중심적인 성격, 소위 자기애적 인격 성향을 갖고 있는 수가 허다합니다. 영화 속에 비친 니나의 엄마 또한 꽤 불안정한 모습을 보였습니다. 자신이 손수 만든 케이크가 딸에게 거부당하자 불같이 화를 내며 쓰레기통에 던져버리는 엄마의 행동은, 분명 손찌검만 하지 않았다뿐이지 엄연한 정서 폭력입니다. 하나부터 열까지 챙겨주는 물질 지향적인 엄마는 얼핏 보면 좋은 엄마인 듯 보이지만 실은 그렇지 않습니다. 자녀가 진짜 원하는 것을 해주려고 공감하려 애쓰기보다 자신이 하고 싶은 것을 하기 위해 자녀를 수단으로 삼는 수가 많기 때문입니다.

그래서 이것저것 챙겨주는 것 같으면서 은근히 정서적인 학대와 압박을 일삼는 모습은 차라리 일관성을 띠며 줄기차게 욕을 해대는 떡볶이집 욕쟁이 할머니보다 못할 때가 많습니다. 쉴 새 없이 욕을 해대더라도 말과 행동에 일관성이 있는 태도가 일관성 없는 감정 표현을 일삼는 태도보다 차라리 낫습니다. 언행일치言行一致라는 말이 괜히 있는 게 아닙니다.

영화 속 니나의 쓸쓸한 모습처럼 엄마의 바람대로 성장하기란 실로 어려운 일입니다. 사실은 그럴 필요가 전혀 없음에도 불구하고 우린 굳이 엄마의 바람대로 살아가려 합니다. 그것이 진정한 효도가 아님을 잘 알고 있음에도 불구하고 우린《왜 나는 엄마처럼 살아갈까?》에서부터《과연 제가 엄마 마음에 들 날이 올까요?》라는 책 제목에 시선이 꽂힙니다. 그 실마리는 어쩌면 뱀파이어라는 사뭇 신선한 소재를 다룬 또 다른 흑조를 다룬 영화인 〈박쥐〉에서 찾을 수 있습니다. 순결한 천주교 신부에서 자신의 의지와 무관하게 부여받은 흡혈 본능과 애욕, 적개심과 죄책감에 사로잡혀 고뇌하는 상현의 내면은 마치 세상에 갓 태어나 엄마와 조우하면서 겪는 유아의 심리적 현실과 별반 다를 바 없기 때문입니다.

누구에게나 흡혈하며 살던 과거가 있다

나뭇가지의 그림자가 드리워진 하얀 병실에 문을 열고 들어온 상현. 정체불명의 바이러스로 사람들이 죽어가는 모습을 그저 바라볼 수밖에 없는 무기력이 그를 자극했던 것일까요. 자신의 몸이 어떻게 될지 모르는 위험을 감수한 채 신약 실험에 자원하기 위해 아프리카로 떠난 그는 실험을 받던 중 그만 죽고 말았습니다.

그러나 어찌 된 영문이었을까요. 마치 예수 그리스도처럼 다시 부활했을 뿐 아니라 초인적인 능력까지 얻게 됩니다. 그러나 그 능력은 오래가지 못했습니다. 신선한 '사람'의 피가 수혈되지 않으면 다시 '이브' 바이러스가 몸속에서 번식해 살이 썩어버리고 말았기 때문입니다. 모든 생명체가 물을 마시며 생명을 유지하듯 다른 사람들의 피를 마시며 연명하는 사실은 그에겐 은밀히 숨겨야 할 비밀이었습니다. 〈블랙 스완〉에서 순결한 백조여야만 했던 니나처럼 그 또한 순결해야만 하는 주님의 신부였기 때문이었죠.

순결하고 고귀한 신부가 피를 마신다는 설정은 굉장히 아이러니컬하게 보이지만 우리 모두가 실은 열 달가량 타인의 피를 흡혈하며 살았던 과거가 있었습니다. 어머니의 자궁이 바로 그 공간의 출발점입니다. 태아는 동굴 속의 박쥐가 나오듯 세상에 나온 이후에도 몇 개월 동안이나 어머니의 모유를 빨아 마십니다.

상현을 오랫동안 봐온 노신부가 즐겨 마시던 포도주처럼, 영화 〈박쥐〉 속 피는 성경 속 생명의 보혈이요, 인간이 태어나서 살아나가는 데 없어서는 안 될 영양분과 사랑을 상징합니다. 성경 속 금단의 열매인 선악과를 이브에 의해 아담이 먹게 되면서 선악과가 인류의 기원과 원죄原罪를 나타내듯, 영화 〈박쥐〉에선 영화 시작부터 유달리 '나무'가 많이 등장합니다.

바이러스의 이름이 '이브'인 것 또한 영화 〈올드 보이〉에서 주인공의 이름을 '오이디푸스 콤플렉스'와 발음이 유사한 '오대수'로 명명한 박찬욱 감독의 영리함을 떠올리면 결코 우연이 아닌 듯합니다.

상현이 다시 부활하게 된 아프리카도 태초 인류가 기원한 곳을 상징합니다. 그러기에 이브 바이러스에 노출된 뱀파이어로의 부활은 생명의 유지를 위해 끊임없이 타인에게 의존하고 사랑을 받으며 우여곡절을 겪어야 하는, 예정된 인간의 고통스러운 생애의 시작을 암시합니다. 상현이 얻게 된 초인적인 힘 또한 인류 보편적으로 깔려 있는 전지전능함에 대한 욕구를 대변합니다.

우리의 최초의 연인

상현은 자신의 안수 기도를 받고 치유된 친구 강우의 집에 드나들면서 그의 아내 태주를 만나게 됩니다. 태주는 엄한 시어머니와 무능하면서 독단적인 남편 사이에서 무기력하게 지내고 있었는데, 그녀는 곧 상현과 금기를 깬 사랑에 빠집니다. 상현이 만난 '최초의 여성'인 셈입니다.

영화 중간중간에 그들은 서로의 신발을 바꿔 신습니다. 발은 땅과 대지의 여신인 '가이아'와 접촉하는 가장 중요한 부분으로 각자의 정체성 혹은 자기를 상징합니다. 신발을 교환하는 것은 서로가 서로에게 필요하다는 느낌을 확인시켜줍니다. 엄마와 유아가 '공생기'에 접어드는 순간과 유사합니다. 태주가 상현에게 보여주는 가슴은 출산을 연상하게 만드는 뒤집힌 〈박쥐〉 영화 포스터만큼이나 엄마의 이미지를 부각시킵니다.

태주가 강우와 라 여사에게 모진 학대를 받는 것을 보면서 상현은 태주에 대한 강렬한 구원본능이 마음속에서 일게 됩니다. 태주를 구하기 위해 상현은 끔찍하게도 친구인 강우를 죽일 결심을 하고 그를 결국 연못 속에 빠뜨리고 맙니다.

아들의 비보를 접하게 된 라 여사는 그 충격으로 뇌졸중이 생겨 식물인간 신세가 되지요. 상현과 태주 또한 편치 않았습니다. 금기시된 사랑을 위해 강우를 희생시켰다는 죄책감에 시달리며 강우가 등장하는 환청과 환시에 시달렸습니다. 매번 물에 흠뻑 젖는 악몽에 시달립니다. 태주와의 잠자리를 갖는 동안에도 마치 강우가 침대 중간에 누워 있는 것 같은 피해망상과 환시를 경험합니다.

친구 강우를 향한 살의는 사실 우발적인 것이 아니었습니다. 상현은 고아인 자신과 달리 어릴 때부터 어머니가 있는 강우의 자리를 언제나 부러워했습니다. 초등학교 5학년 때 라 여사에게 라면을 얻어먹은 기억이 있는 상현은 자신에게 없는 어머니라는 존재를 그 이후 늘 그리워하다못해 시기했을지도 모릅니다. 강우를 죽인 것은 태주를 소유할 수 있었을 뿐 아니라 어머니를 향한 시기심까지 해소할 수 있는 최후의 수단이었던 셈이죠. 앞서 결벽증 챕터에서도 언급했지만 일반적으로 물은 무의식과 속죄의 의미를 동시에 내포합니다. 흔히 임상에서 부정하고 싶은 자신의 내면을 몸을 씻어서라도 속죄하고 싶은 것이죠. 강박증 환자들이 손을 자주 씻는 모습이 바로 그런 예지요.

상현이 보는 환영幻影은 보복에 대한 불안을 의미합니다. 그것은 유아가 어머니를 홀로 자지하기 위해 품는 살부殺父 환상에 따른 거세 불안에서 유래합니다. 게다가 앞을 볼 수 없는 노신부조차 상현의 피가 파멸을 불러온다는 것을 잘 알면서도 자신의 생명 연장을 위해 상현에게 피를 나누어 달라고 유혹합니다. 노신부만큼은 성스러움을 지킬 줄 알았으나 속물 근성에 환멸을 느낀 상현은 그에게 실망한 나머지 자신의 아버지와도 같았던 노신부마저 죽이고 맙니다. 유아가 아버지에게 받는 실망은 분노를 수반하며 이는 살부 본능을 합리화합니다.

만약 강우가 세상에 둘도 없는 태주의 자상한 남편이었다면? 라 여사 집을 종종 방문하는 경찰이나 강우의 친구 역시 흠 잡을 곳 없이 완벽했다면? 상현은 절대적인 패배감을 느낀 채 무력해져 심리적인 죽음을 맞이했을 것입니다. 그러나 다행히도 세상에 100퍼센트 완벽한 사람은 없습니다. 아버지도 사람이기에, 유아는 어떻게든 아버지의 결점을 찾고 아버지보다 더 나은 사람이 되어 엄마에게 사랑을 쟁취하려 노력하게 되어 있습니다. 그것이 세상의 이치이며 문화가 발전하는 원동력입니다.

정신분석학자였던 프로이드도 그랬습니다. 어린 시절 그의 아버지가 유대인이란 이유로 부당하게 수모를 당하면서도 반항 한번 못하는 비굴한 모습을 보면서 어린 프로이드는 무척 실망했다고 전해집니다. 이 일은 아버지를 절대적이고 완벽한 남자로 여겼던 프로이드를 실망에 빠뜨렸고 이후 그의 정신분석의 프레임을 잡는 데 큰 영향을 미쳤지요. 이 일화가 없었다면 아마 아들을 아버지의 숙명적인 적대자로 여기는 오이디푸스 콤플렉스를 발견하지 못했을지도 모릅니다. 당연한 말이지만 상현이 강우를 죽인 것이 실망감이나 적개심으로 완전히 정당화될 수 없듯 아버지에게 느낀 실망감으로 인한 살부 욕구 또한 완전히 변호할 수 없습니다. 살인이란 욕구 그 자체만으로도 이미 보편적인 죄책감을 자극할 뿐 아니라 죄책감의 진짜 뿌리가 엄마를 독차지하고픈 욕구, 시기심이기 때문입니다.

세 가지 모습의 엄마

천상의 세계 같던 성당에서 나온 뒤 뱀파이어로 새 삶을 시작한 상현은 세 가지 모습의 여성을 경험합니다. 사랑을 나누며 서로를 보듬어 주는 선한 태주, 뱀파이어로 변한 뒤 사악해진 태주, 그리고 이 모든 과정을 알아버린 분노와 심판의 라 여사가 바로 그들입니다. 선한 태주를 만나 사랑에 빠지지만, 이는 금기시되는 사랑이었기에 상현은 상대에게 모든 책임을 전가시키려 합니다. 태주에게 자신의 피를 옮기고 그녀를 뱀파이어로 만든 것은 파괴적인 면을 포함한 모든 욕구를 상대에게 옮겨버리는 유아의 심리 기제 중 하나인 원시적인 투사, 투사적 동일시를 상징합니다.

 선한 태주와 악한 태주, 두 가지 모습 사이에서 그는 꽤 곤혹스러워합니다. 그녀의 힘에 사로잡힐까 두려워하다가 옥신각신 심각하게 다투기도 하고 다시 서로 죽고 못 살듯이 지내기도 합니다. 이것은 유아가 엄마를 좋은 엄마·나쁜 엄마로 분열시켜 경험하는 내면과 매우 유사합니다. 그리고 누군가를 좋은 놈·나쁜 놈 중 하나로 인식하려 드는 심리의 보편적인 뿌리가 됩니다. 이런 현상이 발생하는 이유는 한 사람 안에서 발견되는 서로 다른 모순적인 태도를 감내하는 능력이 제대로 성장하지 못했기 때문입니다.

 그래서 유아기 시절의 적절한 양육의 경험, 다시 말해 최대한 일관적인 경험을 받음으로써 이 시기를 잘 극복할 수 있습니다. 이런 문제로 힘들어하는 성인도 다행히 좋은 치료 대상을 만나 결핍된 일관적 관계를 다시 경험하면 정체된 성장이 다시 시작되어 마음속 '좋은 엄마'와 '나쁜 엄마'가 하나로 잘 통합될 수 있습니다.

 반면에 라 여사의 눈빛은 영화 내내 공포 그 자체입니다. 정죄定罪

와 심판의 서슬 시퍼런 칼날 같은 시선이 영화 내내 상현과 태주뿐 아니라 관객까지도 소름 끼치게 합니다. 라 여사의 상징은 비난과 징벌입니다. 라 여사에게 특히 강조된 손톱은 복수를 알리는 중요한 모티브로 제공되는데, 손톱은 마고할미라는 한민족 대모大母의 상징입니다. 마고할미는 분석심리학계에서 모성 콤플렉스를 설명하는 중요한 원형으로 해석하는데 어떻게 보면 그런 의미에서 시종일관 한복을 입고 등장하는 라 여사는 마고할미와 닮았습니다. 일부 심리이론가들은 좋은 엄마, 나쁜 엄마뿐 아니라 라 여사와 같은 엄격한 모습의 엄마를 잘 통합하는 것이 유아의 인격 성장에 중요한 과정이라고 주장합니다.

마냥 엄마가 나쁜 줄로만 생각했다가 공격성의 뿌리가 자기 자신에게 있었음을 알게 될 때 유아의 내면은 일시적으로 우울해집니다. 하지만 이를 계기로 좀 더 성장할 수 있습니다. 우린 마냥 자신의 욕구에 무지한 어린아이로만 남고 싶지만 언제까지 어머니가 원하는 순진한 아이로만 남아 있을 수는 없습니다. 여기에 고착되면 마마보이 혹은 마마걸로 남지요. 착하고 순하다는 평을 듣는 사람들 중 상당수는 자칫 꽤 위험할 정도의 정서 불안을 겪는 수가 있습니다. 지나치게 내면의 욕구를 부정하고 억압하며 언제나 청순하게 살려고 하는 이면엔, 자신의 모습이 성장하면서 변하기라도 하면 자칫 부모의 사랑을 잃게 될지 모른다는 두려움이 깔려 있을 가능성이 아주 높습니다.

상현은 자신을 따르는 신도들이 보는 앞에서 의도적으로 성기를 노출시키며 강간을 자행합니다. 자신을 따르는 신도들의 기대를 무참히 깨어버린 큰 사건이었죠. 이 대목은 수치심과 비난을 감수하더라도 자신의 또 다른 면을 받아들이려는 인격 변화의 시작을 보여줍니다. 게다가 상현은 곧 태주와 동반 자살을 결심하는데, 천주교에서 가장 죄악이며 금기시되는 자살이 역설적이게도 이들에겐 구원의 유일한 길이 됩니다. 상현이 선택할 수 있는 최선의 구원이 이토록 아이러니컬할 수 있나 싶지만, 실은 대부분의 우리 또한 이런 아이러니를 겪으며 자라왔습니다.

죽음 그리고 성장

매년 1월 1일이 되면 사람들은 정동진에 모여 일출을 봅니다. 그곳에서 우린 소원을 빌며 과거는 잊고 새 출발을 하려는 의지를 다집니다. 일출은 새로운 삶 혹은 인격 발달의 새로운 단계를 상징합니다. 힌두교에서는 정화의 상징이며 새로운 자기로의 거듭남을 의미합니다. 태양은 전체정신, 이성 그리고 아버지의 상징입니다. 그리스 신화에서 태양의 신은 아폴론이란 아버지 상象이었으며, 옛 페르시아인들은 미트라Mithra란 태양신을 숭배하며 태양에 남근男根이 움직여 바람을 일으킨다고 믿어왔었습니다.

칼 융은 태양이 남근을 가졌다는 망상을 가진 환자를 진료하면서 인류의 집단무의식에 관심을 가지는 계기가 되기도 했지요. 세상의 왕이었던 〈킹콩〉에서 뱀파이어를 소재로 다룬 영화 〈황혼에서 새벽까지〉 〈30 데이즈, 30 나이츠〉 〈데이브레이커즈〉의 결말 모두 태양이 뜨면서 마무리되는 것은 결코 우연이 아닙니다. 이들 모두 자신을 최고라 여기며 엄마와 공생하며 성장하던 시기에서 아버지라는 태양을 마주하는 순간이 보편적인 집단무의식에 의해 영상화된 것이죠.

바다와 맞닿은 벼랑 끝에서 투신하는 대신 햇빛에 타죽는 결심을 한 상현. 그는 차 안에서 햇빛을 피하며 계속 뱀파이어로 남아 있을 수도 있었고 설령 죽음을 선택하더라도 불에 타죽는 고통 없이 바다에 빠질 수도 있었지요. 하지만 상현은 의연히 햇빛에 뼈와 살이 타들어가는 고통을 선택했습니다. 태양을 피해 그늘진 곳에서만 살거나 바다에 빠지는 것은 마치 성장을 피해 다시 어머니에게 돌아가고픈 퇴행이요, 발달의 정체이므로 부질없기 때문입니다. 겁에 질린 채 울먹이며 차 안에서 나오지 않으려는 태주와 극명히 대비되는 상현 간의 갈등은 어쩌면 엄마 품에서 떨어져야 하는 버거운 노력을 하는 3~5세 유아의 심리적 갈등을 대변합니다.

상현은 라 여사를 차 뒷좌석에 앉힌 채 조수석의 헤드 레스트까지 떼어주는 친절을 베풀면서 태주와 자신이 처참히 죽어나가는 것을 보여줘 비로소 라 여사에게 속죄하게 됩니다. 마치 신화 속 '이카루스'와 '파에톤'이 태양신 아버지의 영역으로 나아가기 위해선 죽음이 불가피했듯 일출에 몸을 맡겨 햇빛에 동화되며 죽어가는 상현은 너무도 애처롭습니다. 허나 이는 한 줌의 재로 사라지는 소멸이 아닙니다. 태주와 라 여사에게 쏟아 부었던 애증과 착취를 속죄함으로써 자신의 파괴적인 욕구를 체념하고 결국은 주님 아버지의 광명光明으로 흡수되는 과정입니다.

이 장면은 오이디푸스 콤플렉스를 극복하기 위해 아버지와 동일시하는 유아의 내면과 닮았습니다. 살부 욕구로 인해 아버지로부터 있을지 모를 보복과 그에 따른 불안을 해소하기 위해 아버지와 대적하는 것을 포기하고 아버지를 닮아가려고 하는 것이 오이디푸스 콤플렉스의 일반적인 요지입니다. 그러나 상현의 결단은 하나님, 교리, 태양으로 상징된 아버지의 뜻을 거역하지 않고 받아들이기 위해, 단지 아버지로부터 당할지 모를 거센 불안만이 심리 발달의 원동력이 아님을 보여줍니다.

태어나서 처음 만난 연인인 어머니(태주)와의 공생관계에서 겪은 강렬했던 애증의 경험과 자신의 공격성으로 인해 몸과 마음이 만신창이가 된 어머니(라 여사)를 향한 속죄의 노력이야말로 심리적 성장과 구원의 시작이었음을 암시해줍니다. 이는 엄마를 향한 죄의식을 해결하기 위해 엄마에게 위해危害를 가했던 것을 배상賠償하려는 노력이 소아의 심리발달에 중요하다고 주장했던 영국의 정신분석학자 멜라니 클라인이 언급했던 바와 매우 유사합니다. 그녀의 의견에 따르면 오이디푸스 콤플렉스조차 어머니에 대한 속죄를 향한 노력의 산물이라고 하였습니다. 그런 의미에서 본다면 햇빛에 타들어가는 상현의 죽음은 자신의 고뇌에서 자유로울 수 있는 '구원'이면서 심리적 현실에선 또 다른 '성장'이기도 합니다.

우리는 내면의 갈등을 통해 성장한다

태주와 상현은 강력한 태양 앞에서 고작 한 줌의 재가 되어 바닷바람에 흩날려 날아가고 태주의 발에서 떨어진 상현의 신발만이 외로이

남겨집니다. 태양처럼 강력한 아버지와 융화되는 시기는 엄마와 아이가 심리적으로 분리하여 개별화하는 과정에서 한 걸음 더 나아가는 때입니다. 상현의 신발이 태주의 몸에서 떨어지는 장면은 그래서 더욱 의미심장합니다.

돌이켜보면 상현의 죽음이 처음은 아닙니다. 아프리카 어느 실험실에서 이미 그는 죽었었지요. 그러나 그 죽음은 어찌 보면 진정한 죽음이 아니었습니다. 자궁 안에 있다가 세상에 태어난 뒤 엄마라는 이브와 만나게 된 삶의 또 다른 시작이었지요. 허나 바로 그 삶의 요구로 인해 그는 뱀파이어로 누릴 수 있는 여러 가지 특권을 체념하고 맙니다. 마치 태어난 후 지금까지 줄곧 외부와 내적 세계 사이의 갈등을 겪으며 성장하는 우리처럼 말이죠.

나는 늘 잘해야 한다고 생각한다
part 4

나는 항상 완벽해야 한다

상대방을 공감할 수 없게 하는

혐오

관계를 힘들게 만드는 증오

혐오의 본질은 증오憎惡와 시기猜忌로 귀결됩니다. 영국의 정신분석가 비온Bion은 증오를 가리켜 '현실을 못 보게 만드는 안대'라고 했습니다. 타인의 심리적 현실을 못 보게 만든다는 건데, 이는 곧 상대방과 공감할 수 없게 만든다는 뜻이죠. 증오는 땡강, 분노, 격노 등 인간의 여러 노여움 중 가장 뒤끝이 깁니다. 하도 오래가는 바람에 성격의 일부로 고착된 경우죠. 증오가 제일 싫어하는 건 다름 아닌 관계입니다. 천상천하 유아독존. 오직 나만 최고여야 합니다. 이들에게 관계란 그저, 상대를 파괴할 수 있게 도와주는 가이드에 불과합니다. 당연히 친밀감이 설 자리는 없습니다. 그러니 혐오주의자들에게 우호적 관계를 기대했다가는 뒤통수만 깨질 가능성이 높습니다. 이들에게 관계란 상대에게 고통을 줄 교두보로 활용될 뿐이니까요. 이들과 관계를 맺은 사람들은 좀처럼 학대에서 헤어나지 못합니다. 고통만이 오가는 절망의 길밖에 없는데도 실낱같은 친밀함의 아지랑이를 보려 하기 때문입니다. 엄밀히 말해 증오는 관계 자체보다 그 끝에 무력하게 매달린 대상을 원합니다. 혐오, 경멸, 학대, 모멸이란 고문 기구로 끊임없이 상대를 만신창이로 만들 수 있는 그런 상대 말입니다. 타자를 성가셔하면서도 상대가 없으면 또 안 된다며 말도 안 되는 억지를 부리기도 합니다. 그럴 수밖에 없는 것이, 증오라는 녀석은 애초부터 자기애自己愛에 뿌리를 두고 있기 때문입니다. 스스로를 돋보이게 만드는 액세서리가 없다면 증오는 존재의 의미를 상실해버리죠.

내게 없고 남에게 있을 때 찾아오는 것

현재 벌어지고 있는 이성 혐오 현상, 남녀 사이의 갈등은 단연코 필연적일 수밖에 없습니다. 이들 모두는 그들 사이의 다름을 의아해하며 비교하는 습성을 지녔을 뿐 아니라, 태어나서 처음 만난 이성인 부모로부터 받은 영향이 이들의 인생 전체에 미치기 때문입니다. 타인과 나를 비교하면서 생겨나는 자연스런 감정을 시기심이라고 하는데, 성별이 다른 경우 시기심은 굉장히 중요한 역할을 합니다. 비록 프로이드는 남근을 향한 시기심을 여성의 심리 형성에 중요한 요인으로 보았으나, 요즘은 반대로 남성이 여성의 가슴이나 자궁 그리고 원초적인 아름다움에 대한 시기심을 해결해야 하는 경우가 훨씬 더 많고 보편적이며 중요한 이슈로 거론되고 있죠. 극단적인 사례지만 파트리크 쥐스킨트가 쓴 글을 톰 티크베어가 필름에 옮긴 영화 〈향수 : 어느 살인자의 이야기〉를 보면 여성들의 체취를 얻기 위해 무자비하게 살인을 일삼는 주인공이 등장합니다. 그에겐 체취가 없습니다. 자신에겐 없지만 남에게는 있는 사람 냄새가 너무 부럽습니다. 시기와 증오라는 녀석은 내게 없는 게 남에게 있을 때 찾아옵니다. 영국 정신분석가 멜라니 클라인은 그 지점을 보고 시기심의 중요성을 강조했습니다. 그리고 시기심은 자동으로 피해의식으로 이어집니다. 투사라는 마음의 착시현상이 바로 그 중개자죠. 이 모든 것의 배후에는 인간의 태생적 한계인 결핍이 존재합니다.

손해 보지 않고 집단의 힘에 의존하는 우리

심리적 혜안과 인격의 성숙도는 당연히 사람마다 다릅니다. 모두가 신선이 될 수는 없죠. 당연히 특정인 혹은 집단을 두고 혐오와 관련된 문제는 생기기 마련입니다. 증오-시기-혐오-피해의식의 악순환을 끊으려면 일단 누구 하나는 먼저 손을 내밀어야 합니다.

현재 벌어지고 있는 남녀 전쟁을 좀 더 객관적으로 보자면 코넬 대학 정치학 교수인 프레드 앨퍼드의 관점을 인용할 필요가 있을 것 같습니다. 그가 바라본 한국인의 정서는 다음과 같습니다. 직장이나 광고에선 끊임없이 '우리' 혹은 '가족'을 강조하지만 정작 행동은 '나'로 귀결되고, 업신여김을 몹시 싫어합니다. 존재 그 자체가 부서질 것 같은 모멸감에 취약하기 때문이죠. 동시에 홀로 살아가는 것 또한 지독히 두려워합니다. 늘 누군가를 같이 끼고 있어야 합니다. 물리적, 정서적으로 상호 의존성이 보편적으로 만연하다는 의미입니다. 집단에 맞출 필요성을 굳이 느끼지 않는 미국인들과 달리 집단에서 벗어나는 걸 유달리 두려워합니다. 문제는 자신의 견해와 믿음이 집단의 보편적인 가치에 위배되면 가차 없이 자신의 견해를 억압한다는 점입니다. 손해 보지 않고 집단의 힘에 의존해서 이득만 취하고자 하는 태도는 삶의 지혜가 아니라 파멸의 시작임을 알아야 합니다.

혐오가 만연한 우리에게 필요한 것

우리나라는 유독 집단 간 혐오가 심합니다. 보수 대 진보, 노사 간 갈등, 여야 대립 등등. 짧은 민주주의 역사라는 한계를 고려하면 집단 사이의 수많은 반목과 대립은 어찌 보면 불가피한지도 모릅니다. 물론 네트워크의 눈부신 발전과 우리나라 국민 특유의 단결심은 과거 프랑스나 미국이 2~3백 년 동안 이룩했던 것보다 더 빠른 속도로 민주적 기반을 이룰 것이라 확신합니다. 허나 노파심인지는 몰라도 그렇게 되려면 다음과 같은 전제가 필요합니다. 앞서 말했듯 우리 중 일부는 소신도 없으면서 일단 모여 놓고 보는 경향이 있습니다. 게다가 기저에 깔린 가치관이 굉장히 비인간적이라면 그 집단의 문제는 심각해집니다. 그래서 '뭉치면 살고 흩어지면 죽는다'는 말은 냉철하게 보면 굳이 할 필요가 없습니다. 인간을 향한 존엄이 바탕이 된 공통된 상식적 가치, 최소 가치가 사회 전반에 오롯이 퍼져 있다면 굳이 뭉쳐라 흩어져라 말하지 않아도 알아서 모이고 흩어질 테니 말입니다. 세상을 바라보는 관점의 공통분모가 필요한 시점입니다. 그 관점의 공통분모란, 당연히, 인간입니다. 휴머니티, 인문, 인간에 대한 관심과 존엄에 대한 경외심입니다. 한 생명을 열 생명의 1/10로 보지 않는 태도, 한 생명을 끝없는 하나의 우주로 바라보는 그런 관점이 절실한 때입니다.

왜곡된 현실을 부추기는 반쪽짜리 진실

사진

SNS 사진들이 남긴 것

디지털 카메라가 보급되면서 어느새 필름 카메라는 자취를 감추었습니다. 후지필름은 3년 전 필름 생산을 중단했으며 코닥은 이미 오래전 파산을 신청했죠. 허나 디지털 카메라의 운명 또한 오래가지 못할 것 같습니다. 스마트폰과 정보통신기술의 발달로 인해 여태껏 필름 카메라에 보란 듯이 선사했던 굴욕을 고스란히 맛보고 있는 중이니까요. 이제 사진은 더 이상 추억을 곱씹을 수 있는 액자나 사진첩에 묻히길 거부합니다. 여권 혹은 면허증에 필요한 증명사진이 필요치 않다면 굳이 동네 사진관에 갈 필요가 없게 되었죠. 절약정신이 투철한 이들은 그 대신 데이터요금을 한 푼이라도 아끼려 와이파이존을 물색합니다. 사진과 전혀 무관했던 장소가 이젠 현상소만큼 중요하게 되어가고 있습니다. 삼발이 대신 셀카봉을 챙기고 맛집이라도 가면 반드시 인증샷을 찍고 수저를 들어야 합니다. 찍힌 사진들은 일제히 엄격한 자체 심사(?)를 거쳐 필터로 변환된 뒤 자신의 SNS(Social Network Service) 계정에 오릅니다. 그 순간 사진은 언제 어디서든 누구든 볼 수 있는 공유물이 됩니다. 만약 세상에 퍼뜨릴 의도가 없는 사람들도, 소위 클라우드 서비스를 이용하면 야외에서 찍은 사진들을 고스란히 내 컴퓨터 안으로 전송할 수 있는 시대에 살고 있습니다.

이전 세대의 사진이 서랍 속에서 뽀얀 먼지만 받는 신세였다면 SNS 속 사진들은 별표나 하트 혹은 '좋아요'를 받으며 생동감을 얻게 되었죠. 바이러스 같은 확산력까지 얻으면 사진은 단순한 가십거리를 넘어 여론 형성의 핵核으로 등극합니다. 나와 남의 경계를 흐려 서로의 일상을 타임라인이란 한 줄로 얼기설기 묶어내기도 합니다. 문제의 발단은 여기서 출발합니다. 가지 많은 나무 바람 잘 날 없는 법인데, SNS에는 최소 몇 백만 개 이상의 가지들이 매 시간 무한 증식 중입니다. 요리조리 돌려대는 여론몰이 바람은 잠시도 멈추지 않습니다. 증상은 '관계'에서 비롯되므로 'SNS 노이로제'에 관련된 기사들이 쏟아지는 건 어찌 보면 당연지사입니다. 여기서 사진은 문제의 핵심입니다.

왜곡된 현실이 일관성을 지니면 설득력을 얻는데, 사진은 바로 그 왜곡이 가능하기 때문입니다. 진료실에서 깨달은 사실 중 하나는 또래 집단의 SNS 속 사진들이 외로움과 상대적 박탈감을 느끼는 데 한몫하고 있다는 점입니다.

순간 포착된 피사체는 그 사람 인생의 전부가 아니다

작가 수잔 손택에 따르면, 사진은 반쪽짜리 진실에 불과합니다. 순간 포착된 피사체가 그 사람 인생의 전부가 아님을 우리 모두는 익히 잘 알고 있습니다. 하지만 그 사진들이 어느 정도의 일관성을 갖추게 되면 의구심은 확신으로 변하기 쉽습니다. 해외여행이나 비싼 음식 혹은 명품 사진으로 나열된 타임라인을 보고 있노라면 부지불식간에 그 친구의 일상이 언제나 그런 것처럼 믿게 됩니다. 이미지로 대변된 타인의 삶이 자꾸 비교되면서 나의 일상은 초라하기 짝이 없게 됩니다. 생채기가 날 수밖에 없는 자존감은 급기야 타임라인을 왜곡하기 시작합니다. 있는 그대로의 나를 고스란히 담아내기보다 누리고 싶은 가짜의 나를 편집해서 올리는 것입니다. 그러다보니 오히려 외부 현실보다 더 가혹한 경쟁의 늪에 빠지고 맙니다. 보편과 진실의 갈등은 언제나 신경증神經症을 유발합니다. 반쪽짜리 진실인 사진이 SNS란 보편과 만나면 사진은 사진 그 이상이 되어버리죠. 어떤 경우 분노 혹은 모멸감의 매개체로 둔갑하여 최근 자주 기사화되는 사건들의 배경이 되기도 합니다. 우린 누구나 부족한 존재이며 내 마음대로 안 되는 게 일상이나, 잠시라도 보편적 불행을 자신만의 불행으로 착각하는 순간 문제는 어김없이 발생하는 셈입니다.

왜곡된 현실은 허상虛想입니다. 타인의 SNS를 보며 열등감에 빠지는 건 허상의 잣대로 현재의 나를 질책하려 들기 때문입니다. 우리나라처럼 상대평가가 당연시되고 절대 행복을 강요하는 사회일수록 이런 성향은 만연하기 쉽습니다. 그러니 헷갈릴 때는 차라리 눈을 감아버리는 것이 최선입니다. 타인의 흉안凶眼을 두려워하는 나를 볼 수 있는 혜안慧眼이 생길지도 모를 일입니다.

반복되는 정서폭력

헬 게이트가 되어가는 명절

헬 조선이란 말이 유행하기 전 헬 게이트(hell gate:지옥문)란 용어가 먼저 온·오프라인 상에 회자되었습니다. 말 그대로 아비규환 같은 개인적 재난이 닥치기 전을 희화화한 표현인데 이 지옥문은 적어도 우리나라에선 1년에 3번 이상 열리는 것 같습니다. 17년 채 안 되는 미천한 진료 경험으로 미루어보면 추석, 김장철, 그리고 설을 기점으로 대략 2주 전후가 매년 심리적 불안의 정점을 찍고 있습니다. 응급실을 갖춘 병원은 갑자기 북새통이 되며 평소보다 심인성(心因性) 질환의 빈도가 높아지기도 하죠. 정신건강의학과의 개입이 바빠질 수밖에 없으나 불행하게도 대부분은 회생가능한 시기를 지나 만신창이가 된 채로 뒤늦게 찾아옵니다. 명절 후 이혼율이 높은 건 이제 기본이고 형제나 부부간의 해묵은 갈등이 폭발하여 심지어 칼부림이 나기도 합니다. 기분 좋아야 될 명절이 도리어 각자의 명命을 절絶하는 날이 되어가고 있습니다. 그래서 우리 중 일부는 이 시기가 불편한 나머지 해외여행을 가거나 평소 그렇게 가기 싫어하던 직장을 제 발로 찾기도 합니다. 풍습이 사람보다 위에 있고 그것이 보편성을 획득하는 지점, 바로 그곳에 명절의 헬 게이트가 있습니다.

　명절 스트레스를 논할 때 흔히 돈이나 '시월드'(시댁)가 원인이 되는 경우가 많습니다. 하지만 정작 이들은 그저 매개체에 불과합니다. 사람은 세상에서 가장 중요한 누군가로부터 공감을 받지 못할 때 무너지기 마련입니다. 그땐 너나 할 것 없이 극도의 분노, 격노激怒가 타오르죠. 거의 모든 스트레스의 씨앗인 화火는 결국 관계, 사람에서 시작되는 셈입니다. 한 예로 아무리 험한 환경에서도 마음 편히 지내는 사람들이 있는 반면, 으리으리한 집에 살면서 매사 짜증과 근심에 사로잡혀 진료실을 찾는 분들이 있습니다. 아니, 아주 많습니다. 이분들이 눈물을 훔치며 아픔을 토로하는 배경은 한결같습니다. 세상에 하나밖에 없는 '그'에게 존중받지 못하고 있다는 느낌 때문에 너무 고통스럽다는 것입니다. 영화배우 윌 스미스는 〈애프터 어스〉에서 위험은 상존常存하나 두려움은 선택이란 말을 남겼습니다. 실체가 불확실하면 두려움의 영향력 또한 비대해집니다. 거기다 보편성과 저마다의 죄책감까지 가미되면 범인凡人들은 꼼짝달싹 못한 채 불안의 노예가 되기 십상입니다. 풍습이 악습惡習으로 변하는 순간입니다.

의구심이 만든 악습

소중한 이의 영혼을 무시하면서까지 악습을 반복하는 이유는 의외로 단순합니다. 불안과 반복되는 강박을 야기하는 의구심疑懼心 때문입니다. 이 녀석이 마음속에 떡하니 자리 잡고 있는 한 옆 사람 마음은 절대로 보이지 않습니다. 허상의 불안을 감소시키는 데만 온통 혈안이 되어 있기 때문이죠. 이번 설은 댁에서 그냥 쉬시라고 권유해도 "그래도 설인데 어떻게…"라고 답할 뿐입니다. 풍습의 요소 중 하나인 제의祭儀는 정신의학에서 리추얼Ritual이라 불리는 강박 현상과 일맥상통합니다. 자칫 미풍양속이 노이로제적 성격으로 변질될 수 있다는 뜻입니다. 앞에서 언급했듯이 강박 성향이 팽배하면 원리 원칙뿐 아니라 순서에 대한 집착 또한 커집니다. 세상에서 가장 소중한 반려자가 다 죽어가도 꼭 시댁부터 먼저 찾은 뒤 친정에 가야 한다며 난리를 치는 심리적 배경이기도 합니다. 하지만 이런 태도는 '서로 뜻이 맞고 정답다'는 화목和睦이란 가치를 철저히 훼손합니다. 단지 제 마음 편하고자 주변 여러 사람에게 가하는 일방적 강요는 엄연한 정서폭력입니다.

명절의 본질은 화목이지, 만남이 아니다

아름다운 풍습을 지키는 원동력이 사람을 향한 존중이 아니라 의구심이면 곤란합니다. 타자他者를 향한 숭고함이 없는 의식儀式은 그저 빈 껍데기에 불과합니다. 스스로의 불안을 감減하기 위한 개인적 속죄행

위에 소중한 사람을 착취하는 기이함, 그 이상도 그 이하도 아닙니다. 잘은 모르겠지만 그런 자리에는 귀신도 찾아오지 않을 것 같습니다.

조상님께 감사함을 표현하고 가족들과 화목한 시간을 가지는 게 명절의 본질이라면 그날은 음력 새해 첫날뿐 아니라 오늘 혹은 내일이 되어도 상관없습니다. 상대방과 합의만 된다면 거의 매일을 명절로 삼을 수도 있습니다. 약속은 상대방과 나와 하는 것이지. 보편적인 풍습과 하는 게 아니니까요.

진솔한 감정을 느끼지 못하게 하는

비난

타인의 시선에서 자유로울 수 없는 우리

약 100년 전 어느 정신과 의사가 풀어낸 설說이 최근 일본과 우리나라의 서점가를 강타하고 있습니다. 일시적 열풍치고 좋은 것 못 봤으나 거짓부렁과 희망고문의 촘촘한 경계를 오가는 자기계발서의 그것보다는 좋아 보입니다. 열등의식에서 벗어나고자 끊임없이 비교하고 스스럼없이 남을 착취하는 나라. 자존감을 도둑질해도 그 행위가 경제적 부흥만 보장된다면 눈감아주는 나라. 정서폭력을 당해 관공서에 신고하면 위로는커녕 훈계를 들어야 하는 나라. 잔인하리만치 경직되고 이율배반적인 가치관들이 득실대는 나라. 강박과 악성 자기애自愛로 얼룩진 우리나라의 현실에서 '타인의 시선을 의식하지 말라'는 그의 메시지는 우왕좌왕하며 헤매던 이들에게 한 줄기 빛이 되었습니다.

한 번 잘못하면 죄인이 되는 문화

진료실 상황을 보면 그럴 수밖에 없겠다는 생각이 듭니다. 이유 모를 자기비하, 공허감과 폭식, 중독 또는 도착倒錯에 빠지는 비전형적 우울증이 이전에 비해 압도적으로 늘었기 때문입니다. 정신의학자 프로이트는 감정을 잘 느끼지 못하며 영혼 없는 얘기만 주구장창 늘어놓는 집단을 묘사하며 사실상 치료가 불가하다고 기술한 바 있습니다. 감정이 치료의 핵심인데 이들은 진솔한 감정을 느끼지 못했기 때문입니다. 100년이 지난 현재도 마찬가지입니다. 힘에 대한 갈망을 도덕보다 우선하며 타인의 착취를 서슴지 않는 냉혈한冷血漢이 점차 늘고 있습니다. 이들은 악성 자기애 인격의 소유자들입니다.

감정을 부정하는 길만이 살아남을 수 있다는 사실을 일찌감치 터득한 덕에, 이들은 한 번 잘못하면 죄인이고 한 번 실수하면 바보가 되는 우리나라 특유의 비교 문화 속에서 여유롭게 지내고 있습니다. 겉모습만 사람일 뿐 몸속에는 냉정한 괴물이 존재하는 스티븐 킹 원작 〈더 씽〉이나 일본 애니메이션 〈기생수〉를 비롯, 죽은 것도 산 것도 아닌 좀비·뱀파이어 관련 영상물이 인기를 얻는 것 또한 이런 까닭인지도 모릅니다. 내면 모두를 있는 그대로 사랑할 수 있는 건강한 자기애가 점차 사라지고 있습니다. 그 중심엔 역시나 결핍이 자리하고 있습니다.

인간은 반응을 필요로 하는 존재

굳이 사회적 동물이란 표현을 빌지 않아도 정신의학에서 바라본 인간은 모종의 반응을 필요로 하는 존재입니다. 정신의학의 도움이 필요한 사람은 '절실히'란 부사만 앞에 붙이면 됩니다. 그만큼 우린 반응 의존적입니다. 완전한 정서적 독립은 애당초 불가하며 나를 봐주고 달래주는 타자他者의 존재는 늙어 죽을 때까지 필요합니다.

하지만 인정욕은 경계해야 합니다. 모종의 반응이란 것이 반드시 인정이나 칭찬을 의미하지 않기 때문입니다. 공감共感을 향한 갈증과 인정 욕구는 다릅니다.

비유하자면 공감은 우리가 은연중 들이마시는 산소와 같습니다. 관계의 동물인 인간에겐 없어선 안 되는 것입니다. 반면 인정욕은 바닷물과 같아 마실수록 갈증은 더 심해져 인정 중독에 빠지기 쉽습니다. 인정을 상실할 것 같은 불안의 노예로 전락되거나 상대의 기준에 맞추기 위해 끊임없이 스스로를 재단하고 없앱니다.

반면 공감은 초월적 심혼心魂을 응집시켜 '더 큰 나'로 성장시킵니다. 인정이 아니라 공감을 받을 때 우린 한층 더 건강해지나 공감적 반응의 결핍으로 인해 어쩔 수 없이 지푸라기 같은 인정을 원하는 것입니다. 고로 성취나 주변의 인정에서 나를 찾으려는 건 심리적 자살 행위나 다름없습니다.

비난 받을 용기가 필요하다

그럼에도 불구하고 우린 오늘도 타인의 눈치를 보며 적당히 지내고 있습니다. 주변인으로부터 행여 미움을 사지 않을까 하는 두려움 때문입니다. 이를 극복하려면 결국 미움 혹은 손가락질 당할 용기가 필요합니다. 기꺼이 상처받을 각오를 하고 살아가야 하는 게 인생입니다. 잘못한 게 없어도 비난받을 수 있는 게 세상이며 씁쓸하지만 우린 이 사실을 수용할 필요가 있습니다. 생채기 하나 안 나고 살려면 그냥 좀비처럼 지내는 수밖에 없습니다. (그래서 전 '오늘도 무사히'라는 문구를 별로 좋아하지 않습니다.) 상처받지 않을 권리를 행하려면 아이러니하게도 만신창이가 될 각오가 필요합니다.

배려와 희생과 같은 덕목은 바로 이 지점에서 출발합니다. 나를 둘러싼 공동체를 향한 의식이 생겨나는 것입니다. 재력과 스펙, 악습과 입신양명을 중시하며 불안을 주 발판으로 삼는 한국 사회에 반드시 필요한 소스 코드입니다. 물론 한 사람의 변화만으로는 어렵습니다. 개개인 내면의 참된 자신을 서로 공감하며 함께 가야 합니다. 각자가 진정한 나로 살려면 그만큼의 자유가 필요한데, 견증見憎, 미움 받을 수 있음을 기꺼이 수용할 때 세상은 우리에게 그만큼의 자유를 허락할 것입니다.

변하지 않는 목표는 강박적 자해

목표를 이루면 무한한 행복이 기다리고 있을까

'대한민국 정신건강의 현 수소'란 거창한 제목의 강연이 끝난 뒤 어떤 대학원생이 제게 질문했습니다.

"선생님, 얼마 전 그토록 소망하던 물리학 박사가 되었어요. 어릴 적부터 꿈꾸던 대학원에서 취득한 학위라 그날은 더할 나위 없이 기뻤습니다. 혹시나 꿈을 꾸고 있는 건 아닌지 의문스러울 정도였어요."

격앙된 어조였지만 불행히도 전 어떤 말이 그 뒤에 나올지 대략 짐작할 수 있었습니다. 대부분 진료실을 찾아온 젊은이들이 그렇듯 그분 또한 다르지 않았습니다. 아니나 다를까. 그녀는 터져 나오는 울음을 참으며 말을 이었습니다.

"하지만 그 기쁨도 얼마 가지 않았어요. 분명히 내가 10년 넘게 원했던 목표였는데 시간이 지나가면서 점차 공허감이 몰려왔어요. 학위 때문에 결혼도 미루었는데 막상 받고 나니 이것 때문에 내 모든 걸 다 바쳤나 하는 생각에 몹시 우울해졌어요. 오히려 학위를 따기 전 보다 더 기분이 침체되었습니다. 선생님, 대체 전 왜 이런 거죠?"

퍼뜩 두 가지 답이 스쳤습니다. 그중 하나는,

"첫 번째 이유는 질문 주신 분이 전공한 과목 때문입니다. 만물의 이치에 통달한 박사가 되셨으니 말 그대로 세상이 그리 신기할 것도 없겠죠."

하지만 이 대답은 자칫 기만당하는 느낌을 줄 것 같아서 속으로만 읊조렸습니다. 대신 두 번째 이유만 답해주었습니다.

"성취와 행복은 애당초 무관한 것입니다. 우린 어렸을 때부터 목표를 이루면 무한한 행복을 보장받는다고 들었습니다. 하지만 성인이 되고 보니 그건 완전 사기더군요."

행복은 허상

프로이드는 말했습니다. 인간은 누구나 불행한데 단지 극단적 불행과 보편적 불행이 있을 뿐이라고. 정신치료도 그저 개인적으로 극단적인 불행을 보편적 불행으로 살짝 올려놓는 것 뿐입니다. 자살을 염두에 두는 사람들의 관점은 건강한 사람들의 그것과 크게 다르지 않습니다. 건강한 사람은 행복이 허상임을 압니다. 그뿐 아니라 자신의 보편적 불행을 전 인류의 태생적 한계로 봅니다. 하지만 우울한 사람은 보편적 불행을 죄다 자기의 결함으로 착각합니다. 비극적 불행이 탄생하는 순간이죠. 사실 인간이 세상에서 할 수 있는 건 의외로 많지 않습니다. 아니, 어쩌면 할 수 없는 게 훨씬 더 많을지도 모릅니다.

하지만 대부분의 사람들은 자신의 한계는 망각한 채 타인의 물질적 결과만 놓고 함부로 재단하며 판단해버립니다. 그게 요즘 사람의 본성입니다. 인간관계 속에서 이런 일을 겪다 보면 어느새 우린 인간이란 존재에 환멸이 생깁니다. 그런데 환멸 역시 실망과 마찬가지로 현실을 직시하게 도와주는 순기능이 있습니다. 그래서인지 어떤 스님은 나를 천대하고 모욕을 주는 사람을 고맙게 여기라 했습니다. 나와 상대의 한계를 수용하면 점차 세상을 볼 수 있는 눈이 넓어지기 때문이죠. 반면 안 되는 걸 바라거나 조급히 이루려 들면 고작 얻는 건 노이로제, 마음의 병뿐입니다.

꿈 그리고 목표보다 중요한 것

불행히도 다수의 젊은이들은 열정과 성취의 끝이 행복이라고 믿고 있습니다. 대학 건물 안을 샅샅이 스며들던 최루탄과 막걸리는 이미 흔적도 없이 사라진 지 오래입니다. 취직에 유리할 조건이 될 때까지 졸업반 학생들은 좀처럼 학교에서 떠날 생각을 하지 않습니다. 한 가지를 하더라도 자소서(자기 소개서의 준말)에 보탬이 될지 안 될지부터 따지고, 막걸리 마실 돈 있으면 차라리 토플 인강(인터넷 강의)를 끊거나 독서실 정기 이용권을 구매합니다. 그렇게 자란 청년들이 중장년이 되면 행복은커녕 정신적 위기라는 큰 장애물을 맞이하게 됩니다. 행복할 조건을 충분히 갖추었음에도 불구하고 그놈의 '목표'를 이루지 못했다며 각종 증상을 안고 진료실 문을 두드리게 됩니다. 얼마간의 시간이 지나면 찰떡같이 믿었던 열정과 성취가 고작 착취적 노동과 강박적 자해에 불과했음을 깨닫고 오열하게 됩니다. 이것이 바로 우리나라 중장년층의 현주소입니다.

삶은 방향 하나면 충분합니다. 변하지 않는 목표는 되레 삶을 경직시킵니다. 만약 목표가 사람보다 우위를 점한다면 그 사회는 매우 잔인하게 변질될 것입니다. 그래서 전 '꿈을 위해 살아라'라는 슬로건을 썩 좋아하지 않습니다. 친밀한 관계는 물론이요, 나 또한 위태로워지기 때문입니다. 꿈은 없어도 되지만 내가 사라지면 안 되는 이유이기도 합니다.

에필로그

불확실한 것까지 통제하려는 건 교만이다

가도 가도 도대체 끝이 보이질 않습니다. 이제 겨우 네 살 된 아들과 부인, 그리고 노부모를 차에 태우고 괴물이 설쳐대는 아비규환에서 황급히 빠져나오긴 했지만 뿌연 안개는 당최 걷힐 생각을 않고 답답함만 더합니다. 기름이 바닥날 때까지 달리고 또 달렸지만 그들은 끝내 안개의 손아귀에서 벗어날 수 없었지요. 더 이상 갈 수도 없었지만 차에서 나가 봤자 가족 모두의 목숨을 부지할 수 없다는 추측은 확신으로 변합니다.

바로 그 순간! 비장한 표정의 데이비드는 갖고 있던 총을 꺼냅니다. 그리고 어느새 총부리는 사랑스런 가족들을 향합니다. 안개 속 희미하게 들리는 네 발의 화염과 진동. 사람들이 갇혀 있던 마트에서 빠져나올 때만 해도 이런 비극이 있을 줄은 꿈에도 몰랐겠지요. 비록 탈출엔 성공했지만 그는 결국 가족들을 제 손으로 죽여 구원해야 했습니다. 오열을 금치 못하며 차에서 나온 데이비드 또한 죽음으로 구원받으려 했지만 잔인한 빈 탄창은 끝끝내 그를 안갯속에 남겨두었습니다. 지원 병력이 투입되어 모든 사람들이 구조되는 모습을 바라보게 만들어, 온 가족과 함께 동반 자살하려 했던 그가 얼마나 성급하고 어리석었는지 알게 하려는 듯이 말이죠.

대략 십여 년 전 일입니다. 렌터카로 제주도를 다녀본 사람이라면 한 번쯤은 경험해봤을 기억을 슬쩍 고백합니다. 해거름이 짙게 깔린 늦은 밤, 저는 "안녕히 가세요"라는 표지판을 뒤로한 채 내비게이션이 가리키는 북쪽을 향해 마냥 신나게 달렸습니다. 그렇게 5분 정도 달렸을까요? 쾌적한 야간 주행을 기대했던 것과 달리, 가면 갈수록 오르막 경사가 심해지며 점차 산속으로 빨려들어 가는 것이었습니다. "죽었으면 좋았을 텐데"를 외치지만 않았을 뿐, 묵묵히 앞으로만 가라는 내비게이션은 점차 제 목을 졸라왔지요. 게다가 귀신에 홀리기라도 한 듯, 문득 아까 왔던 길을 맴도는 느낌이 계속 들었습니다. 꼬불꼬불한 커브가 계속되며 야생동물 주의 표지판까지 나오는 지경에 이르자 저는 그만 아랫배가 아파오며 가슴이 조여오기 시작했습니다.

그렇게 조심스레 20분을 달렸을까. 자정을 훨씬 넘긴 시간에 부들부들 떨며 핸들을 잡고 있던 저를 반갑게 맞이한 건 훤히 펼쳐진 제주시의 야경이 아니라 한라산 등반을 환영하는 입구 표지판이었습니다. 1,100미터 고지를 최고로 하여 가로지른다하여 명명된 소위 '1100도로'의 한중간에 저 혼자 자정을 넘긴 시간에 있었던 셈이죠. 내비게이션을 너무 믿었던 게 화근이었다는 자책도 잠시, 그 뒤 제주시에 도착할 때까지 절 엄습한 건 단지 육체적 피로와 한밤중의 숲속이 안겨준 을씨년스러움만은 아니었습니다. 그건 바로 공포였습니다. 위에서 언급한 영화 〈미스트〉처럼 한치 앞도 볼 수 없게 만든 안개가 바로 그 공포의 자극제였습니다. 이 여정이 언제 어디서 어떻게 끝날지 모르는 불확실함은 내면의 안개가 되어 운전하는 내내 저를 짓누르고 있었습니다.

눈 깜박할 사이에 코 베어간다는 말이 있습니다. 통증을 차단시켰다고 가정하면 이 말은 의학적으로 꽤 타당합니다. 눈을 깜박이는 동안에도 여전히 바깥세상을 보고 있다며 착각하며 살기 때문입니다. 찰나의 순간 발생하는 시각적 공백을 메우는 건 다름 아닌 우리의 뇌입니다. 우리가 확실하게 보고 있다며 인지하는 것 중 일부는 분명 눈꺼풀이 안구를 덮기 직전 시신경을 통해 후두엽에 맺힌 잔상에 의존해 허겁지겁 만들어낸 뇌의 속임수에 지나지 않습니다. 사실이 이러함에도 불구하고 대부분의 우리는 눈으로 직접 보지 못한 것은 믿지 못하며 오로지 논리와 인지에 의존해서 불확실한 세상과 미래에 대처하려 듭니다. 아무리 눈을 부릅뜨고 있어도 코가 사라질 수 있다는 불편한 진실은 애써 외면하면서 말입니다.

별 좋은 어느 날, 한적한 해변을 거닐다 발목을 찰싹 때리던 파도가 잠시 후 다시 돌아올 때 우린 흔히 아까 발목에 닿았던 그 파도가 다시 되돌아온다고 생각하기 쉽습니다. 허나 이는 착각에 불과합니다. 모양만 비슷할 뿐 그 성분은 몇 분 전의 것과 전혀 다른 것임에도 불구하고 우린 시각이 주는 익숙함으로 인해 그저 아까의 그 파도와 같을 것이라 믿고 마는 것입니다.

우리의 정체성 또한 뚝뚝 끊겨 들어오는 잔상의 흐름과 별반 다를 바 없습니다. 우리라는 존재는 그저 시간에 따라 끊임없이 흩어지길 반복하는 이산離散 변수의 모음에 불과합니다. 아주 짧은 터울로 시시각각 변하는 우리지만 정작 대부분의 우리는 이 사실을 모른 채 스스로를 한결같은 존재라고 착각하며 삽니다. 유동적이며 불확실한 것이 인간이란 존재의 특질임에도 불구하고 정작 인간은 불확실한 것보다 익숙한 것을 선호하려 합니다.

또한 우린 결코 완벽할 수도 없는 존재입니다. 예측한 바대로 살 수 없을 뿐 아니라 실수 없는 삶은 누구에게도 있을 수 없습니다. 하지만 우린 늘 완벽을 좇습니다. 그건 바로 통제력에 대한 환상을 내려놓지 못하기 때문입니다. 문을 제대로 잠갔는지, 손을 제대로 씻었는지부터 5개월간 연애해온 상대방과 결혼할지 말지, 엊그제 지원서를 낸 직장이 과연 내게 옳은 선택이었는지까지 불확실함에 대한 두려움은 곧바로 의구심이란 녀석을 탄생시킵니다. 이 녀석은 인생의 큰 결정을 내릴 때마다 뿌연 안개마냥 주변을 맴돌며 우릴 괴롭힙니다.

의구심이란 단어는 '믿지 못하고 두려워하는 마음'을 뜻합니다. 우리가 지닌 믿음의 기준에 따라, 그리고 믿음의 한계를 어떻게 설정하고 살아가느냐에 따라 삶의 색깔은 180도 달라집니다. 여기서 믿음이라 함은 '내가 어떤 선택을 한 것에 대해 안전함을 느끼는 정도'를 뜻합니다. 무엇이 옳은 선택인지 무엇이 옳은 결정인지, 매번 헷갈려 하다 아무런 결과도 얻지 못하면 의구심은 더욱더 커다란 눈덩이처럼 불어납니다. 우릴 더욱더 초조하게 합니다. 건강한 의구심은 불확실함을 있는 그대로 받아들이게 하지만, 병적 의구심은 세상에 존재하지 않는 순도 100퍼센트의 확실함만 고집하게 만들기 때문입니다. 그러다가 긴장이 극에 달해 지친 나머지 우린 정말 중요한 결정권을 주변 사람에게 미루고 의존하게 됩니다. 심하면 매사 모든 결정을 남에게 물어봐야 하는 상황에 봉착하기도 합니다. 이쯤 되면 묻는 사람도, 대답하는 사람도 끝도 없는 수렁으로 빠지게 됩니다.

이성과 논리로 무장한 선택은 언제나 보기 좋게 무용지물이 될 때가 많습니다. 애당초 끊임없이 드는 의구심의 뿌리는 논리와 이성이 아닌 감정의 영역에서 출발하기 때문입니다. 이것이 바로 매사를 선택하는 기준이 옳고 그름보다 나의 기쁨과 만족이 되어야 하는 이유입니다. 나의 느낌을 존중하면 할수록 나와 상대방을 힘들게 만드는 강박보다 스스로의 자존감을 채우는 확신이 그 자릴 대신할 것입니다.